Der Statutenwechsel im deutschen und englischen internationalen Sachenrecht unter besonderer Betrachtung der Kreditsicherungsrechte

Studien zum vergleichenden und internationalen Recht -
Comparative and International Law Studies

Herausgeber: Bernd von Hoffmann, Erik Jayme
und Heinz-Peter Mansel

Band 176

PETER LANG
Frankfurt am Main · Berlin · Bern · Bruxelles · New York · Oxford · Wien

Alexander Swienty

Der Statutenwechsel im deutschen und englischen internationalen Sachenrecht unter besonderer Betrachtung der Kreditsicherungsrechte

PETER LANG
Internationaler Verlag der Wissenschaften

Bibliografische Information der Deutschen Nationalbibliothek
Die Deutsche Nationalbibliothek verzeichnet diese Publikation in der Deutschen Nationalbibliografie; detaillierte bibliografische Daten sind im Internet über http://dnb.d-nb.de abrufbar.

Zugl.: Köln, Univ., Diss., 2011

Gedruckt auf alterungsbeständigem,
säurefreiem Papier.

D 38
ISSN 0930-4746
ISBN 978-3-631-60701-5

www.peterlang.de

Meinen Eltern

„(T)He Law will never be built in a day, and with luck it will never be finished."
Roger J. Trayner, 1927

Vorwort

Zuvorderst danken möchte ich meinem hochgeschätzten Doktorvater, Herrn Professor Dr. Heinz-Peter Mansel, der mir bei der Erstellung dieser Arbeit uneingeschränkte Freiheit gewährte und sie zugleich kontinuierlich als kritischer und fördernder Gesprächspartner vorantrieb. Es ist dem fachlichen und persönlichen Austausch mit ihm zuzuschreiben, dass meine Erinnerung an die Zeit meiner Promotion stets eine positive sein wird.

Mein Dank gilt fernen Herrn Professor Dr. Hanns Prütting. Die wertvollen Hinweise, die er mir in seinem Zweitgutachten gab, habe ich gerne aufgenommen.

Ein früher, wenngleich wohl unbewusster, Wegbereiter für diese Arbeit war mein Lehrer Herr Professor Dr. Andreas Heinemann. Durch seine inspirierenden Vorlesungen während meiner Studienzeit in Lausanne weckte er meine Begeisterung für das Internationale Privatrecht, wofür ich ihm sehr verbunden bin.

Den Mitarbeitern der Maughan Library des King's College London, allen voran Frau Vivien Robertson BA MCLIP, die mir den unkomplizierten Zugang zu schwer verfügbarer Literatur ermöglichten, möchte ich in gleicher Weise meinen Dank aussprechen, wie Frau Dipl.-Ing. (FH) Maria Winkler für die geduldige Durchsicht meiner Arbeit.

Nicht unerwähnt bleiben sollen an dieser Stelle meine Kollegen und Mitarbeiter der S.imp.lex GmbH, die mir genügend Freiräume schafften, um mir das effiziente Schreiben am Manuskript zu ermöglichen.

Gewidmet ist diese Arbeit meinen Eltern, Annelies und Alois Swienty, die mich unermüdlich in der Verfolgung aller meiner Ziele unterstützen, wofür ich ihnen niemals angemessen Dank werde zollen können.

Mannheim, im April 2011

Inhaltsverzeichnis

A. Einleitung

Schon 1974 schrieb *Drobnig*: „*Eine Untersuchung der Kollisionsnormen für Mobiliarsicherheiten ist* [...] *besonders aktuell*" obgleich „*Kreditsicherungen an Mobilien* [...] *im internationalen Wirtschaftsverkehr nur relativ selten verwendet* [*werden*]".[1] Wahrscheinlich würde *Drobnig* heute, über ein Vierteljahrhundert später, den zweiten Teil seines Zitats so nicht wiederholen, wohingegen er hinter den ersten Teil ein Ausrufezeichen setzen könnte.

Die Welt ist seither ein Stück kleiner geworden – mit dem spannungsgeladenen Begriff der „Globalisierung" umschreiben wir inzwischen die zunehmende internationale Mobilität und Verflechtung von Wirtschaft, Kommunikation, Politik sowie Kultur und Umwelt.

Unternehmen streben in neue Absatzmärkte, verteilen ihre Produktionsstandorte auf der ganzen Welt und gehen Kooperationen im nahen und fernen Ausland ein. Individuen genießen annähernd weltweite Reisefreiheit und müssen doch dank Online-Shoppings ihre eigenen vier Wände nicht verlassen, um ein Produkt von der anderen Seite des Erdballs direkt vom Hersteller zu erwerben. Der globale Warenverkehr ist damit nicht länger internationalen Unternehmen vorbehalten, sondern längst auch für den Verbraucher alltäglich geworden.

Unabhängig einer politischen Beurteilung dieser Entwicklung, ist es die Aufgabe von Rechtspraxis und Rechtswissenschaft, mit der Globalisierung Schritt zu halten, um Konflikte dort zu vermeiden, wo es möglich ist und sie dort aufzulösen, wo es nötig ist. Im Rahmen der Möglichkeiten dieser Arbeit soll hierzu ein Beitrag geleistet werden – als Stichwortgeber für das zu bearbeitende Thema dient *Drobnig*.

Gerade im grenzüberschreitenden Warenverkehr, in dem der direkte Zugriff auf den Vertragspartner in den seltensten Fällen gewährleistet werden kann, ist das Bedürfnis nach wirksamen Sicherungsinstrumenten besonders groß. Betrachtet man etwa exemplarisch den internationalen Versendungskauf, so ist kaum mehr ein Geschäft denkbar, in dem nicht eine Form des Eigentumsvorbehalts vereinbart wird. Dabei sind die von den einzelnen Rechtsordnungen inzwischen über Jahrhunderte unabhängig voneinander entwickelten Sicherungsinstrumente vornehmlich vor dem Hintergrund der Bedarfe des nationalen Rechts-

1 *Drobnig*, RabelsZ 38 (1974), 468 (468f.).

verkehrs und nicht unter besonderer Berücksichtigung des internationalen Warenverkehrs etabliert worden. Somit ist es keineswegs selbstverständlich, dass ein nach dem Recht des Absendestaats vereinbartes Sicherungsrecht auch dem Recht des Zielstaats bekannt ist, womit über einem solchen Recht nach dem Transport in den Geltungsbereich einer anderen Rechtsordnung immer auch das Damoklesschwert der Nichtanerkennung[2] schwebt.

I. Problemstellung

Treffen in einem Rechtsstreit mehrere Rechtsordnungen aufeinander, so ist es die Aufgabe des Kollisionsrechts, den Sachverhalt durch die Zuweisung des anzuwendenden Rechts zu einer Lösung zu führen.

Weltweit werden sachenrechtliche Tatbestände der Rechtsordnung zur Entscheidung unterstellt, in deren Anwendungsbereich sich die jeweilige Sache zum Zeitpunkt der Änderung der Sachenrechtslage befindet.[3] Damit wechselt zwar das auf neue sachenrechtliche Vorgänge anwendbare Statut immer dann, wenn eine Sache vom Anwendungsbereich eines Rechts in den eines anderen verbracht wird, an einer einmal begründeten rechtlichen Prägung einer Sache ändert ein solcher Statutenwechsel jedoch grundsätzlich nichts.[4] Die Herausforderung für das neue Lagerecht ist es dann, bestehende dingliche Rechte sinnvoll zu importieren. Dabei befinden sich im Einzelfall die Interessen der Parteien am Fortbestand eines dinglichen Rechts im Widerstreit mit dem Numerus clausus des neuen Sachenrechts.

Die nachfolgenden Ausführungen beschäftigen sich mit den Grundprinzipien des sachenrechtlichen Statutenwechsels im deutschen und englischen Kollisionsrecht, um auf dieser Grundlage näher auf den gegenseitigen Import von Kreditsicherungsrechten einzugehen.

II. Einfluss des Europarechts

Bevor nun aber die nationalen Regelungen des deutschen und englischen Rechts betrachtet werden können, ist zu klären, inwieweit das Europarecht hierbei eine Rolle spielen muss.

2 Zur Verwendung des Begriffs „(Nicht-)Anerkennung“ im Rahmen dieser Arbeit unter [A. III.].

3 *Kropholler*, (§ 54 I 1.). Zur sogenannten „Situs-Regel“ unter [B. II.] und [D. II.].

4 Zum Statutenwechsel unter [C.] und [E.].

Die Tatsache, dass bei grenzüberschreitenden sachenrechtlichen Tatbeständen von den beteiligten Rechtsordnungen völlig unterschiedliche Sachenrechte bereitgehalten werden mögen, macht es nicht unwahrscheinlich, dass eine Sache unter die Geltung eines Rechts importiert wird, welches die an ihr begründeten dinglichen Rechte nicht kennt. Was wiederum die latente Möglichkeit einer Entwertung bedeutet – entweder, indem einzelne unbekannte Rechtsfolgen beschnitten werden oder indem gar dem gesamten Recht seine Wirkung abgesprochen wird.

Insbesondere wenn Sicherungsrechte von einer solchen Einschränkung bedroht werden, entsteht im grenzüberschreitenden Wirtschaftsverkehr die Gefahr einer europarechtlich unzulässigen Diskriminierung von Waren- und Dienstleistungsanbietern.

Den EU-Mitgliedsstaaten entsteht folglich eine Verpflichtung, gesetzliche Grundlagen zu schaffen, die es ermöglichen, ein ausländisches Altrecht nach einem Statutenwechsel ohne wesentliche Einschränkungen und die damit verbundende Diskriminierung des Inhabers des jeweiligen Rechts, in das neue Sachstatut aufzunehmen.[5]

Diese Aufgabe kann zum einen auf kollisionsrechtlicher, zum anderen aber auch auf materiellrechtlicher Ebene gelöst werden.[6] Dabei wäre die wohl systematisch einfachste Lösung die internationale Etablierung der Rechtswahlfreiheit im internationalen Sachenrecht.[7]

1. Diskussion im deutschen Rechtskreis

In der deutschen Rechtsliteratur wird der Einfluss des Europarechts auf nationale Regelungen seit jeher lebhaft diskutiert.

Inzwischen wird einhellig akzeptiert, dass sich der Anwendungsbereich der Grundfreiheiten des EGV auch auf sachenrechtliche Vorgänge unter der Geltung deutschen Rechts erstreckt.[8]

---

5 *Bruinier*, S. 126; einen Überblick über die hauptsächlichen Problemherde und mögliche Lösungsansätze bieten: *Rutgers*, Secured Credit, 68 (69f.) und ausführlicher: *Roth*, Secured Credit, 36 (54ff.).

6 *Basedow*, RabelsZ 59 (1995), 1 (48); *Bruinier*, S. 126; *von Wilmowsky*, S. 117ff.; *Pfeiffer*, IPRax 2000, 270 (276).

7 Ausführlich behandelt wurde diese Lösung von: *von Wilmowsky*, S. 149ff. Zur Rechtswahl im internationalen Sachenrecht auch unter [B. II. 3. c)] und [C. I. 3. c)] sowie [D. II. 5. e)].

8 *Wolf*, WM 1990, 1941 (1941ff.); *Müller-Graff*, NJW 1993, 13 (14); *Roth*, ZEuP 1994, 5 (23); *Basedow*, RabelsZ 59 (1995), 1 (41ff.). Einen Überblick mit weiteren Nachweisen geben: *Bruinier*, S. 125ff. und *von Wilmowsky*, S. 77 ff.

Die früher noch geäußerte Kritik, diese Ansicht würde gegen Art. 295 EGV verstoßen, welcher normiert, dass die Regelungen des EGV die Eigentumsordnung der Mitgliedsstaaten unberührt lassen müssen, ist unbegründet. So ist es zwar richtig, dass damit ein besonderes Augenmerk auf die Wahrung der sachenrechtlichen Interessen der Mitgliedsstaaten gelegt werden muss, zugleich werden die Mitgliedsstaaten dadurch aber nicht von der Pflicht entbunden, im Gegenzug auch in ihrer sachenrechtlichen Gesetzgebung die weiteren Normen des EGV und damit insbesondere die Grundfreiheiten zu beachten.[9]

Mit der Kodifizierung der Situs-Regel im Kollisionsrecht hat der deutsche Gesetzgeber eine Regelung geschaffen,[10] die bei oberflächlicher Betrachtung zunächst dem Gebot der Erhaltung importierter dinglicher Rechte zuwiderläuft, indem sie die Wirkungen eines Sachenrechts nicht nach der Rechtsordnung beurteilt, unter der das jeweilige Recht begründet wurde, sondern nach der, in welcher sich die streitgegenständliche Sache zum Zeitpunkt der Betrachtung der Rechtslage befindet.[11]

Vor der ausdrücklichen Kodifikation diente dieser scheinbare Widerspruch den Kritikern der Situs-Regel auch lange Zeit als eines der Hauptargumente gegen ihre Anwendung.[12]

Betrachtet man sich diesen Aspekt jedoch genauer, wird man zunächst feststellen müssen, dass eine Verletzung der Grundfreiheiten nicht durch das verweisende Kollisionsrecht entstehen kann, sondern vielmehr nur durch das „empfangende" Sachstatut. Dieses ist es nämlich, das aufgrund des sachenrechtlichen Typenzwangs einzelne dingliche Altrechte, die nicht dem Numerus clausus entsprechen, teilweise oder ganz negieren kann.[13]

Diese Feststellung darf an dieser Stelle jedoch nicht dazu führen, den Typenzwang des materiellen Sachenrechts infrage zu stellen, dieser fällt nämlich gerade unter den Schutz des Art. 295 EGV.[14] Es gilt also, diesen Konflikt derart aufzulösen, dass sowohl das Gebot des Art. 295 EGV als auch die Grundfreiheiten gewahrt bleiben.

---

9 EuGH, Urteil vom 06. November 1984 – Rs. C-182/83 (Fearon), Slg. 1984, 3677, 3684f. Nr. 6f.; *Roth*, Secured Credit, 36 (54); *Rutgers*, Secured Credit, 68 (71); *Kieninger*, S. 127f.; *Pfeiffer*, IPRax 2000, 270 (276); *Bruinier*, S. 125; a.A. wohl nur *Sonnenberger*, ZVglRWiss 95 (1996), 3 (27f.).

10 Zur Kodifizierung des deutschen internationalen Sachenrechts ausführlicher unter [B. I. 1.].

11 Zu unterscheiden ist zwischen dem Bestand eines Rechtes, welcher nach dem Recht des Staates beurteilt wird, unter dem es begründet wurde und den Wirkungen eines Rechts, die sich nach dem neuen Sachstatut richten. Grundsätzlich hierzu unter: [C. I. 1.].

12 Besonders: *von Wilmowsky*, S. 105-107, 110, 112.

13 Ausführlich zum Typenzwang und möglichen Alternativen: *Roth*, Secured Credit, 36 (54ff.).

14 *MüKo/Wendehorst*, Vor. Art. 43 EGBGB RN. 6; *Roth*, Secured Credit, 36 (54).

Mithin ist für das Problem der Kollision mit primärem Europarecht das verweisende Kollisionsrecht gar von nur nachgeordneter Bedeutung. Zwar kann der Gesetzgeber auf kollisionsrechtlicher Ebene dafür sorgen, dass Grundfreiheiten nicht verletzt werden, indem er beim Import von Altrechten auch bezüglich deren Wirkungen auf die Rechtsordnung verweist, unter der das Recht entstand (sog. „Herkunftslandprinzip“).[15] Entscheidet sich der Gesetzgeber jedoch nicht für diese Lösung, so ist es, zumindest bei einem Statutenwechsel in das Recht eines der EG angehörigen Staates, die Aufgabe des von da an anzuwendenden Statuts, das Altrecht derart zu importieren, dass keine Kollision mit den Grundfreiheiten des EGV entsteht.[16]

Die Auffassung, die Grundfreiheiten des EGV seien selbst versteckte Kollisionsnormen, die zumindest in Konfliktfällen zwingend die Einhaltung des Herkunftslandprinzips fordern, kann inzwischen als überkommen angesehen werden.[17] Sowohl die europäische Rechtsprechung, als auch die herrschende Literatur erkennen in der strengen Befolgung des Herkunftslandprinzips zu Recht einen unzulässigen Verstoß gegen das Diskriminierungsverbot des Art. 12 EGV.[18]

Für den Fortgang dieser Arbeit sind somit aus deutscher Sicht zwei Dinge festzuhalten:

Erstens, allein die Anwendung der im deutschen internationalen Sachenrecht geltenden Situs-Regel kann noch keinen Verstoß gegen die Grundfreiheiten des EGV begründen.[19] Eine ausgesprochene Verweisung bedarf also keines Abgleichs mit geltendem Europarecht.

Zweitens, ist nach einem Statutenwechsel deutsches Sachenrecht anzuwendenden, muss der Import von Altrechten an Sachen derart vonstattengehen, dass die Grundfreiheiten der Europäischen Gemeinschaft nicht verletzt werden.[20]

---

15 So beispielsweise vorgeschlagen von: *Basedow*, RabelsZ 59 (1995), 1 (13ff.); *Drasch*, S. 206, 301ff., 309ff.

16 Näher zum Zusammenspiel von Kollisions- und Sachenrecht: *Roth*, Secured Credit, 36 (45).

17 So noch: *Drasch*, S. 362ff.; *Wernicke*, S. 96ff.; *Basedow*, RabelsZ 59 (1995), 1 (1f.).

18 EuGH, Urteil vom 13. Mai 1997 – Rs. C-233/94 (Deutschland ./. Europäisches Parlament), Slg. 1997, I-2405; EuGH, Urteil vom 30. Juni 2005 – Rs. C-28/04 (Tod's SpA), Slg. 2005, I-5781. *Körber*, S. 28f.; *von Wilmowsky*, S. 52; *Bruinier*, S. 39; *Mansel*, RabelsZ 70 (2006), 651 (673); *Roth*, IPRax 2006, 338 (339). Den aktuellsten Überblick zu diesem Thema liefert: *Roth*, Secured Credit, 36 (44f.).

19 *Bruinier*, S. 128; *Freitag*, S. 330ff.; *Roth*, Secured Credit, 36 (46ff.); *MüKo/Wendehorst*, Art. 43 EGBGB RN. 159.

20 Hierzu unter [C. II. 4.]. Auf das gesamte deutsche Kollisionsrecht übertragen, bedeutet diese Folgerung, dass es nicht die eigentliche Kollisionsnorm ist, die sich an den Grundfreiheiten messen lassen muss, sondern das konkrete Ergebnis aus dem Zusammenspiel von Verweisungsnorm und berufenem Sachrecht. Hierzu: *Mansel*, RabelsZ 70 (2006), 651 (678f.).

2. Diskussion im englischen Rechtskreis

In der englischen Rechtsliteratur wird die Diskussion zum Einfluss des Europarechts auf das internationale Sachenrecht weit weniger intensiv geführt. Der Grund hierfür ist dabei nicht etwa in einem mangelnden Problembewusstsein zu sehen, sondern in einem historisch und systematisch begründeten unterschiedlichen Umgang mit dieser Thematik.

Während es der im deutschen BGB verankerte Katalog an dinglichen Rechten vergleichsweise schwer macht, unbekannte Sachenrechte zu importieren, erweist sich das englische Case-Law an dieser Stelle weitaus flexibler. Hinzu kommt, dass die Situs-Regel im englischen Recht bereits seit dem 19. Jahrhundert fest etabliert ist und der Umgang mit ihr dementsprechend von Literatur und Rechtsprechung als selbstverständlicher angesehen wird, als es im deutschen Rechtskreis der Fall ist.[21]

So entspricht es schon lange der englischen Rechtspraxis, dass importierte dingliche Rechte unter englischem Recht fortbestehen und Wirkungen entfalten, auch wenn sie keinem in England bekannten Sachenrecht vollständig entsprechen.[22]

Dabei sind es allein die vielzähligen englischen Form- und Registervorschriften, die insbesondere bei Sicherungsrechten einen Import erschweren. Von der Literatur werden dementsprechend Ausnahmen von selbigen für importierte Sachenrechte offen diskutiert.[23]

Der wachsende Einfluss des Europarechts und die zwingende Wahrung der Grundfreiheiten ist englischen Autoren zweifelsfrei bewusst, die Diskussion um den Erhalt von dinglichen Rechten nach einem Statutenwechsel wird jedoch weniger vor diesem Hintergrund, als vor dem des nationalen Kollisionsrechts geführt. Als Beispiel sei hier *Hood* angeführt, die in ihrer richtungsweisenden Abhandlung „Conflict of Laws within the UK" ausdrücklich auf die Bedeutung europarechtlicher Normen für die nationale Rechtsentwicklung hinweist, zugleich aber in der weiteren Bearbeitung des Themas den Einfluss des Europarechts auf das englische internationale Sachenrecht weitestgehend ausklammert.[24]

Letztlich ist das englische Kollisionsrecht bestrebt, dingliche Rechte nach einem Import unberührt zu lassen – damit entspricht es gerade der Intention der

21 Zur Situs-Regel im englischen Kollisionsrecht: [D. II.].

22 *Cammell v. Sewell* (1860) 5 H & N 727, 744f.; *Simpson v. Fogo* (1863) 1 H & M 195, 222. Hierzu ausführlicher unter [D. II. 3.].

23 Entscheidungsrelevant ist eine solche Ausnahme jedoch noch nicht geworden. Hierzu unter [E. II. 4.] und [F. II. 2.].

24 Siehe *Hood*, RN. 5.01ff. Ähnlich auch: *Collier*, S. 394.

Grundfreiheiten des EG-Vertrags, jedoch ohne dass Rechtsprechung oder Literatur ausdrücklich auf die Normen des Europarechts Bezug nehmen.

Collier wird sehr deutlich, wenn er im Hinblick auf die Voraussetzung einer möglichen Nichtanerkennung eines ausländischen Rechts schreibt: „*The foreign law would have to be very outrageous* [...]".[25]

Letztlich stellt sich auch im englischen Rechtskreis das Problem der Verletzung von Grundfreiheiten des EG-Vertrags nicht im Kontext des Kollisionsrechts, sondern im Hinblick auf die Anerkennung eines Altrechts durch die nationale Rechtsordnung.

Es wird sich zeigen, ob das englische Recht tatsächlich so „anerkennungsfreudig" ist, wie sich nach dem Zitat von *Collier* vermuten lässt.[26]

III. Vorbemerkungen zum Sprachgebrauch

Wird in dieser Arbeit von der „Anerkennung" dinglicher Rechte gesprochen, so soll damit lediglich sprachlich verkürzt zum Ausdruck gebracht werden, dass eine Rechtsordnung ein dingliches Recht als wirksam ansieht. Ausdrücklich nicht gemeint ist eine Anerkennung im verfahrensrechtlichen Sinne oder eine Anerkennung von Dokumenten und Rechtslagen, wie sie im europäischen Rechtsraum diskutiert wird.[27]

Ist vom „deutschen Recht" oder vom „englischen Recht" die Rede, so wird damit immer das objektive Recht, also die jeweilige nationale Rechtsordnung, bezeichnet. Demgegenüber werden subjektive Rechte kenntlich gemacht, indem sie als solche bezeichnet werden oder zur Abgrenzung das einschlägige Teilrechtsgebiet genannt wird.[28]

Englische Rechtsbegriffe werden nur insoweit unkommentiert übersetzt, wie sich eine inhaltliche Entsprechung in der deutschen Rechtsterminologie findet. Annähernde Übersetzungen werden als solche ausgewiesen und an entsprechender Stelle erläutert.

---

25 *Collier*, S. 250 FN. 36. Zu den Voraussetzungen einer Nichtanerkennung, wenngleich nicht im sachenrechtlichen Kontext, siehe: *Oppenheimer v. Cattermole* [1976] AC 249 (H.L.).

26 Hierzu insbesondere unter [E. II.] und [F. II.].

27 Die Anerkennung von Rechtslagen definiert *Coester-Waltjen*, FS Jayme, 121 (122) als „*Akzeptanz einer im Ausland durch privaten oder behördlichen Akt geschaffenen Rechtslage unabhängig von der Anwendung der eigenen Kollisionsnormen*". Ausführlich zur Begrifflichkeit und kritisch zur systematischen Diskussion: *Mansel*, RabelsZ 70 (2006), 651 (662ff., 712ff.).

28 Vornehmlich „dingliche Rechte" oder auch „Sachenrechte".

B. Grundprinzipien des deutschen internationalen Sachenrechts

I. Grundlagen und Begrifflichkeiten

Im autonomen deutschen Kollisionsrecht findet das Sachenrecht seine Regelung in den Artt. 43-46 EGBGB.

Gemäß Art. 43 I EGBGB unterliegen Rechte an einer Sache dem Recht des Ortes, an dem sich die Sache zum fraglichen Zeitpunkt der Rechtsbegründung oder -änderung befindet.[29]

Ausnahmen zu dieser Grundanknüpfung an die sogenannte lex rei sitae normieren Art. 44 EGBGB für Grundstücksemissionen, Art. 45 EGBGB für Transportmittel und Art. 46 EGBGB für Sachen, die eine wesentlich engere Verbindung zu einem anderen Staat aufweisen.

Bei flüchtiger Betrachtung stellt sich das deutsche internationale Sachenrecht damit als weitgehend eindeutig und frei von Konfliktpotenzialen dar. Auch in den einschlägigen Lehrbüchern zum internationalen Privatrecht fällt das Kapitel über das Sachenrecht im Vergleich zumeist recht kurz aus.

Bei genauerem Hinsehen hält das internationale Sachenrecht jedoch eine Unzahl an Problemfeldern bereit. In diesem Rahmen stellt der Statutenwechsel, der Fall also, dass eine Sache vom Geltungsbereich einer Rechtsordnung in den einer anderen gelangt und dementsprechend das auf sie anwendbare Recht wechselt, aufgrund seiner annähernd unbegrenzten Kombinationsmöglichkeiten im internationalen Waren- und Rechtsverkehr einen Schwerpunkt von hoher praktischer Bedeutung dar. Der Statutenwechsel kann jedoch nicht diskutiert werden, ohne zuvor die grundlegenden systematischen Fragen des deutschen internationalen Sachenrechts beleuchtet zu haben. Jegliche Diskussion würde sich sonst im luftleeren Raum abspielen.

Um ein tiefer gehendes Verständnis schaffen zu können, soll deshalb an dieser Stelle ein möglichst umfassender Überblick über die Grundlagen des deutschen internationalen Sachenrechts gegeben werden.

---

29 *MüKo/Wendehorst*, Art. 43 EGBGB RN. 111; *Kegel/Schurig*, (§ 19 III.).

1. Entwicklung des autonomen deutschen internationalen Sachenrechts

Das Einführungsgesetz zum Bürgerlichen Gesetzbuch vom 18.08.1896 enthielt in seiner Urform keine Kodifikation des internationalen Sachenrechts. Obschon die Bundesratsvorlage des BGB-Entwurfs noch eine entsprechende Regelung vorsah,[30] beinhaltete die letztlich verabschiedete Fassung keine Normen zum internationalen Sachenrecht.

Begründet wurde die Auslassung sachenrechtlicher Fragestellungen im EGBGB zum einen damit, dass es bei Immobilien selbstverständlich sei, nach der Situs-Regel das Recht des Lageortes der Immobilie auf alle sie betreffenden Rechtsfragen anzuwenden. Zum anderen hielt man es für schlichtweg nicht möglich, alle anderen sachenrechtlichen Vorgänge einer einheitlichen und dabei noch sinnvollen Anknüpfungsregel zu unterstellen.[31]

Mit einer ganz ähnlichen Begründung ließ der Gesetzgeber auch rund ein Jahrhundert später bei der Neuregelung des deutschen Kollisionsrechts vom 25.07.1986 das internationale Sachenrecht außen vor.[32] Zwar schlug im Vorfeld dieser Neuregelung der vom Justizministerium als Beratungsgremium berufene „Deutsche Rat für Internationales Privatrecht" schon im Jahre 1972 eine Normierung des internationalen Sachenrechts vor,[33] der Gesetzesentwurf vom

---

30 §. 2369. (II 2241.) der Bundesratsvorlage lautete:
„*Die Rechte an einer Sache sowie der Besitz werden nach den Gesetzen des Ortes beurtheilt, an dem sich die Sache befindet. Der Erwerb und der Verlust eines Rechtes an einer beweglichen Sache sowie des Besitzes einer solchen Sache werden nach den Gesetzen des Ortes beurtheilt, an dem sich die Sache zur Zeit der Verwirklichung des für den Erwerb oder den Verlust in Betracht kommender Tahtbestände befindet.*
Die Vorschriften des §. 2365 Satz 2 findet keine Anwendung auf ein Rechtsgeschäft, durch das ein Recht an einer Sache begründet oder über ein solches Recht verfügt wird."
Zitiert nach: *Hartwieg/Korkisch*, S. 325f.

31 Vgl. u.a. das Protokoll der zweiten Lesung der Konferenz über das internationale Privatrecht, abgedruckt in: *Hartwieg/Korkisch*, S. 370ff.

32 Gesetz zur Neuregelung des Internationalen Privatrechts v. 25.07.1986 (IPRG), in Kraft getreten am 01.09.1986.

33 Die sogenannten *Lauterbach*-Vorschläge. Auszug aus *Lauterbach*, Vorschläge und Gutachten, 1972, 1 (5):
„*Sachenrecht*
§ A – (1) Entstehung, Änderung, Übergang und Untergang von Rechten an einer Sache richten sich nach dem Recht des Ortes, an dem sich die Sache befindet. (2) Gelangt eine Sache, an der Rechte begründet sind, in ein anderes Land, so richten sich die Wirkungen dieser Rechte nach dem Recht des Staates, in den sie gelangt ist. (3) Abs. 1 und 2 gelten nicht für Staaten, in denen sich die Sache auf der Durchreise befindet.
§ B – Sind Sachen in einen anderen Staat als den, in dem sie sich befinden, zu liefern und ist das Eigentum im Absendestaat nicht übergegangen, so gelten vom Erreichen des Empfangsstaates an alle im Absendestaat erfüllten Tatbestandserfordernisse als im Empfangsstaat erfüllt.

11.05.1983 sah jedoch keine entsprechende Regelung vor. In seiner Begründung verwies der Gesetzgeber erneut darauf, dass die Anwendung der lex rei sitae auf Immobilien als selbstverständlich anzusehen sei und Einzelfragen zur Behandlung von beweglichen Sachen noch nicht so weit geklärt seien, als dass man bereits eine allgemeingültige Anknüpfungsregel im EGBGB normieren könne.[34]

In Kenntnis dieser Begründung entstand 1983 im Bundesministerium der Justiz ein Referentenentwurf für ein Gesetz zur Ergänzung des IPR um die außervertraglichen Schuldverhältnisse sowie das Sachenrecht.[35] Im Hinblick auf das Sachenrecht war jedoch auch dieser Referentenentwurf wenig ergiebig. In insgesamt drei Artikeln sollte erstens die allgemeine Situs-Regel kodifiziert werden, zweitens wurde vorgesehen, eine Anrechnungsnorm bei der Vereinbarung von Sicherungsrechten beim grenzüberschreitenden Rechtsverkehr einzuführen und drittens sollte für Transportmittel negativ eine Nichtanwendung der Situs-Regel bestimmt werden.[36] Letztlich wurde der Referentenentwurf zwar in der Rechtsliteratur diskutiert,[37] zu einer Umsetzung kam es jedoch zunächst nicht.

---

§ C – Vereinbarte Sicherungsrechte des Veräußerers oder Dritter werden bis zum Eintreffen der Sache im Bestimmungsstaat nach dem Rechte dieses Staates beurteilt, auch wenn sich der das Sicherungsrecht begründete Tatbestand vor Eintritt in diesen Staat ereignet hat.".

34 Regierungsentwurf eines Gesetzes zur Neuregelung des IPR vom 11.05.1983, BT-Drucks. 10/504, S. 29:
„*Nicht berücksichtigt worden sind* [...] *sowie das internationale Sachenrecht.* [...] *Im Bereich des internationalen Sachenrechts ist jedenfalls für unbewegliche Sachen die grundsätzliche Geltung des Belegenheitsrechts auch ohne besondere Bestimmung unzweifelhaft.* [...] *Dagegen sind viele Einzelfragen des internationalen Sachenrechts zur Zeit noch nicht so weit geklärt, dass hinreichend abgesicherte Regelungen für dieses Gebiet ohne größeren Aufwand in den Entwurf einbezogen werden könnten. Schwere, nach einem schnellen gesetzgeberischen Eingreifen drängende Unzulänglichkeiten sind zudem insoweit nicht zu verzeichnen.*".

35 Maßgebliche Auszüge aus dem Referentenentwurf bei: *Kreuzer*, Vorschläge und Gutachten, 37 (171f.) und *Basedow*, NJW 1986, 2971 (2972).

36 Referentenentwurf vom 15.05.1984:

„*Art. 43 EGBGB – Rechte an einer Sache*
(1) Entstehung, Änderung, Übergang und Untergang von Rechten an einer Sache unterliegen dem Recht des Staates, in dem sich die Sache befindet. Die sachenrechtlichen Vorschriften dieses Staates sind auch dann anzuwenden, wenn nach einer anderen Verweisungsvorschrift dieses Gesetzes das Recht eines anderen Staates maßgeblich wäre. – (2) Gelangt die Sache, an der Rechte begründet sind, in einen anderen Staat, so unterliegen die Wirkungen dieser Rechte dem Recht des Staates, in den sie gelangt ist.

Art. 44 EGBGB – Sicherungsrechte
Vereinbarte Sicherungsrechte des Veräußerers oder Dritter unterliegen bis zum Eintreffen der Sache im Bestimmungsstaat dem Recht des Absendestaats, ab Eintreffen im Bestimmungsstaat dem Recht dieses Staates, auch wenn das Sicherungsrecht vor Eintritt in diesen Staat begründet worden ist.

Erst ein Gutachten von *Kreuzer* für die erste Kommission des Deutschen Rates für Internationales Privatrecht gab 1991 einen erneuten Anstoß, um eine Kodifizierung des internationalen Sachenrechts weiter voranzutreiben.[38] *Kreuzer* nahm den Referentenentwurf des Bundesministeriums der Justiz auf und modifizierte den darin enthaltenden Art. 44 dahingehend, dass die Anrechnung auf alle grenzüberschreitenden Erwerbsvorgänge ausgeweitet wurde, jedoch nur insoweit, wie es sich um einen inländischen Erwerb handelte, Art. 43 III. Als weitere Ausnahme von der Situs-Regel wurde die Schaffung eines Art. 43 IV vorgeschlagen, der immer dann eine Abweichung von der Situs-Regel zulassen sollte, wenn eine wesentlich engere Verbindung zu einem anderen Staat bestünde. Die bereits im Ursprungsentwurf bestehende Ausnahme bei Transportmitteln wurde dahingehend positiv umformuliert, dass auf Rechte an Transportmitteln das Recht des Herkunftslandes des Transportmittels Anwendung finden sollte, Art. 45 I.[39]

Die Diskussion im Deutschen Rat für Internationales Privatrecht führte schließlich zum Referentenentwurf vom 01.12.1993 welcher sich stark an den Vorschlägen von *Kreuzer* orientierte.[40]

Art. 45 EGBGB – Gemeinsame Vorschriften

(1) Die Art. 43 und 44 gelten nicht für Schiffe, Luftfahrzeuge und Eisenbahnfahrzeuge. – (2) Die Art. 35 und 37 Nr. 2 gelten entsprechend".

37 Z.B. bei *Basedow*, NJW 1986, 2971 (2972).

38 Im Rahmen der sogenannten *Henrich*-Vorschläge: *Kreuzer*, Vorschläge und Gutachten, 37 (37ff.).

39 Die Vorschläge im Einzelnen: *Kreuzer*, Vorschläge und Gutachten, 37 (53ff.).

40 Referentenentwurf vom 01.12.1993:

„Artikel 43 EGBGB – Rechte an einer Sache

(1) Rechte an einer Sache unterliegen dem Recht des Staates, in dem sich die Sache befindet. – (2) Gelangt eine Sache, an der Rechte begründet sind, in einen anderen Staat, so können diese Rechte nicht im Widerspruch zu der Rechtsordnung dieses Staates ausgeübt werden. – (3) Ist ein Recht an einer Sache, die in das Inland gelangt, nicht schon vorher erworben worden, so sind für einen solchen Erwerb im Inland Vorgänge in einem anderen Staat wie inländische zu berücksichtigen. – (4) Besteht mit dem Recht eines Staates offensichtlich eine wesentlich engere Verbindung als mit dem Recht, das nach diesen Vorschriften maßgebend wäre, so ist jenes Recht anzuwenden.

Artikel 44 EGBGB – Grundstücksimmissionen

Für Ansprüche aus beeinträchtigenden Einwirkungen, die von einem Grundstück ausgehen, gilt Artikel 40 Abs. 1 entsprechend.

Artikel 45 EGBGB – Transportmittel

(1) Rechte an Luft-, Wasser- und Schienenfahrzeugen unterliegen dem Recht des Herkunftslandes. Das ist

Letztlich sollte es noch weitere fünf Jahre dauern, bis die damalige Bundesregierung am 24.08.1998 zum Ende ihrer Amtszeit einen Regierungsentwurf verabschiedete, der den letzten Referentenentwurf aus dem Bundesministerium der Justiz annähernd wörtlich übernahm.[41] Lediglich Art. 46 EGBGB wurde soweit ergänzt, dass die darin normierte Ausweichklausel nun alle sachenrechtlichen Tatbestände erfasst, anstatt nur derjenigen, auf welche die Situs-Regel anzuwenden ist. Weiter wurde Art. 45 II EGBGB dahingehend geändert, dass nur die Entstehung gesetzlicher Sicherungsrechte der lex causae der zu sichernden Forderung unterliegt, während sich die Rangfolge mehrerer Sicherungsrechte, der Grundregel entsprechend, nach dem jeweiligen Belegenheitsrecht des Sicherungsguts ergibt.[42]

Trotz des Regierungswechsels ging der Entwurf der alten Bundesregierung zeitnah in das Gesetzgebungsverfahren über und wurde schließlich unverändert am 21.05.1999 als Gesetz zum internationalen Privatrecht für außervertragliche Schuldverhältnisse und für Sachen verabschiedet.[43] Das Gesetz trat am 01.06.1999 in Kraft und stellt seither den Stand der Kodifikation des internationalen Sachenrechts im EGBGB dar.[44]

2. Sonstige Quellen des internationalen Sachenrechts

Neben den Artt. 43-46 EGBGB regeln noch weitere Rechtsvorschriften das internationale Sachenrecht.

---

1. bei Luftfahrzeugen der Staat ihrer Staatsangehörigkeit,
2. bei Wasserfahrzeugen der Staat der Registereintragung, sonst des Heimathafens oder des Heimatorts,
3. bei Schienenfahrzeugen der Staat der Zulassung.
(2) Gesetzliche Sicherungsrechte an diesen Fahrzeugen unterliegen dem Recht, das auf die zu sichernde Forderung anzuwenden ist."
Zitiert nach: IPRax 1995, 132 (133).

41 BR-Drucks. 759/98, Abgedruckt in: IPRax 1998, 513 (513f.).

42 Näher zu den Änderungen im Regierungsentwurf: *Wagner*, IPRax 1998, 429 (434ff.).

43 BGBl. I S. 1026.

44 Weiter zur Kodifikation: *Spickhoff*, NJW 1999, 2209 (2209ff.); *Pfeiffer*, NJW 1999, 3674 (3674ff.); *Stoll*, IPRax 2000, 259 (259ff.).

a) Staatsverträge

Auf internationaler Ebene gab es verschiedene Versuche einer allgemeinen Vereinheitlichung des Sachenrechts, jedoch waren nur wenige davon von Erfolg gekrönt.[45]

Das Haager Übereinkommen über das auf den Eigentumserwerb bei internationalen Käufen beweglicher Sachen anzuwendende Recht vom 15.04.1958, welches zumindest diejenigen Teilbereiche des Sachenrechts vereinheitlichen sollte, welche Drittwirkungen entfalten, wurde von Deutschland und den meisten anderen Staaten nicht gezeichnet.[46]

Gleiches gilt für das Haager Übereinkommen über das auf trusts anzuwendende Recht und über ihre Anerkennung vom 01.07.1985.[47]

Von Deutschland ratifiziert wurde hingegen das Genfer Übereinkommen über die nationale Anerkennung von Rechten an Luftfahrzeugen vom 19.06.1948[48] sowie der Vertrag über die Grundsätze zur Regelung der Tätigkeit von Staaten bei der Erforschung und Nutzung des Weltraums einschließlich des Mondes und anderer Himmelskörper vom 27.01.1967[49]. Beide Verträge enthalten versteckte Verweisungsnormen, die auch sachenrechtliche Tatbestände betreffen.[50]

b) Europarecht

Vereinzelt führten EG-Richtlinien zur Umsetzung von Kollisionsnormen in harmonisiertes nationales Recht.

Von besonderer praktischer Bedeutung sind dabei § 17a DepotG[51], der die Verfügung über Wertpapiere oder bestimmte Sammelbestandteile betrifft sowie §§ 5 I, 9 Kulturgüterrückgabegesetz, welche das zur Ermittlung von Eigentumsverhältnissen an rückgeführten Kulturgütern maßgebliche Recht bestimmen[52].

Letztlich beinhaltet auch Art. 29a EGBGB mit seinem Verweis auf die Richtlinie 94/47/EWG bezüglich bestimmter Aspekte von Verträgen über den Erwerb von Teilzeitnutzungsrechten an Immobilien vereinheitlichtes Sachenrecht.[53]

---

45 Zu den einzelnen Versuchen: *Staudinger/Stoll*, IntSachenR RN. 104ff. und *Kreuzer*, RabelsZ 65 (2001), 383 (438f.).

46 Volltext (französisch) in: RabelsZ 24 (1959), 145 (145ff.), näher zum Abkommen: *Staudinger/Stoll*, IntSachenR RN. 105; *Kegel/Schurig* § 4 III, 19 VII.

47 Volltext in: IPRax 1987, 55 (55ff.), näher zum Abkommen: *Kegel/Schurig* § 17 III 2.

48 BGBl. 1959 II S. 129; BGBl. 1960 II S. 1506.

49 Der sogenannte Weltraumvertrag: BGBl. 1969 II S. 1967.

50 Zu den einzelnen Kollisionsnormen: *Müko/Wendehorst*, Art. 45 EGBGB RN. 5ff. und 10.

51 Dieser basiert auf Art. 9 II der Richtlinie 98/26/EG und auf Art. 9 der Richtlinie 2002/47/EG.

52 Basierend auf Art. 12 der Richtlinie 93/7/EWG.

53 Näher hierzu: *Erman/Hohloch*, Art. 29a EGBGB RN. 1ff.

Europäische Verordnungen, welche unmittelbar das internationale Sachenrecht regeln, gibt es indes bis zu diesem Zeitpunkt nicht. Von mittelbarer Bedeutung für das deutsche internationale Sachenrecht stellen sich jedoch die Grundfreiheiten des EG-Vertrags dar. Beim Import dinglicher Rechte nach einem Statutenwechseln ins deutsche Recht kann es gegebenenfalls zu einem Verstoß gegen die Freiheit des Waren-, Dienstleistungs- und Kapitalverkehrs kommen.[54] Was dies im Einzelnen für die Anwendung des deutschen Rechts bedeutet, soll an entsprechender Stelle vertieft werden.[55]

c) Internationales Einheitsrecht

Zwar stellt internationales Einheitsrecht kein Kollisionsrecht im engeren Sinne dar, aufgrund seines Vorrangs zum nationalen Kollisionsrecht kann es für den Rechtsanwender bei Fällen mit Auslandsbezug jedoch von besonderer Bedeutung sein.

Mehrere UNIDROIT-Übereinkommen betreffen das Sachenrecht und wären insoweit vorrangig zu nationalem Recht anzuwenden. Deutschland hat jedoch bis zu diesem Zeitpunkt keines der infrage kommenden Übereinkommen ratifiziert.[56] Somit bleiben vorerst allein die einschlägigen Vorschriften des Genfer Übereinkommens vom 19.06.1948 als internationales Einheitsrecht vorrangig zum deutschen internationalen Sachenrecht.[57]

II. Die Situs-Regel im deutschen Kollisionsrecht

1. Grundsätze

Seit der Kodifizierung des deutschen internationalen Sachenrechts ergibt sich das Sachstatut grundsätzlich aus der Anwendung der Situs-Regel. Diese unterstellt Rechte an beweglichen und unbeweglichen Sachen, soweit sie unter den kollisionsrechtlichen Sachbegriff fallen,[58] einheitlich der lex rei sitae, Art. 43 I EGBGB.

Eine Ergänzung findet dieser Grundsatz in Art. 44 EGBGB, der auch die Immissionen von Grundstücken dem Lageortrecht des Grundstücks unterstellt.

---

54 Hierzu bereits unter [A. II. 1.].

55 Siehe [C. II. 4. d)].

56 Eine Übersicht gibt: *MüKo/Wendehorst*, Vor. Art. 43 EGBGB RN. 8.

57 Siehe hierzu schon unter [B. I. 2. a)].

58 Dazu unter [B. II. 1. a)].

Damit entspricht das geschriebene internationale Sachenrecht im Wesentlichen dem bis dato in Deutschland praktizierten Gewohnheitsrecht.[59] Vor der Kodifikation bestand ein stetiger Streit sowohl in der Rechtswissenschaft als auch in der Rechtspraxis darüber, in welchem Umfang die Situs-Regel zur Anwendung kommen könne und ob und inwieweit in den verschiedensten Fällen nicht andere Anknüpfungspunkte herangezogen werden müssten.[60] Dieser Streit ist in vielfacher Hinsicht nicht beendet worden, sondern wird in neuerer Zeit lediglich vor dem Hintergrund des geschriebenen Rechts und nicht des Gewohnheitsrechts geführt.[61] Die einzelnen Streitpunkte sollen zum jeweils geeigneten Zeitpunkt näher dargestellt werden.

Zunächst ist festzuhalten, dass es das Ziel der Anwendung des Situsrechts ist, einen möglichst umfassenden Schutz des Rechtsverkehrs zu gewährleisten.[62] Zum einen ist für die Beteiligten eines eine Sache betreffenden Rechtsgeschäfts das Recht des Lageortes der jeweiligen Sache am einfachsten und schnellsten nachzuvollziehen,[63] zum anderen sind Rechte an einer Sache regelmäßig dort am leichtesten zu vollstrecken, wo sie wirksam begründet wurden.[64]

Dieser Rechtsschutzgedanke ist international verbreitet und so wird die Situs-Regel auch annähernd weltweit angewendet.[65]

Der deutsche Gesetzgeber hat dabei bei der Einführung der Artt. 43-46 EGBGB eine Lösung gewählt, die die Anwendung der lex rei sitae zwar zum Regelfall macht, ihr jedoch nicht alle sachenrechtlichen Tatbestände undifferenziert unterstellt.

Inwieweit eine konkrete Rechtsfrage dem Sachenrecht unterfällt und damit Art. 43 EGBGB als Grundnorm des internationalen Sachenrechts zur Anwendung kommen kann, ist im Wege der Qualifikation zu ermitteln.[66]

---

59 Eine Übersicht über die Anwendung der ungeschriebenen Rechtsgrundsätze vor der Kodifikation gibt: *Staudinger/Stoll*, IntSachenR RN. 122ff.

60 Einen Überblick hierzu gibt: *von Wilmowsky*, S. 94ff., 117ff.

61 Kritisch insbesondere: *Schurig*, FS Stoll, 577 (577ff.); *Spickhoff*, NJW 1999, 2209, 2210; *MüKo/Wendehorst*, Vor. Art. 43 EGBGB RN. 19f.

62 *Kropholler*, (§ 54 II 1.).

63 Vgl. BT-Drucks. 14/343, S. 15; *Kropholler*, (§ 54 I 1.); *von Hoffmann/Thorn*, (§ 12 RN. 9).

64 *Kegel/Schurig*, (§ 2 II, § 19 IV); kritisch bei beweglichen Sachen: *Kropholler*, (§ 54 I 1.).

65 Einige Ausnahmen nennt: *Kegel/Schurig*, (§ 19 I). Eine Übersicht über die Anwendbarkeit der Situs-Regel in den größten Rechtskreisen geben auch: *Staudinger/Stoll*, IntSachenR RN. 22-103 und *Schilling*, I.C.L.Q. 1985 (34), 87 (87ff.).

66 Grundlegend zur Qualifikation: *Kropholler*, (§ 15); *Kegel/Schurig*, (§ 7 I).

a) Sachbegriff des deutschen internationalen Privatrechts

Der erste Schritt zur sachenrechtlichen Qualifikation ist es, auszumachen, was als „Sache“ im Sinne des Art. 43 EGBGB angesehen werden kann.

Welche Qualifikationsmethode diese Frage sinnvoll beantworten kann, ist in der Literatur umstritten.

Zunächst bietet sich die Qualifikation nach der lex fori an. Hiernach wäre der Sachbegriff im Einklang mit dem materiellen Recht nach § 90 BGB zu bestimmen.[67] Sachen wären somit nur körperliche Gegenstände.[68]

Eine Ansicht in der Literatur will jedoch die vergleichsweise strengen Voraussetzungen des § 90 BGB zumindest in einem ersten Schritt der Qualifikation nicht beachten. Vorgeschlagen wird, grundsätzlich alle körperlichen wie nichtkörperlichen „Dinge“, bei denen eine Qualifikation als Sache nicht vollkommen fernliegt, auch als Sache im Sinne des Art. 43 EGBGB zu qualifizieren, im Zweifelsfall also eine Doppelt- oder Mehrfachqualifikation vorzunehmen.[69] Die Entscheidung, ob letztlich tatsächlich ein sachenrechtlicher Tatbestand vorliegt, wird dann der Rechtsordnung überlassen, welche nach Art. 43 EGBGB zur Anwendung berufen werden würde.[70]

Eine dritte Ansicht will zwar grundsätzlich nach der lex fori qualifizieren, dies jedoch nur so weit, wie die vermeintliche Sache unter den durch § 90 BGB definierten Kernbereich des Sachbegriffs subsumierbar ist.[71] Grenzfälle sollen dann im Einklang mit dem Anknüpfungsinteresse des deutschen Kollisionsrechts gelöst werden.[72] Dies bedeutet, dass der Sammelbegriff der „Sache“ im deutschen Kollisionsrecht über die Definition des materiellen Rechts hinaus erweitert werden soll, um der vom Gesetzgeber intendierten Funktion des Art. 43 EGBGB gerecht zu werden. *Wendehorst*, die diese Ansicht vertritt, geht an dieser Stelle nicht weiter darauf ein, welches die konkreten Interessen des Gesetzgebers seien, die eine Erweiterung des Sachbegriffs notwendig machen würden, schränkt zugleich aber ihren Vorschlag zur Qualifikationsmethode dahingehend ein, dass der Sachbegriff nicht derart überdehnt werden dürfe, dass eine sinnvolle Anwendung der lex rei sitae, etwa durch die Einbeziehung räumlich nicht wahrnehmbarer Objekte, unmöglich gemacht werden würde.[73] Weiter will sie den möglichen

---

67 So: *Palandt/Heldrich*, Art. 43 EGBGB RN. 1; *von Hoffmann/Thorn*, § 12 RN. 13.

68 Näher zu § 90 BGB z.B. *Palandt/Heinrichs/Ellenberger*, § 90 BGB RN. 1 ff.

69 So: *Bamberger/Roth/Spickhoff*, Art. 43 EGBGB RN. 5f. und wohl auch: *Erman/Hohloch*, Art. 43 EGBGB RN. 10.

70 *Bamberger/Roth/Spickhoff*, Art. 43 EGBGB RN. 5f; *Erman/Hohloch*, Art. 43 EGBGB RN. 10.

71 *MüKo/Wendehorst*, Art. 43 EGBGB RN. 14.

72 *MüKo/Wendehorst*, Art. 43 EGBGB RN. 15.

73 *MüKo/Wendehorst*, Art. 43 EGBGB RN. 16.

Statutenwechsel durch eine Erweiterung des Sachbegriffs nur dann zulassen, wenn dem keine überragenden Rechtsanwendungsinteressen und keine wesentlichen Grundsätze des deutschen Rechts, wie etwa die des Art. 1 III GG, entgegenstehen.[74]

Insbesondere aufgrund der Beschränkung auf räumlich wahrnehmbare Objekte, sind nur wenige Fälle denkbar, in denen die Qualifikation nach dieser Methode von der nach der lex fori abweichen würde. So bleibt auch *Wendehorst* weiterführende Beispiele schuldig, die ihren Vorschlag rechtfertigen würden.

Insgesamt stellt sich ihr Vorschlag als für die Rechtsanwendung wenig praktikabel dar. Der Sachbegriff des § 90 BGB ist im Laufe der deutschen Rechtsgeschichte so weit von Literatur und Rechtsprechung konkretisiert worden, dass im deutschen Recht faktisch keine relevanten Definitionslücken mehr bestehen.[75] Es erscheint als unverhältnismäßig, die nationale Entscheidungseinheit durch eine mögliche Verwässerung des Sachbegriffs zu gefährden, um wenige Sonderfälle kollisionsrechtlich als sachenrechtlichen Tatbestand qualifizieren zu können.

Diese Qualifikationsmethode widerspräche weiter auch einem der Grundgedanken der Situs-Regel. Der Rechtsverkehr soll durch die Situs-Regel unter anderem insoweit vereinfacht werden, dass man davon ausgehen kann, dass auf Sachen immer das Recht des Staates angewendet wird, in dem sich die Sache auch befindet. Die Gewissheit darüber, welches Recht auf eine Sache anzuwenden ist, nützt in der Praxis jedoch dann nichts, wenn die vorgelagerte Frage, was denn nun als Sache zu qualifizieren ist, nicht nach einer klaren Definition, sondern erst nach einer Interessenabwägung, zu beantworten ist.

Um eine verlässliche und möglichst umfassende Rechtssicherheit auf dem Gebiet des internationalen Sachenrechts schaffen zu können, muss sowohl die Qualifikation als auch die eigentliche Anknüpfung einer eindeutigen Regel folgen.

Nach dem Gesagten ist auch der Weg, das materielle Recht des Staates, welches nach § 43 EGBGB zur Anwendung berufen werden würde, entscheiden zu lassen, ob ein sachenrechtlicher Tatbestand vorliegt, nicht gangbar.

Zum einen wird so das Bestreben, Rechtssicherheit auf dem Gebiet des internationalen Sachenrechts zu schaffen, ebenfalls konterkariert, zum anderen sprechen schon systematische Grundsätze des deutschen IPR gegen eine solche Qualifikation nach der lex causae. Der Weg in eine fremde Rechtsordnung beginnt immer mit der Qualifikation des Tatbestands und führt dann über die Anknüp-

74 *MüKo/Wendehorst*, Art. 43 EGBGB RN. 16.

75 Eine Übersicht zum Sachbegriff im BGB ist etwa zu finden bei: *Palandt/Heinrichs/Ellenberger*, Überblick v. § 90 BGB.

fungsnorm zur Anwendung des hierdurch berufenen Rechts.[76] Würde man es dem theoretisch nach § 43 EGBGB berufenen Recht überlassen zu entscheiden, wie ein Tatbestand qualifiziert wird, würde man diesen Weg umgekehrt gehen und die Qualifikation aus deutscher Sicht weitgehend dem Zufall überlassen.[77]

Letztlich bleibt nur die strenge Qualifikation nach der lex fori. Nur so kann der interne Entscheidungseinklang aufrechterhalten und zugleich ein Maximum an Rechtssicherheit geschaffen werden.

Demnach sind im Einklang mit § 90 BGB auch im deutschen Kollisionsrecht nur körperliche Dinge als Sachen anzusehen.

b) Einzelfälle

Trotz der einheitlichen Qualifikation nach der lex fori kann die Qualifikation einzelner Objekte und Tatbestände Fragen aufwerfen.

aa) Tiere

Tiere sind zwar gemäß § 90a S. 1 BGB gerade keine Sachen im Sinne des § 90 BGB, nach § 90a S. 3 BGB sind auf sie jedoch sachenrechtliche Vorschriften entsprechend anwendbar.[78] Damit sind auf Tiere unproblematisch auch die Artt. 43ff. EGBGB anzuwenden.

bb) Menschliche Körperteile

Menschliche Körperteile, sofern sie nicht vom Gesamtkörper abgetrennt wurden, können keinesfalls sachenrechtlich qualifiziert werden. Zum einen verbietet schon Art. 1 II GG i.V.m. Art. 2 I GG eine entsprechende Qualifikation und zum anderen sind in den Fällen, in denen über eine Qualifikation nachzudenken wäre und die sich zumeist mit dem Handel von Organen beschäftigen, regelmäßig Eingriffsnormen einschlägig. Davon abgesehen wäre jedes Ergebnis einer Anknüpfung nach Art. 6 EGBGB unbeachtlich.[79]

Anders stellt sich hingegen die Lage bei abgetrennten Körperteilen dar. Sofern sie objektiv für den ursprünglichen Träger nicht mehr nutzbar sind, sie also ihre Funktion zur Lebenserhaltung bzw. -unterstützung im oder am Ursprungskörper

76 Grundsätzlich hierzu: *Kropholler*, (§ 15); *Kegel/Schurig*, (§ 7 I).

77 *von Hoffmann/Thorn*, (§ 6 RN. 19-22).

78 *von Hoffmann/Thorn*, (§ 12 RN. 13). Näher zur Anwendung sachenrechtlicher Bestimmungen auf Tiere: *Palandt/Heinrichs/Ellenberger*, § 90a BGB RN. 1.

79 *MüKo/Wendehorst*, Art. 43 EGBGB RN. 18.

nicht mehr ausüben können, werden sie von Rechtsprechung und Literatur annähernd einhellig als Sachen im Sinne des § 90 BGB qualifiziert.[80]

Dabei ist kollisionsrechtlich noch nicht endgültig geklärt, ob bei abgetrennten Körperteilen nicht eine wesentlich engere Verbindung im Sinne des Art. 46 EGBGB zum Personalstatut des ehemaligen Trägers besteht.[81] Ohne näher auf die Voraussetzungen der „wesentlich engeren Verbindung" einzugehen,[82] scheint es schon als ein Gebot des gesunden Menschenverstands, Körperteile, auch wenn sie ihrer eigentlichen Funktion nicht mehr nachkommen können, weiterhin eine Sonderstellung einzuräumen und sie kollisionsrechtlich nicht dem Sachstatut zu unterstellen. Letztlich handelt es sich bei der Anwendung des Art. 46 EGBGB jedoch um einen der eigentlichen Qualifikation folgenden Schritt. Auf der Qualifikationsebene müssen abgetrennte Körperteile weiterhin als Sachen angesehen werden, ob sie dann letztlich aufgrund des Art. 46 EGBGB nicht dem Sachstatut unterstellt werden, ist Frage des Einzelfalles.[83]

cc) Geld und Wertpapiere

Geld und Wertpapiere sind nur was ihre Verkörperung in Form von Münzen, Scheinen und tatsächlichen Papieren betrifft vom Sachbegriff erfasst.[84] Was den eigentlichen Inhalt dieser Sachen betrifft, sei es der Geldwert oder das verbriefte Recht, so kann dieser schon nach der Grunddefinition der Sache in § 90 BGB mangels Körperlichkeit nicht als Sache im Sinne des Art. 43 EGBGB angesehen werden.[85]

c) Dingliche Rechte im Sinne des Art. 43 I EGBGB

Handelt es sich nach dem Gesagten beim fraglichen Rechtsobjekt letztendlich um eine Sache, stellt sich weiter die Frage, was nun als Recht an dieser Sache im Sinne des Art. 43 I EGBGB anzusehen ist.

Die Antwort auf diese Frage ist ebenfalls im Wege der Qualifikation zu ermitteln. Dabei findet die Qualifikation nach der reinen lex fori dort ihre Grenzen, wo es um die Beurteilung ausländischer Rechtsinstitute geht, die dem deutschen

---

80 BGHZ 124, 42 (54); *Palandt/Heinrichs/Ellenberger*, § 90 BGB RN. 3; *MüKo/Wendehorst*, Art. 43 EGBGB RN. 19.

81 Wohl dafür: *MüKo/Wendehorst*, Art. 43 EGBGB RN. 19.

82 Siehe hierzu unter [B. II. 3. a)].

83 Hierzu auch unter: [B. II. 3. a) dd)].

84 *MüKo/Wendehorst*, Art. 43 EGBGB RN. 35; *von Hoffmann/Thorn*, (§ 12 RN. 14).

85 Hierzu bereits oben [B. II. 1. a)] und *MüKo/Wendehorst*, Art. 43 EGBGB RN. 35. Näher zum auf den Inhalt von Wertpapieren anwendbaren Recht: *von Hoffmann/Thorn*, (§ 12 RN. 14).

Recht unbekannt sind. Würde man Rechtsinstitute, die aus Sicht des Rechts, dem sie entstammen, dingliche Rechte sind, nur deshalb nicht als solche qualifizieren, weil sie dem deutschen Recht unbekannt sind, würde sich ein Widerspruch zu den Zielen der Anwendung Situs-Regel ergeben. So wäre in entsprechenden Fällen nämlich schon auf Qualifikationsebene der im Sinne des Schutzes des Rechtsverkehrs gewünschte Verweis auf das Lageortrecht ausgeschlossen.[86]

Um diesen Widerspruch aufzulösen, sind im Wesentlichen zwei Ansätze denkbar.

Der in der Anwendung simpelste Ansatz wäre es, die lex rei sitae entscheiden zu lassen, ob ein Recht an einer Sache vorliegt.[87] Wäre also ein Objekt in einem ersten Schritt nach der lex fori als Sache qualifiziert worden, würde das Lageortrecht dieser Sache dann in einem zweiten Schritt darüber entscheiden, ob der konkrete Sachverhalt auch ein Recht an dieser Sache betrifft.

Der zweite Lösungsansatz wäre es, nicht das Lageortrecht der Sache zu befragen, sondern basierend auf der lex fori eine funktionelle Qualifikation vorzunehmen. Diese führt einen funktionalen Vergleich des fraglichen Rechtsinstituts mit den deutschen Rechtsinstituten durch, die der Gesetzgeber bei der Schaffung der Artt. 43ff. EGBGB vor Augen hatte.[88] Insoweit handelt es sich bei der funktionellen Qualifikation um eine Qualifikation nach der lex fori, die um rechtsvergleichende Elemente erweitert wird.[89]

Ein dingliches Recht läge demnach immer dann vor, wenn das Ordnungsziel des zu prüfenden Rechtsinstituts nach den Vorstellungen des deutschen Gesetzgebers im Zeitpunkt der Kodifikation des internationalen Sachenrechts eine sachenrechtliche Qualifikation rechtfertigt. Vereinfacht gesagt muss also das Ordnungsziel des untersuchten Rechtsinstituts dem eines deutschen Sachenrechts entsprechen.[90]

Regelmäßig werden beide Ansätze zum gleichen Ergebnis kommen, fraglich ist jedoch, welche Methode in Zweifelsfällen anzuwenden ist.

Die anzuwendende Qualifikationsmethode muss zwei Voraussetzungen erfüllen, um nicht mit den Grundprinzipien des materiellen Sachenrechts sowie des Kollisionsrechts im Widerspruch zu stehen:

Auf materiellrechtlicher Seite muss der im Sachenrecht aus Gründen des Verkehrsschutzes international geltende Typenzwang beachtet werden. Jedes natio-

---

86 Vgl. hierzu [B. II. 1.].

87 So scheinbar angedacht von: *von Hoffmann/Thorn*, (§ 12 RN. 15). Das englische Recht geht diesen Weg der Qualifikation: [D. II. 1. c)], bleibt ihm jedoch nicht immer treu:[D. II. 4. c)].

88 *MüKo/Wendehorst*, Art. 43 EGBGB RN. 38f.

89 Allgemein zur funktionellen Qualifikation: *von Hoffmann/Thorn*, (§ 6 RN. 27ff.); *Kropholler*, (§ 17).

90 *MüKo/Wendehorst*, Art. 43 EGBGB RN. 38.

nale Recht kennt einen begrenzten Katalog dinglicher Rechte, welcher Beachtung finden muss.[91] Aus diesem Grund muss eine Qualifikation nach der reinen lex fori im internationalen Sachenrecht auch abgelehnt werden – das deutsche Recht darf nicht über den Katalog dinglicher Rechte einer ausländischen Rechtsordnung entscheiden.

Sowohl die Qualifikation nach der lex rei sitae als auch die funktionelle Qualifikation respektieren hingegen diesen Typenzwang, indem sie auf die Funktion des Rechtsinstituts in der jeweiligen ausländischen Rechtsordnung abstellen.

Auf kollisionsrechtlicher Seite muss zusätzlich jedoch gewährleistet bleiben, dass Systembegriffe entsprechend des nationalen Rechts der Kollisionsnorm ausgelegt werden, um den Anwendungsbereich der Norm nicht über die vom nationalen Gesetzgeber intendierten Grenzen hinaus zu erweitern.[92] Würde man jedoch den Systembegriff der „Rechte an einer Sache" in Art. 43 I EGBGB vom materiellen Recht einer ausländischen Rechtsordnung, also der lex rei sitae, abhängig machen, würde der Anwendungsbereich des Art. 43 I EGBGB beliebig werden. Folgerichtig kann ein Rechtsinstitut immer nur dann als dingliches Recht im Sinne des Art. 43 I EGBGB qualifiziert werden, wenn es seinem Ordnungsziel nach einem deutschen dinglichen Recht entspricht.

Damit scheitert die Qualifikation nach der lex rei sitae an der zweiten Voraussetzung.

Ob ein Recht an einer Sache vorliegt, muss folgerichtig nach der funktionellen Qualifikation ermittelt werden.

aa) Dem deutschen materiellen Recht bekannte dingliche Rechte

Die Vielfalt der dinglichen Rechte kann an dieser Stelle nicht erschöpfend aufgezeigt werden, es sollen jedoch kurz die Hauptkategorien genannt werden, die dem deutschen Sachenrecht bekannt sind.

α) Vollrecht Sacheigentum

Als umfassendstes Herrschaftsrecht und damit als Vollrecht einer oder mehrerer Personen an einer Sache ist das Eigentum praktisch international bekannt.[93]

91 *von Hoffmann/Thorn*, (§ 12 RN. 15); *Staudinger/Stoll*, IntSachenR RN. 147. Grundsätzlich zum Typenzwang im deutschen Sachenrecht: *Palandt/Bassenge*, Einl. v. § 854 BGB RN. 3ff.

92 *von Hoffmann/Thorn*, (§ 6 RN. 12ff.).

93 Zur Besonderheit im englischen Recht unter [B. II. 1. c) bb) α)] und [D. I. 2. b)].

β) Beschränkte Rechte

Neben dem Vollrecht Eigentum ist dem deutschen Recht auch eine Reihe an beschränkten dinglichen Rechten bekannt, die ebenso in den Anwendungsbereich des Art. 43 I EGBGB fallen. Sie zeichnen sich dadurch aus, dass sie ihren Inhaber mit einzelnen Befugnissen ausstatten, die sonst nur dem Eigentümer der Sache zustehen.[94]

Zu nennen wären vorrangig Pfandrechte wie beispielsweise das Mobiliarpfandrecht, die Grundschuld und die Hypothek sowie Nutzungsrechte wie u.a. der Niesbrauch, die Grunddienstbarkeit oder das Erbbaurecht.[95]

γ) Besitz

Zwar stellt sich der Besitz an einer Sache zunächst nur als Tatsache und nicht als Recht dar, an ihn sind jedoch im deutschen Recht, wie in den meisten anderen Rechtsordnungen, auch umfassende Schutzfunktionen geknüpft, weshalb allgemein anerkannt ist, dass der Besitz einem dinglichen Recht gleichgestellt werden muss und damit unter Art. 43 I EGBGB fällt.[96]

bb) Dem deutschen materiellen Recht unbekannte dingliche Rechte

Ein ausländisches Recht, welches dem deutschen Recht in seiner konkreten Form unbekannt ist, kann entsprechend der funktionellen Qualifikation immer dann als Recht an einer Sache im Sinne des Art. 43 I EGBGB qualifiziert werden, wenn dessen Ordnungsziel dem eines deutschen Sachenrechts entspricht.[97] Dies ist wiederum immer dann der Fall, wenn das fragliche Rechtsinstitut eine Zuordnung von Sachen zu Personen vornimmt, die absolute Wirkung gegenüber einem unbestimmten Kreis von Personen (erga omnes) entfaltet.[98]

Im Rahmen dieser Arbeit kann kein umfassender Überblick über internationale dingliche Rechte gegeben werden, die diese Voraussetzung erfüllen. Zur Verdeutlichung sollen jedoch zwei Konstrukte des englischen Rechts angeführt

94 *Palandt/Bassenge*, Einl. v. § 854 BGB RN. 5f.

95 Weitere Beispiele bei: *von Hoffmann/Thorn*, (§ 12 RN. 16); *MüKo/Wendehorst*, Art. 43 EGBGB RN. 57ff.

96 *MüKo/Wendehorst*, Art. 43 EGBGB RN. 64; *von Hoffmann/Thorn*, (§ 12 RN. 16); *Kegel/Schurig*, (§19 II); *Erman/Hohloch*, Art. 43 EGBGB RN. 15.

97 Dazu oben [B. II. 1. c)].

98 *MüKo/Wendehorst*, Art. 43 EGBGB RN. 39; *von Hoffmann/Thorn*, (§ 12 RN. 17); *Kropholler*, (§ 54 I 3.).

werden, die dem deutschen Sachenrecht zwar unbekannt sind, sehr wohl aber unter Art. 43 I EGBGB fallen.

α) Relativity of title

Das Prinzip der *relativity of title* stellt einen der elementaren Unterschiede zwischen englischem und deutschem Sachenrecht dar. Es besagt, dass in einem Rechtstreit darüber, wer wirksam ein Recht an einer Sache ausüben kann, immer nur die beteiligten Parteien betrachtet werden, was wiederum bedeutet, dass derjenige obsiegt, dessen Recht sich gegen ein etwaiges Recht der gegnerischen Partei durchsetzt, unabhängig von der Frage, ob es noch einen am Rechtstreit nicht beteiligten Dritten gibt, der letztlich das global gesehen „durchsetzungsfähigste" Recht an der Sache innehat.[99]

Dieses Prinzip prägt vor allem das englische Verständnis von Eigentum. Eine Person wird so lange als „Eigentümer"[100] angesehen, wie keine andere Person ein vorrangiges Recht an der betreffenden Sache geltend machen kann.[101]

Dabei wäre eine Übersetzung dieses Eigentumsbegriffs in „relatives Eigentum" irreführend, denn tatsächlich wirkt auch dieses Eigentum absolut und nicht nur zwischen den Parteien. Somit liegt trotz der *relativity of title* ein dingliches Recht im Sinne des Art. 43 I EGBGB vor.

β) Equitable interests

Ein weiterer fundamentaler Unterschied zum deutschen Recht ist die Differenzierung zwischen *legal* und *equitable interests* im englischen Sachenecht.[102] Vereinfacht gesagt sind *legal interests* all diejenigen Rechte, die eine Gesetzesgrundlage haben, wohingegen *equitable interests* Billigkeitsrechte sind, die zwar keinen Form- oder Registervorschriften unterliegen, dafür aber auch dem Inhaber eines *legal interests* an der Sache nicht entgegengehalten werden können.[103]

Besonders signifikant wird diese Unterscheidung im Rahmen eines *trusts*. Dabei handelt es sich um ein Treuhandverhältnis in dessen Rahmen ein „*trustee*"

99 Ausführlicher mit einem eingängigen Beispiel hierzu: *Clarke/Kohler*, (10.3.).

100 „Eigentümer" darf hier nicht im deutschen Rechtssinne verstanden werden, sondern bezeichnet die Person, mit dem stärksten Herrschaftsrecht an der Sache.

101 *Ocean Estates Ltd. v. Pinder* [1969] 2 AC 19, 24, 25.

102 Umfassend zur historischen Entwicklung und heutigen Bedeutung dieser Unterscheidung: *Clarke/Kohler*, (8.3., 12.-14.).

103 *Clarke/Kohler*, (8.3.3.).

einen Vermögenswert zugunsten eines „*benificiary*" verwaltet.[104] Das Eigentum als *legal interest* (*legal ownership*) liegt dabei beim *trustee*, wohingegen dem *benificiary* ein *equitable interest* zukommt (*equitable ownership*).[105]

Fraglich ist nun, ob im *equitable ownership* des *benificiary* ein gegenüber jedermann wirksames dingliches Recht zu sehen ist. Grundsätzlich gilt, dass *equitable interests* schon aufgrund ihrer persönlichen Bindung immer hinter einem *legal interest* zurücktreten müssen.[106] Nach Auffassung der englischen Rechtsprechung ist dies jedoch kein Hindernis dafür, in einem *equitable interest* ein echtes dingliches Recht zu sehen – so muss es zwar hinter einem *legal interest* zurückstehen, trotzdem ist seine Wirkung nicht auf einen bestimmten Personenkreis begrenzt, sondern erstreckt sich erga omnes.[107]

Somit ist nach der funktionellen Qualifikation in einem *equitable interest* ebenfalls ein dingliches Recht im Sinne des Art. 43 I EGBGB zu sehen.

2. Reichweite des Sachstatuts

Die Qualifikation als „Sache" bzw. „Recht an einer Sache" lässt einen Sachverhalt zwar grundsätzlich in den Anwendungsbereich der Situs-Regel rücken, auf welche Teilaspekte sie nun aber anzuwenden ist, wie weit das Sachstatut also reichen soll, wird hierdurch aber noch nicht beantwortet. Rechtsprechung und Literatur sind jedoch kontinuierlich darum bemüht, die Grenzen des Sachstatuts zu definieren.

a) Begründung und Änderung dinglicher Rechte

Unproblematisch entscheidet das Sachstatut über die Grundlagen der gesetzlichen wie rechtsgeschäftlichen Begründung und Änderung eines dinglichen Rechts. Handelt es sich um dingliche Verfügungen aufgrund eines Rechtsgeschäfts, sind insbesondere auch die Fragen, ob eine solche dingliche Verfügung

---

104 Vgl. zur Definition des *trusts*: Art. 2 Haager Übereinkommen über das auf trusts anzuwendende Recht und über ihre Anerkennung. Volltext in: IPRax 1987, 55 (55ff.).

105 Dieses auch „*beneficial interest*" genannte Recht ist das wohl bekannteste *equitable* interest. Hierzu: *Clarke/Kohler*, (8.3.4.1.).

106 Eine der Maximen der *Equity* lautet: „*equity acts in personam*". Vgl. auch die Aufstellung bei: *Calliess*, S. 361.

107 *Tinsley v. Milligan* [1993] 3 All ER 65, 86; *Fokett v. McKeown* [2000] 3 All ER 97, 102; 120, 122.

abstrakt oder kausal ist und wie sich gegebenenfalls ein Mangel im Kausalgeschäft auf die Verfügung auswirkt, nach der lex rei sitae zu beantworten.[108]

b) Gutgläubiger Erwerb

Auch, ob ein gutgläubiger Erwerb vom Nichtberechtigten möglich ist und welche Voraussetzungen dafür gegebenenfalls erfüllt sein müssen, wird nach der ganz herrschenden Meinung vom Sachstatut entschieden.[109]

Dabei wird teilweise vorgeschlagen, nicht der Grundregel entsprechend an den Lageort zum Zeitpunkt des gutgläubigen Erwerbs, sondern im Interesse und zum Schutz des eigentlichen Eigentümers an den Lageort zum Zeitpunkt des Abhandenkommens anzuknüpfen.[110] Im Hinblick auf das allgemeine Verkehrsinteresse, welches das Interesse des eigentlichen Eigentümers immer überwiegen dürfte, wird aber mit der herrschenden Meinung unverändert an den Lageort zum Zeitpunkt des gutgläubigen Erwerbs anzuknüpfen sein.[111]

Im Kontext des gutgläubigen Erwerbs unterliegt auch die Genehmigung der Verfügung eines Nichtberechtigten dem Belegenheitsrecht der Sache zum Zeitpunkt der Genehmigung.[112]

c) Sicherungsrechte

Abgesehen von der Ausnahme des Art. 45 II EGBGB, unterliegen nach der herrschenden Meinung Entstehung und Wirkung gesetzlicher Sicherungsrechte dem Sachstatut.[113]

Ebenso verhält es sich bei sonstigen Sicherungsrechten. Selbst die Bestellung einer akzessorischen Sicherheit ist nach dem Lageortrecht des Sicherungsguts zu beurteilen, welches dann auch die Entscheidung über die Reichweite der Akzessorietät trifft.[114] Zu beachten ist jedoch, dass das Entstehen und der Bestand der zu sichernden Forderung immer selbstständig anzuknüpfen sind, insbesondere auch dann, wenn das jeweilige Sicherungsrecht ein akzessorisches ist.[115]

---

108 *Kegel/Schurig*, (§ 19 II); *MüKo/Wendehorst*, Art. 43 EGBGB RN. 79; *Kropholler*, (§ 54 I 3. b)).

109 *MüKo/Wendehorst*, Art. 43 EGBGB RN. 80; *Kropholler*, (§ 54 I 3. c)); *von Hoffmann/Thorn*, (§ 12 RN. 22).

110 *Mansel*, IPRax 1988, 268 (271).

111 *Kropholler*, (§ 54 I 3. c)); *von Hoffman/Thorn*, (§ 12 RN. 22).

112 BGH, NJW-RR 2000, 1583 (1583ff.); *Kropholler*, (§ 54 I 3. d)); *von Hoffmann/Thorn*, (§ 12 RN. 22f.); *MüKo/Wendehorst*, Art. 43 EGBGB RN. 80.

113 BGH, NJW 1998, 1321 (1322); *MüKo/Wendehorst*, Art. 43 EGBGB RN. 87.

114 *MüKo/Wendehorst*, Art. 43 EGBGB RN. 84.

115 *Kegel/Schurig*, (§ 19 II).

Auch wenn sich der im Voraus eines Kaufs vereinbarte Eigentumsvorbehalt nicht als klassisches Sicherungsrecht, sondern als Einschränkung des Eigentumserwerbs des Käufers darstellt, betrifft er doch die Übertragung dinglicher Rechte und übt im Wirtschaftsverkehr eine Funktion gleich oder zumindest ähnlich der eines Sicherungsrechts aus. Dementsprechend erscheint es als sachgerecht, den im Voraus vereinbarten Eigentumsvorbehalt auch unter das Sachstatut fallen zu lassen.[116]

Eindeutiger ist die Behandlung des nachträglich vereinbarten Eigentumsvorbehalts. Als eine zur Sicherung einer Forderung vorgenommene Rückübereignung stellt er ein klassisches Sicherungsrecht dar und fällt damit auch unproblematisch unter das Sachstatut.[117]

d) Gesamtrechtsnachfolge

Der durch eine Gesamtrechtsnachfolge eintretende Erwerb dinglicher Rechte, etwa aus erb-, güter- oder gesellschaftsrechtlichen Gründen, erfolgt nicht aufgrund einer Verfügung über eine einzelne Sache, sondern aufgrund ihrer Zugehörigkeit zu einem Vermögenskomplex. Dementsprechend wird er auch nicht vom Sachstatut erfasst. Er wird vielmehr nach dem für die Gesamtrechtsnachfolge maßgeblichen Recht beurteilt.[118]

Erfolgt die Gesamtrechtsnachfolge nach ausländischem Recht, ist dabei aber zu beachten, dass auf diesem Wege weder der Numerus clausus des deutschen Sachenrechts umgangen werden darf noch Rechte im Widerspruch zum Sachstatut geltend gemacht werden dürfen.[119] Auftretende Widersprüche müssen im Einzelfall durch eine Anpassung aufgelöst werden.[120]

e) Form, Geschäftsfähigkeit und Vertretungsmacht

Die Form eines Rechtsgeschäfts wird im deutschen Kollisionsrecht generell selbstständig angeknüpft, Art. 11 EGBGB. Die Formerfordernisse von Rechtsgeschäften, die ein Recht an einer Sache begründen oder darüber verfügen, unterliegen nach Art. 11 IV EGBGB jedoch ebenfalls der lex rei sitae. Systematisch gesehen werden etwaige Formfragen somit zwar nicht vom Sachstatut umfasst,

---

116 *MüKo/Wendehorst*, Art. 43 EGBGB RN. 85. Zu beachten ist jedoch die Diskussion im Rahmen des Art. 43 III EGBGB, hierzu unter [C. III. 3. b) bb)].

117 *MüKo/Wendehorst*, Art. 43 EGBGB RN. 85.

118 *Kropholler*, (§ 54 I 1 3. e)).

119 *Kegel/Schurig*, (§ 19 II); *MüKo/Wendehorst*, Art. 43 EGBGB RN. 85; *Anwaltkommentar/von Plehwe*, Art. 43 EGBGB RN. 19.

120 Näher hierzu: *Staudinger/Stoll*, IntSachenR RN. 185ff.

das Form- und das Sachstatut entsprechen sich aber, was faktisch zum gleichen Ergebnis führt.[121]

Auch die Geschäftsfähigkeit wird im deutschen internationalen Privatrecht selbstständig angeknüpft. Sie untersteht gemäß Art. 7 I EGBGB dem Recht des Staates, dem die betreffende Person angehört. Dabei gilt der Grundsatz, dass die einmal erworbene Geschäftsfähigkeit zumindest nicht durch den Erwerb der deutschen Staatsangehörigkeit verloren gehen kann, Art. 7 II EGBGB.[122] Somit wird die Frage der Geschäftsfähigkeit weder vom Sachstatut erfasst, noch werden Sach- und Geschäftsfähigkeitsstatut einheitlich angeknüpft. Mithin können sie im deutschen Kollisionsrecht auseinanderfallen.

Zwar ist insbesondere in der Literatur heftig umstritten, wie die gesetzliche oder die rechtsgeschäftliche Stellvertretung anzuknüpfen ist,[123] Einigkeit besteht jedoch darin, dass die Teilfrage der Stellvertretung auch im Kontext sachenrechtlicher Tatbestände nicht dem Sachstatut unterliegt.[124]

3. Ausnahmen von der Anwendung der Situs-Regel

Neben den Rechtsfragen, bei denen die Situs-Regel schon aufgrund der Reichweite des Sachstatuts nicht zur Anwendung kommt, gibt es auch solche Sachverhalte, die zwar sachenrechtlich qualifiziert werden können, auf die jedoch aufgrund besonderer Umstände die Situs-Regel nicht anzuwenden ist.

a) Wesentlich engere Verbindung, Art. 46 EGBGB

Als Grundnorm für entsprechende Ausnahmen ist Art. 46 EGBGB zu sehen. Hiernach ist die lex rei sitae immer dann nicht anzuwenden, wenn im konkreten Sachverhalt zum Recht eines anderen Staates eine wesentlich engere Verbindung besteht.

Der Gesetzgeber sah diese Ausweichklausel ausweislich der Gesetzesbegründung für notwendig an, um im Einzelfall die „Anwendung extrem sachferner Rechtsordnungen“ zu verhindern.[125] Mit dieser Formulierung hat der Gesetzge-

---

121 Näher zur Form bei sachenrechtlichen Rechtsgeschäften: *Kropholler*, (§ 41 III 1 6. b)).

122 Näher zur Geschäftsfähigkeit: *Kropholler*, (§ 42 I).

123 Generell hierzu: *von Hoffmann/Thorn*, (§ 7 RN. 47ff.); *Kropholler*, (§ 41 I); *Kegel/Schurig*, (§ 7 V 2).

124 *von Hoffmann/Thorn*, (§ 12 RN. 25); *Kegel/Schurig*, (§ 19 II); *MüKo/Wendehorst*, Art. 43 EGBGB RN. 81.

125 BT-Drucks. 14/343, S. 18f.:

ber dem Rechtsanwender jedoch keine echte Hilfe an die Hand gegeben, denn letztlich hat er die Aussage des Gesetzestextes in seiner Begründung einfach negativ formuliert und nicht konkretisiert.

Kritisch wird diese Regelungstechnik als „*non rules*“ bezeichnet.[126] Letztlich haben sich jedoch in der Rechtspraxis Fallgruppen herausgebildet, bei denen eine sachenrechtliche Sonderanknüpfung nach Art. 46 EGBGB vorgenommen wird. Sie bilden eine Orientierungshilfe für die Beantwortung der Frage, wann im Einzelfall eine wesentlich engere Verbindung zu einem anderen Recht, als dem Lageortrecht angenommen werden kann.

aa) Res in transitu

Bei Verfügungen über Sachen, die sich auf dem Transport befinden, den res in transitu, wird aufgrund der Zufälligkeit bzw. der erschwerten Feststellbarkeit des Lageortes von Rechtsprechung und Literatur einheitlich eine Ausnahme von der Anwendung der lex rei sitae vertreten. Dabei werden unterschiedliche Lösungen vorgeschlagen. Eine Ansicht will das Recht des Absendestaats zur Anwendung bringen.[127] Die Sache hat jedoch nach dem Verlassen des Staatsgebiets keine bedeutende Beziehung mehr mit dem Absendestaat und so scheint es vorzugswürdig, mit der herrschenden Meinung das Recht des Bestimmungsstaats zur Anwendung zu berufen.[128]

bb) Gruppeninterne Verfügungen und Rechte an Reisegepäck

Im Kontext einer Reisegruppe liegt es nahe, das gemeinsame Heimatrecht für Verfügungen untereinander und bezüglich dinglicher Rechte am Reisegepäck

---

„*Der Zuschnitt des gesamten Abschnitts und die grundsätzliche Strenge des Sachenrechts machen es erforderlich, für Fälle, in denen die gesetzlich festgeschriebene Anknüpfung ausnahmsweise zur Anwendung extrem sachferner Rechtsordnungen führen würde, eine Ausweichklausel vorzusehen.*[...]“.

126 *Anwaltkommentar/von Plehwe*, Art. 46 EGBGB RN. 1. Vgl. zum Begriff: *Kegel/Schurig*, (§ 6 I 4b).

127 Niederschlag gefunden hat diese Ansicht in Art. 6 des nur von Italien ratifizierten Haager Übereinkommens über das auf den Eigentumserwerb bei internationalen Käufen beweglicher Sachen anzuwendende Recht vom 15.04.1958. Der französische Originaltext lautet:
„*Sauf pour l'application des alinéas 2 et 3 de l'article précédent, les objets vendus qui se trouvent soit en transit sur le territoire d'un pays, soit en dehors du territoire de tout Etat, sont considérés comme situés dans le pays de l'expédition.*“. Hierzu schon unter [B. I. 2. a)].

128 *von Hoffmann/Thorn*, (§ 12 RN. 39); *Kegel/Schurig*, (§ 19 IV); *Kropholler*, (§ 54 V); *Anwaltkommentar/von Plehwe*, Art. 46 EGBGB RN. 9.

heranzuziehen, jedenfalls so lange, wie keine Interessen Dritter berührt werden.[129]

cc) Kulturgüter

Ob Art. 46 EGBGB auf Kulturgüter[130] anwendbar ist, ist umstritten.

In der Rechtsliteratur findet eine generelle Anwendung sowohl Zustimmung als auch Ablehnung, zudem werden verschiedenste Zwischenlösungen diskutiert.[131] Grundsätzlich ist festzuhalten, dass der deutsche Gesetzgeber in seiner Begründung zur Kodifizierung des internationalen Sachenrechts die Situs-Regel in Verbindung mit den kollisionsrechtlichen Sondernormen für Kulturgüter für sachgerecht und damit ausreichend hielt.[132] Diese Auffassung kann man in jüngerer Zeit mit den kollisionsrechtlichen Sondervorschriften der §§ 5 I, 9 des Kulturgüterrückgabegesetzes bestätigt sehen.

Dementsprechend erscheint es als vorzugswürdig, das auf Kulturgüter anzuwendende Recht nicht über Art. 46 EGBGB zu ermitteln, sondern anhand der jeweiligen Spezialvorschrift und diese gegebenenfalls weiterzuentwickeln.[133]

dd) Abgetrennte menschliche Körperteile

Sind menschliche Körperteile vom Ursprungskörper abgetrennt worden, müssen sie grundsätzlich sachenrechtlich qualifiziert werden.[134] Sie wären also dem

---

129 *Anwaltkommentar/von Plehwe*, Art. 46 EGBGB RN. 10; kritisch: *MüKo/Wendehorst*, Art. 46 EGBGB RN. 49.

130 Zur Definition aus deutscher Sicht: § 1 III KultGüRückG.

131 Eine Übersicht zu den verschiedenen Beiträgen zu diesem Thema ist zu finden bei: *MüKo/Wendehorst*, Art. 43 EGBGB vor RN. 178.

132 BT-Drucks. 14/343, S. 18f.:
„*Auch für Kulturgüter ist keine ausdrückliche Regelung erforderlich. In Ergänzung nationaler Regeln des öffentlichen Rechts (vgl. das Gesetz zum Schutz deutschen Kulturgutes gegen Abwanderung) enthält die in Deutschland noch nicht umgesetzte Richtlinie 93/7/EWG des Rates vom 15. März 1993 über die Rückgabe von unrechtmäßig aus dem Hoheitsgebiet eines Mitgliedstaats verbrachten Kulturgütern (ABl. EG Nr. L 74 S. 74) eine Kollisionsnorm in Artikel 12* [...], *die von der allgemeinen sachenrechtlichen Anknüpfungsregel der Lex rei sitae abweicht. Nach dieser Sonderanknüpfungsregel entscheidet nach Rückgabe des Kulturguts das Recht des ersuchenden Mitgliedstaats über die Eigentumsverhältnisse.*“
Anm. d. Verf.:
Die Richtlinie 93/7/EWG wurde inzwischen durch das Kulturgüterrückgabegesetz vom 18.05.2007 (BGBl. I S. 757 (2547)) in Deutschland umgesetzt.

133 Ausführlich zur Problematik: *El-Bitar*, „Der deutsche und der französische Kulturgüterschutz nach der Umsetzung der Kulturgüterrückgaberichtlinie“.

134 Hierzu schon unter: [B. II. 1. b) bb)].

Sachstatut und damit ihrem Lageortrecht zu unterstellen. Aufgrund ihrer insoweit für eine Sache einzigartigen Eigenschaft als vormaliger Teil eines unter den besonderen Schutz des Art. 1 I GG fallenden Individuums, wird man jedoch abgetrennten Körperteilen eine wesentlich engere Verbindung zum Personalstatut ihres ehemaligen Trägers zusprechen können. In der Rechtsliteratur wird diese Ansicht bereits vereinzelt vertreten,[135] die Rechtsprechung hatte noch keinen entsprechend gelagerten Fall zu entscheiden, es wird sich also zeigen, ob sie sich dem anschließen wird.

ee) Diskutierte Anwendungsfälle des Art. 46 EGBGB

Neben diesen Fallgruppen werden immer wieder weitere Anwendungsfälle des Art. 46 EGBGB diskutiert.

Denkbar wäre es etwa, unter Anwendung des Art. 46 EGBGB sachenrechtliche Vorgänge im Rahmen eines internationalen Verkehrsgeschäfts, wie beispielsweise dem Versendungskauf, an das Recht des Bestimmungsortes der Sache oder an das Vertragsstatut anzuknüpfen. In diesen Fällen scheint es aber regelmäßig schon fraglich, ob überhaupt eine wesentlich engere Verbindung zu einer dieser Rechtsordnungen bejaht werden kann.[136] Nicht zuletzt bietet aber Art. 43 III EGBGB schon eine sachgerechte Lösung für diese Fälle an, womit ein Rückgriff auf die Ausweichklausel obsolet wird.[137]

Auch eine über Art. 46 EGBGB von der Situs-Regel abweichende Anknüpfung für Kraftfahrzeuge erscheint zunächst nicht gänzlich abwegig, jedoch wurde diese schon in der Gesetzesbegründung eindeutig abgelehnt.[138]

Insgesamt geht die Rechtspraxis bei der Ausformung von Fallgruppen der Anwendbarkeit des Art. 46 EGBGB zurückhaltend vor, was seinen Charakter als einzelfallbezogene Ausweichklausel bestärkt und damit wünschenswerterweise auch die konsequente Anwendung der Situs-Regel fördert.

b) Transportmittel, Art. 45 EGBGB

Eine konkret normierte Ausnahme von der Anwendung der Situs-Regel ermöglicht Art. 45 EGBGB bei Transportmitteln. Hiernach unterliegen Rechte an Luft-, Wasser- und Schienenfahrzeugen dem Recht des Landes der Zulassung

135 *MüKo/Wendehorst*, Art. 43 EGBGB RN. 20.

136 *Anwaltkommentar/von Plehwe*, Art. 46 EGBGB RN. 6; *Looschelders*, Art. 46 EGBGB RN. 15.

137 Dazu näher unter [C. III.].

138 Vgl. BT-Drucks. 14/343, S. 17. Hierzu auch direkt im Anschluss unter [B. II. 3. b)].

bzw. Registrierung des jeweiligen Transportmittels.[139] Zwar sind die benannten Transportmittel Sachen im Sinne des Art. 43 I EGBGB, eine Anwendung der lex rei sitae würde jedoch aufgrund der bestimmungsgemäß stetigen Veränderung des Lageortes von Transportmitteln im Gegensatz zu sonstigen Fällen keine Rechtssicherheit bieten, sondern vielmehr eine gewisse Zufälligkeit des anwendbaren Rechts schaffen, die für alle Beteiligten eines Transportes ein nicht kalkulierbares und damit unzumutbares Risiko darstellen würde.[140]

Zu beachten ist, dass unter Art. 45 EGBGB nur die benannten Transportmittel fallen, Kraftfahrzeuge werden nach der herrschenden Meinung nicht von Art. 45 EGBGB erfasst.[141] Zwar wollen einzelne Autoren Kraftfahrzeuge in den Art. 45 EGBGB einbeziehen,[142] der Ausschluss von Kraftfahrzeugen war jedoch eindeutiger Wille des Gesetzgebers[143]. Hintergrund dieser gesetzgeberischen Entscheidung war das Bestreben, eine Veräußerung eines solchen Fahrzeugs im Ausland zu erleichtern.[144] Auch die meisten ausländischen Kollisionsrechte unterstellen Kraftfahrzeuge dem Lageortrecht.[145] Somit ist mangels Regelungslücke sowohl eine analoge Anwendung des Art. 45 I EGBGB ausgeschlossen, als auch die Heranziehung des Art. 46 EGBGB, da es regelmäßig an der wesentlich engeren Verbindung zu einer anderen Rechtsordnung fehlt.

c) *Rechtswahl*

Eine Ausnahme von der Situs-Regel aufgrund einer Rechtswahl durch die Parteien wird noch weitestgehend abgelehnt, wobei einige Autoren eine Anerkennung der Parteiautonomie im internationalen Sachenrecht durchaus befürworten.[146]

Die ablehnende Haltung gegenüber der Zulassung der Parteiautonomie im internationalen Sachenrecht lässt sich zunächst unschwer nachvollziehen. Im internationalen Schuldrecht, wo Art. 27 I 1 EGBGB die Rechtswahl durch die Parteien zulässt, entfalten Tatbestände regelmäßig nur Wirkungen zwischen den Parteien, wohingegen sachenrechtliche Tatbestände immer auch gegenüber Dritten

139 Näher: *von Hoffmann/Thorn*, (§ 12 RN. 41f.); *Kropholler*, (§ 53 V); *MüKo/Wendehorst*, Art. 45 EGBGB.

140 *MüKo/Wendehorst*, Art. 45 EGBGB RN. 1ff.; *Kegel/Schurig*, (§ 19 V); *Kropholler*, (§ 54 V).

141 von *Hoffmann/Thorn*, (§ 12 RN. 42); *Kropholler*, (§ 54 V); *MüKo/Wendehorst*, Art. 45 EGBGB RN. 25f.

142 *Kegel/Schurig*, (§ 19 V).

143 Vgl. BT-Drucks. 14/343, S. 17.

144 *Kropholler*, (§ 54 V); *Staudinger/Stoll*, IntSachenR RN. 411.

145 *MüKo/Wendehorst*, Art. 45 EGBGB RN. 25.

146 Eine Übersicht gibt: *Kropholler*, (§ 54 II). Gegen eine Rechtswahl im internationalen Sachenrecht z.B.: *Kieninger*, S. 210ff. Dafür z.B.: *Ritterhoff*, S. 1ff.

Wirkungen entfalten. Das Rechtsschutzinteresse dieser Dritten verlangt es, dass das Sachstatut gesetzlich normiert ist und nicht zur Disposition Einzelner steht.

Auch wäre es weder sinnvoll noch durchsetzbar, die faktisch weltweite Anwendung der Situs-Regel auf Immobilien durch die umfassende Etablierung der Parteiautonomie infrage zu stellen.

So nachvollziehbar diese Punkte gegen die generelle Zulässigkeit der Parteiautonomie im internationalen Sachenrecht sprechen, so wenig nachvollziehbar erscheint es aber auch, warum hieraus eine generelle Unzulässigkeit geschlussfolgert werden soll.

Hat ein konkreter Sachverhalt Rechte an einer beweglichen Sache zum Gegenstand und werden durch diese gerade keine Verkehrsinteressen berührt, spricht kein Argument gegen eine Beachtlichkeit des Parteiwillens bei der Feststellung des anzuwendenden Rechts.[147] Selbst der Gesetzgeber stellte in seiner Begründung zur Kodifikation des internationalen Sachenrechts fest:

> *„Anderenfalls wäre [...] weder die Entwicklung von Sonderanknüpfungen noch die Abweichung von einer Kollisionsnorm im Einzelfall möglich, etwa ausnahmsweise im Hinblick auf den Willen der Parteien (nur) für ihre Beziehungen zueinander. Dies vermeidet Artikel 46.“.*[148]

Eine auf Mobiliargeschäfte ohne Drittbezug beschränkte Parteiautonomie würde insbesondere dann den Rechtsverkehr erleichtern, wenn ein Statutenwechsel und eine damit verbundene Unsicherheit bezüglich des anzuwendenden Rechts vorprogrammiert sind. Vornehmlich etwa beim internationalen Versendungskauf,[149] der in aller Regel die Interessen Dritter unberührt lässt, könnte eine Wahl des Sachstatuts, etwa in Übereinstimmung mit dem Schuldstatut, zu einer Vereinfachung des internationalen Waren- und Rechtsverkehrs führen.[150]

Inwieweit die Möglichkeit der Rechtswahl in diesen Konstellationen tatsächlich eine Erleichterung bringen würde, soll an späterer Stelle noch näher erörtert werden.[151]

Solange die teilweise Beachtlichkeit des Parteiwillens im deutschen internationalen Sachenrecht jedoch nicht kodifiziert ist, kann der Parteiwille in Übereinstimmung mit der Begründung des Gesetzgebers nur als ein Indiz der wesentlich engeren Verbindung zu einer anderen Rechtsordnung im Rahmen des Art. 46 EGBGB herangezogen werden.[152]

---

147 *Kropholler*, (§ 54 II).

148 BT-Drucks. 14/343, S. 19.

149 Siehe hierzu schon unter [A.] und [B. II. 3. a) ee)].

150 *Stoll*, IPRax 2000, 259 (264); RabelsZ 38 (1974), 450 (452ff.); *Roth*, Secured Credit, 36 (39).

151 Siehe [C. I. 3. c)].

152 Hierzu unter [B. II. 3. a)].

Dass indes die internationale Rechtsentwicklung dem Parteiwillen auch im internationalen Sachenrecht mehr Bedeutung zumisst, zeigt Art. 104 I des schweizerischen IPR-Gesetzes. Hiernach ist es den Parteien beim Erwerb dinglicher Rechte an einer beweglichen Sache ausdrücklich gestattet als anwendbares Recht das Recht des Absendestaats, das des Bestimmungsstaats oder das des zugrunde liegenden schuldrechtlichen Vertrags zu wählen. Dem schweizerischen Gesetzgeber war dabei auch bewusst, dass Interessen Dritter trotz dieser Wahlmöglichkeit nicht beschnitten werden dürfen und so bestimmt Art. 104 II schweiz. IPR-Gesetz auch, dass die Rechtswahl zwar zwischen den Parteien Wirkung entfaltet, jedoch Dritten nicht entgegen gehalten werden kann.[153]

In diesem Zusammenhang muss auch erwähnt werden, dass im Streitfall das konkrete Lageortrecht der Sache die Rechtswahl nicht anerkennen muss, die Rechtsunsicherheit, in der sich die Parteien befinden, also durch die teilweise Beachtlichkeit des Parteiwillens allenfalls gemildert werden kann.[154]

Darum ist es rechtpolitisch umso wünschenswerter, dass sich die eingeschränkte Parteiautonomie im Kollisionsrecht international weiter durchsetzt.

4. Konkrete Verweisung

a) Anknüpfungsobjekt und -moment

Anknüpfungsobjekt des Art. 43 I EGBGB ist immer eine individualisierte Sache an der das fragliche dingliche Recht bestehen soll.[155] Anknüpfungsmoment ist deren physischer Lageort. Nach dem Prinzip der territorialen Zuordnung ist eine Sache immer eindeutig dem Recht des Staatsgebiets zu unterstellen, dessen Erdboden sie zumindest mittelbar berührt.[156]

Sofern sich die Sache zum ausschlaggebenden Zeitpunkt auf staatsfreiem Gebiet befand, oder es nicht mehr zu ermitteln ist, auf welchem Territorium sie sich

---

153 Art. 104 schweiz. IPRG lautet:
„(1) Die Parteien können den Erwerb und den Verlust dinglicher Rechte an beweglichen Sachen dem Recht des Abgangs- oder des Bestimmungsstaates oder dem Recht unterstellen, dem das zugrundeliegende Rechtsgeschäft untersteht. (2) Die Rechtswahl kann Dritten nicht entgegengehalten werden.“.

154 Vergleiche hierzu ausführlicher: *Kreuzer*, RabelsZ 65 (2001), 383 (446f.).

155 Zum Sachbegriff vgl. unter [B. II. 1. a)].

156 Näher hierzu mit der Darstellung etwaiger Problemfälle: *MüKo/Wendehorst*, Art. 43 EGBGB RN. 105.

befand, ist auf das nächstgelegene bzw. zuletzt ermittelbare Staatsgebiet als Lageort auszuweichen.[157]

Befindet sich die Sache im Luftraum eines Staates, unterliegt sie trotz fehlender zumindest vermittelter Erdbodenberührung dem Recht dieses Staates.[158]

Für Sachen, die sich gar im Weltraum befinden, gilt die Sonderregelung des Art. VIII des Vertrages über die Grundsätze zur Regelung der Tätigkeiten von Staaten bei der Erforschung und Nutzung des Weltraums einschließlich des Mondes und anderer Himmelskörper (WRV).[159] Hiernach bestimmen sich Rechte an Sachen im Weltraum nach dem Recht des Staates, von dem aus sie in den Weltraum gestartet sind.

b) *Anknüpfungszeitpunkt*

Der maßgebliche Anknüpfungszeitpunkt ist der Moment, in dem die infrage stehende Rechtsbegründung oder -änderung an einer Sache eingetreten sein soll, der zugrunde liegende sachenrechtliche Sachverhalt also vollendet wurde.[160]

Teilweise wird vorgeschlagen, beim Erwerb von Nichtberechtigten an den Lageort zum Zeitpunkt des Abhandenkommens anzuknüpfen,[161] aus Gründen des Schutzes von Verkehrsinteressen stellt es sich jedoch als vorzugswürdig dar, auch in diesem Fall an den Zeitpunkt der Rechtsänderung, also dem konkreten Erwerb vom Nichtberechtigten, anzuknüpfen.[162]

c) *Reichweite der Verweisung*

Art. 43 EGBGB ist eine Gesamtnormverweisung.[163] Verwiesen wird somit auch auf das Kollisionsrecht des Lageortes der Sache.

Damit sind auch im internationalen Sachenrecht Rück- und Weiterverweisungen nach den Grundsätzen des Art. 4 EGBGB zu beachten.[164] Von praktischer

---

157 *MüKo/Wendehorst*, Art. 43 EGBGB RN. 106; a.A. *Bamberger/Roth/Spickoff*, Art. 43 EGBGB RN. 4, der, in einer Analogie zu Art. 46 EGBGB, den Lageort mit der engsten Verbindung zur Sache heranziehen will.

158 *MüKo/Wendehorst*, Art. 43 EGBGB RN. 107.

159 Vertrag vom 27.01.1967; BGBl. 1969 II, S. 1967.

160 So schon vom Gesetzgeber begründet: BT-Drucks. 14/3434 S. 15; bestätigt durch BGHZ 39, 173 (174); 45, 95 (99f.). Zustimmend: *MüKo/Wendehorst*, Art. 43 EGBGB RN. 111; *Anwaltkommentar/von Plehwe*, Art. 43 EGBGB RN. 26; *Staudinger/Stoll*, IntSachenR RN. 161.

161 *Mansel*, IPRax 1988, 268 (271).

162 *von Hoffmann/Thorn*, (§ 12 RN. 24); *MüKo/Wendehorst*, Art. 43 EGBGB RN. 116. Hierzu schon unter [B. II. 2. b)].

163 *MüKo/Wendehorst*, Art. 43 EGBGB RN. 119.

164 Hierzu: *Kropholler*, (§ 24 II 3., 4., II 6. c)).

Bedeutung wird dies annähernd ausschließlich bei beweglichen Sachen. Ist bei Immobilien die Anwendung der lex rei sitae faktisch weltweit anerkannt, so ist sie bei Fahrnissen zwar weit verbreitet aber noch nicht für alle infrage kommenden Fallgruppen internationaler Standard.[165]

Im Rahmen eines renvoi kann es dabei sogar dazu kommen, dass den Parteien die Möglichkeit einer Rechtswahl eröffnet wird, obgleich nach deutschem Recht diese Möglichkeit nicht bestünde.[166]

5. Vorfragen, Unteranknüpfung und ordre public

Vorfragen im Rahmen eines sachenrechtlichen Tatbestands, wie etwa die der Wirksamkeit eines Kausalgeschäfts, werden auch im internationalen Sachenrecht der allgemeinen Regel entsprechend selbstständig angeknüpft.[167]

Eine Unteranknüpfung bei Mehrrechtsstaaten nach Art. 4 III EGBGB ist nicht nötig, da die maßgebliche Teilrechtsordnung durch den jeweiligen Lageort der Sache bereits durch die Anwendung des Art. 43 I EGBGB hinreichend bestimmt wird.

Art. 6 EGBGB ist als allgemeiner Grundsatz des deutschen IPR auch im internationalen Sachenrecht zu beachten. Gleichfalls steht der ordre public der Anwendung einer nach Art. 43 I EGBGB berufenen Sachnorm nur sehr selten entgegen, da eine Anwendung regelmäßig vorher schon an Art. 43 II EGBGB scheitert.

---

165 Einen Überblick und weitere Verweise zum internationalen Sachenrecht der größten Rechtskreise gibt: *Staudinger/Stoll*, IntSachenR RN. 22-103.

166 *Staudinger/Stoll*, IntSachenR RN. 164. Zur Rechtswahl im deutschen internationalen Sachenrecht bereits unter: [B. II. 3. c)] und später: [C. I. 3. c)].

167 *MüKo/Wendehorst*, Art. 43 EGBGB RN. 81ff. Generell zur selbstständigen Anknüpfung von Vorfragen: BGHZ 43, 213 (213ff.); *von Hoffmann/Thorn*, (§ 6 RN. 61) m.w.N.

C. Der Statutenwechsel im deutschen internationalen Sachenrecht

I. Grundlagen und Begrifflichkeiten

Findet ein Wechsel der auf einen Sachverhalt anzuwendenden Rechtsordnung statt, so spricht man im Allgemeinen von einem Statutenwechsel.[168]

Besonders anfällig für einen Statutenwechsel ist das Sachstatut. Durch die Anknüpfung an den Lageort einer Sache ergibt sich, dass sich schon allein durch eine Verlagerung der Sache oder – deutlich unwahrscheinlicher – durch Änderung der territorialen Verhältnisse am Lageort auch die für die Beurteilung der dinglichen Rechtslage maßgebliche Rechtsordnung ändert.

1. Spaltung des Sachstatuts

Tritt ein Statutenwechsel ein, so bestimmen sich die Rechte an einer Sache ab dem Zeitpunkt des Statutenwechsels nach dem neuen Lageortrecht.[169] Dabei folgt jedoch schon aus dem Gebot vom Schutz wohlerworbener Rechte, dass bereits bestehende Rechte an einer Sache den Statutenwechsel überdauern müssen.[170] Dementsprechend setzt auch der Wortlaut des Art. 43 II EGBGB den Fortbestand der sachenrechtlichen Prägung einer Sache nach einem Statutenwechsel voraus, schränkt die Ausübung bestehender dinglicher Rechte jedoch aus Gründen des Verkehrsschutzes dahingehend ein, dass sie nicht im Widerspruch zur neuen Rechtsordnung ausgeübt werden dürfen.

Folglich ergibt sich im internationalen Sachenrecht eine temporal gespaltene Verweisung. Sachenrechtliche Tatbestände, die sich nach dem Statutenwechsel ereignen, sind uneingeschränkt nach dem neuen Sachstatut zu beurteilen, wohingegen die Entstehung eines dinglichen Rechts, die sich vor dem Statutenwechsel ereignete, weiterhin nach dem Ursprungsstatut zu beurteilen ist und nur Art und

168 Allgemein zum Statutenwechsel: *von Hoffmann/Thorn*, (§ 5 RN. 97); *Kropholler*, (§ 27).
169 *MüKo/Wendehorst*, Art. 43 EGBGB RN. 113; *Kropholler*, (§ 54 III).
170 *MüKo/Wendehorst*, Art. 43 EGBGB RN. 114; *Kropholler*, (§ 54 III 1.).

Umfang der Wirkung des entsprechenden Rechts nach dem neuen Sachstatut zu bewerten sind.[171]

Die Rechtsliteratur spricht in diesem Zusammenhang vom Rechtsbestands- bzw. Rechtsentstehungsstatut und vom Rechtswirkungsstatut.[172]

a) Rechtsbestandsstatut

Das Rechtsbestandsstatut ist diejenige Rechtsordnung, nach der Änderungen der dinglichen Rechtslage beurteilt werden, die sich vor dem Statutenwechsel ereigneten.[173] Teilweise wird hier auch vom „Rechtsentstehungsstatut“ gesprochen.[174] Bei genauerer Betrachtung stellt sich diese Begrifflichkeit jedoch als ungenau dar. So beurteilt das vor dem Statutenwechsel geltende Sachstatut nicht nur die Entstehung dinglicher Rechte, sondern auch die Änderung bereits bestehender Rechte – Rechte etwa, die bereits einen vorausgegangenen Statutenwechsel überdauerten. Vorzugswürdig ist somit der Terminus des Rechtsbestandsstatuts.

Durch seine Koppelung an den Zeitpunkt einer Rechtsentstehung bzw. -änderung ist das Rechtsbestandsstatut unwandelbar, d.h. die auf diese Tatsachen anwendbare Rechtsordnung bleibt ungeachtet eines Statutenwechsels immer gleich.[175] Konkret ist der Anknüpfungszeitpunkt des Rechtsbestandsstatuts immer der Zeitpunkt der Vollendung eines sachenrechtlichen Tatbestandes, der zu einer Änderung der dinglichen Rechtslage führte.[176]

b) Rechtswirkungsstatut

Das Rechtswirkungsstatut beurteilt den konkreten Inhalt und die Wirkungen bestehender dinglicher Rechte nach einem Statutenwechsel.[177]

Das Rechtswirkungsstatut ändert sich bei jedem Statutenwechsel, es handelt sich also im Gegensatz zum Rechtsbestandsstatut um ein wandelbares Statut.[178]

---

171 So schon eindeutig der Gesetzgeber in: BT-Drucks. 14/343, S. 16:
„Jedes Lagerecht gilt für die in seinem Geltungsbereich eingetretenen Tatbestände. Jedoch wird die Rechtsordnung des Empfangsstaats die Rechte, die vor Grenzübertritt nach Maßgabe des Absendelandes begründet wurden, übernehmen und sie mit den Wirkungen entsprechender dinglicher Rechte des Empfangsstaats ausstatten.“.

172 Vgl. *MüKo/Wendehorst*, Art. 43 EGBGB RN. 116f. und *Looschelders*, Art. 43 RN. 48.

173 *MüKo/Wendehorst*, Art. 43 EGBGB RN. 116.

174 Vgl. *Looschelders*, Art. 43 RN. 48.

175 Grundsätzlich zu wandelbaren und unwandelbaren Statuten: *Kropholler*, (§ 28).

176 Hierzu schon unter [B. I.] und zur abweichenden Meinung beim Erwerb vom Nichtberechtigten unter [B. II. 2. b)] sowie [B. II. 4. b)].

177 *MüKo/Wendehorst*, Art. 43 EGBGB RN. 117; ohne besondere Terminologie auch: *Anwaltkommentar/von Plehwe*, Art. 34 EGBGB RN. 26, 28.

Stimmen die Rechtsordnungen vor und nach dem Lageortwechsel zumindest auf sachenrechtlicher Ebene inhaltlich überein, so ergeben sich durch die Wirkungen bestehender dinglicher Rechte keine kollisionsrechtlichen Probleme, es handelt sich insoweit um einen „*false conflict*".[179] Widersprechen sich jedoch das ursprüngliche und das neue Lageortrecht, etwa weil Wirkungen eines bestehenden dinglichen Rechts nach dem neuen Statut unzulässig wären, gewährleistet die Wandelbarkeit des Rechtswirkungsstatuts, dass wohlerworbene Rechte an einer Sache zwar in ihrem Bestand unberührt bleiben, sie jedoch nicht im Widerspruch zum neuen Lageortrecht ausgeübt werden können.

2. „Trägheitsprinzip"

Aus der beschriebenen Spaltung des Sachstatuts folgt, dass der Statutenwechsel lediglich Einfluss auf die Wirkungen dinglicher Rechte, nicht jedoch auf deren Bestand hat, was wiederum bedeutet, dass die dingliche Rechtslage nach einem Statutenwechsel zunächst unverändert bleibt.

Zwar untersteht die Sache von diesem Zeitpunkt an einem neuen Sachstatut, da jedoch eine Änderung der dinglichen Rechtslage immer nach dem Recht des Staates zu beurteilen ist, in dem sich die Sache zum Zeitpunkt der fraglichen Änderung befand bzw. befindet, ergibt sich für die dingliche Rechtslage ein „Trägheitsprinzip", wonach sie so lange unverändert bleibt, wie die Rechtslage am Begründungsort gleich bleibt und am neuen Lageort kein neuer sachenrechtlicher Tatbestand vollendet wird.[180]

3. Verhinderung des Statutenwechsels

In Sonderfällen kann sich ergeben, dass sich, trotz der Verbringung einer Sache in den Geltungsbereich einer anderen Rechtsordnung, auch das Rechtswirkungsstatut nicht verändert.

a) Transportmittel, Art. 45 EGBGB

Auf Transportmittel wird gemäß Art. 45 EGBGB die Situs-Regel nicht angewendet. Sie werden der Rechtsordnung des Staates ihrer Zulassung bzw. Re-

---

178 *MüKo/Wendehorst*, Art. 43 EGBGB RN. 117.
179 BGHZ 120, 334 (347); *Anwaltkommentar/von Plehwe*, Art. 34 EGBGB RN. 26.
180 *MüKo/Wendehorst*, Art. 43 EGBGB RN. 126.

gistrierung unterstellt,[181] dementsprechend führt ein Grenzübertritt mit einem der benannten Transportmittel nicht zu einem Wechsel des auf dingliche Rechte an diesem Transportmittel anwendbaren Rechts.

b) *Wesentlich engere Verbindung, Art. 46 EGBGB*

Art. 46 EGBGB ist auch und gerade im Falle eines Statutenwechsels anwendbar. Besteht nach einem Statutenwechsel eine wesentlich engere Verbindung zum ursprünglichen als zum neuen Lageort, ist nicht das Recht des neuen, sondern weiterhin das des alten Lageortes anzuwenden.

Nach einhelliger Meinung ergibt sich eine solche wesentlich engere Verbindung nicht schon allein dadurch, dass der Lageortwechsel rechtswidrig vollzogen wurde, etwa weil die Sache gestohlen wurde.[182] Schon aufgrund des Grundsatzes des Verkehrsschutzes muss im Hinblick auf die Möglichkeit des Erwerbs vom Nichtberechtigten auf eine Sache auch dann das Lageortrecht angewandt werden, wenn sie unter rechtswidrigen Umständen in den Geltungsbereich dieser Rechtsordnung verbracht wurde.

Im Einzelfall kann der Statutenwechsel jedoch gehemmt werden, wenn sich die Sache nur äußerst vorübergehend oder nur zufällig am Lageort befindet.[183] So ergibt sich beispielsweise nach allgemeiner Auffassung bei Sachen auf dem Transportweg, den res in transitu, eine wesentlich engere Verbindung zum jeweiligen Zielort.[184]

c) *Rechtswahl der Parteien*

Obschon im Schrifttum vereinzelt vorgeschlagen wurde, zumindest bei internationalen Verkehrsgeschäften den Statutenwechsel im Wege einer inter partes wirkenden Rechtswahl vermeiden zu können,[185] lehnte der Gesetzgeber eine entsprechende Regelung bei der Kodifizierung des deutschen internationalen Sachenrechts eindeutig ab.[186]

---

181 Näher hierzu unter: [B. II. 3. b)].

182 *MüKo/Wendehorst*, Art. 43 EGBGB RN. 125; *Palandt/Heldrich*, Art. 43 EGBGB RN. 5; *Kreuzer*, RabelsZ 65 (2001), 383 (400).

183 *MüKo/Wendehorst*, Art. 43 EGBGB RN. 126.

184 Hierzu schon unter [B. II. 3. a) aa)].

185 Etwa *Drobnig*, FS Kegel, 141 (150); *Staudinger/Stoll*, IntSachR RN. 282-284, 292; *Stoll*, RabelsZ 38 (1974), 450 (452ff.).

186 BT-Drucks. 14/343, S. 16:
„Der Entwurf schließt sich dieser Auffassung nicht an, weil die Rechtswahl der Parteien mittelbar systemwidrig den Numerus clausus der Sachenrechte durchbrechen würde und das von den Parteien gewählte Recht für Dritte nicht erkennbar ist; der Status einer Sache hinge von relativ

Nach der hier vertretenen Auffassung[187] ist diese strikte Ablehnung zwar weiterhin zu beachten, aus praktischen wie rechtspolitischen Gründen erweist es sich jedoch auch und gerade im Hinblick auf die internationale Entwicklung des Kollisionsrechts als wünschenswert, dem Parteiwillen bei der Feststellung des auf eine Sache anzuwendenden Rechts eine ausschlaggebende Rolle zuzugestehen.

Fraglich ist jedoch, mit welcher Reichweite das Zulassen der Rechtswahl den Statutenwechsel tatsächlich verhindern könnte und ob hierdurch die an dieser Stelle bestehenden Konfliktfälle erschöpfend gelöst werden könnten.

Zunächst ist festzuhalten, dass der Statutenwechsel durch eine Rechtswahl der beteiligten Parteien aus Gründen des Verkehrsschutzes nur mit einer Wirkung inter partes verhindert werden könnte.[188] Die Gefahr, eines von den Parteien ungewollten Eingreifens Dritter, kann somit auf diesem Wege nicht generell gebannt werden.

Zudem garantiert die Möglichkeit einer Rechtswahl nach deutschem Recht nicht, dass diese Rechtswahl auch unter einem anderen Statut anerkannt wird. Eine wirkliche Vereinfachung der Ermittlung der Sachenrechtslage ergäbe sich also nur bei der Beurteilung des jeweiligen Sachverhalts durch ein deutsches Gericht.

Das heißt jedoch nicht, dass die Beachtlichkeit des Parteiwillens im sachenrechtlichen inter partes-Verhältnis nach deutschem IPR vergebens wäre.

Zum einen könnten damit immer noch praktisch bedeutende Fälle, wie beispielsweise der regelmäßig keine Drittinteressen betreffende Versendungskauf, erfasst werden. Zum anderen zeigt die lebhafte Diskussion sowie die vereinzelt bereits zugunsten der Parteiautonomie umgesetzten sachenrechtlichen Kollisionsnormen anderer Staaten, dass sich die internationale Rechtsentwicklung auf dem Gebiet des internationalen Sachenrechts mehr und mehr zur (eingeschränkten) Anerkennung der Parteiautonomie hin entwickelt.

Aus der Sicht des deutschen Rechts spricht nichts dagegen, dass Deutschland in dieser Frage mit eine Vorreiterrolle einnimmt.[189]

---

wirkenden und relativ bekannten Tatsachen ab. Dies würde den Verkehrsinteressen zuwiderlaufen. In geringerem Maß gälte dies auch, wenn die Rechtswahl nur „inter partes" zugelassen würde. Dadurch könnte es nämlich zu Ungereimtheiten je nach (prozessualer) Stellung der Beteiligten kommen.".

187 Unter. [B. II. 3. c)].

188 Hierzu gleichfalls unter [B. II. 3. c)].

189 Zu den wenig überzeugenden Einwänden gegen die Parteiautonomie im internationalen Sachenrecht insbesondere: *Stoll*, IPRax 2000, 259 (263).

d) Akzessorische Anknüpfung an das Schuldvertragsstatut

Aufgrund der soeben aufgezeigten nur bedingten Tauglichkeit der Rechtswahl zur Umgehung der mit einem Statutenwechsel entstehenden Problemkreise, macht *Kreuzer* einen weiter reichenden Vorschlag.[190]

Er betont zunächst, dass eine kollisionsrechtliche Lösung der Konflikte, die sich durch das Aufeinandertreffen inkompatibler Rechtsordnungen ergeben, im internationalen Sachenrecht nur durch eine ganzheitliche Verhinderung des Statutenwechsels erreicht werden kann.[191]

Was wiederum aus seiner Sicht bedeuten soll, dass die einzig zielführende Lösung ist, das Sachstatut unwandelbar an das Vertragsstatut zu knüpfen – „unum statutum et tempore et materia“. [192]

Richtig ist zwar, dass durch diese radikale Lösung ein einheitlicher grenzüberschreitender Vorgang nicht auseinandergerissen werden könnte und damit Problemen, die aus der sukzessiven Anwendbarkeit verschiedener, im ungünstigsten Fall inkompatibler, Rechtsordnungen entstehen, aus dem Weg gegangen werden würde.

Praktisch funktionieren kann dieser Ansatz jedoch nur, und das räumt *Kreuzer* selbst ein, wenn er international uneingeschränkt anerkannt wird, etwa im Rahmen aller nationalen Kollisionsrechte oder durch die Einführung eines multilateralen Übereinkommens.[193]

Die internationale Gemeinschaft tut sich jedoch seit jeher schwer damit, auf dem Gebiet des internationalen Sachenrechts einheitliche Regelungen zu schaffen, unabhängig davon, ob es um echtes Gemeinschaftsrecht oder harmonisiertes nationales Recht geht.[194]

So wird man *Kreuzer* zwar recht geben können, dass sein Vorschlag nicht nur der konsequenteste, sondern auch der effektivste ist, um die durch einen Statutenwechsel im internationalen Sachenrecht entstehenden Probleme zu umgehen, zugleich bleibt jedoch nur festzustellen, dass eine praktische Umsetzung zurzeit in weiter Ferne liegt. Zwar könnte sich der deutsche Gesetzgeber hier auf einen Alleingang begeben, damit wäre er jedoch international völlig isoliert und man würde der gewünschten Harmonisierung des internationalen Sachenrechts nur entgegenwirken.[195]

---

190 *Kreuzer*, RabelsZ 65 (2001), 383 (446ff.).

191 *Kreuzer*, RabelsZ 65 (2001), 383 (446).

192 *Kreuzer*, RabelsZ 65 (2001), 383 (446).

193 Vgl. *Kreuzer*, RabelsZ 65 (2001), 383 (446, 448).

194 Hierzu bereits unter [B. I. 2.].

195 Die Auffassung von *Kreuzer* ebenfalls ablehnend, jedoch mit anderer Begründung: *von Hoffmann/Thorn*, (§ 12 RN. 37).

4. Sachenrechtlich relevante Vorgänge

Nach dem „Trägheitsprinzip“ ist es immer eine Rechtsänderung, die nach einem Statutenwechsel unter dem neuen Lageortrecht begründet werden muss, nicht hingegen der Fortbestand einer sachenrechtlichen Prägung der fraglichen Sache.[196]

Folglich ist eine genaue Identifizierung sachenrechtlicher Tatbestände unerlässlich. Aufgrund der international unterschiedlichen Ausformungen des materiellen Sachenrechts kann dies mitunter schwerfallen.

Zwar ist der Wille zweier Parteien, eine Änderung der dinglichen Rechtslage herbeizuführen, immer ein starkes Indiz, handelt es sich jedoch um eine Änderung der dinglichen Rechtslage qua Gesetz, fehlt es regelmäßig schon an diesem Indiz.

Mithin kann der Rechtsanwender die Frage, ob sachenrechtlich relevante Akte vorliegen, nur durch eine rechtsvergleichende Betrachtung der Tatsachen zuverlässig beantworten.[197]

5. Abgeschlossene und offene Tatbestände

Kommt man zu dem Ergebnis, dass ein Tatbestand mit sachenrechtlicher Relevanz vorliegt, entscheidet das jeweils anwendbare materielle Recht, welche Wirkungen dieser im Bezug auf die Änderung der dinglichen Rechtslage hat.

a) Begrifflichkeiten

Zu unterscheiden sind dabei sachenrechtliche Tatbestände, die in einem natürlich nicht teilbaren Akt vollendet werden und solche, die sich aus mehreren Teilakten zusammensetzen.

Im deutschen Recht ist beispielsweise die Verbindung nach § 947 BGB ein einaktiger Tatbestand, der unmittelbar zu einer Änderung der dinglichen Rechtslage führt, wohingegen der regelmäßige Eigentumsübergang nach § 929 BGB zur Rechtsbegründung zweier zeitlich und örtlich voneinander trennbarer Akte bedarf, nämlich der Einigung und der Übergabe.

Hieraus ergibt sich, dass bei mehraktigen sachenrechtlichen Tatbeständen zeitbezogen danach differenziert werden kann, ob es sich um einen so genannten *abgeschlossenen* oder einen *offenen Tatbestand* handelt.[198]

---

196 Vgl. [C. I. 2.].

197 *MüKo/Wendehorst*, Art. 43 EGBGB RN. 127.

198 Generell zu dieser Unterteilung: *Goldt*, S. 69ff.

Ist der letzte notwendige Teilakt eines sachenrechtlichen Tatbestandes vollzogen worden, handelt es sich um einen *positiv abgeschlossenen Tatbestand*, ist er endgültig nicht vollzogen worden oder nicht mehr vollziehbar, liegt ein *negativ abgeschlossener Tatbestand* vor und ist der abschließende Teilakt weiterhin möglich, aber noch nicht vollzogen oder eingetreten, liegt ein *offener Tatbestand* vor.[199]

Aufgrund des Grundsatzes vom Schutz wohlerworbener Rechte ist zwar die zum Zeitpunkt eines Statutenwechsels durch abgeschlossene Tatbestände geschaffene sachenrechtliche Prägung vom neuen Lageortrecht zwingend zu beachten, unklar ist jedoch, ob und inwieweit bereits vollzogene Akte eines noch offenen sachenrechtlichen Tatbestands bei der Vollendung dieses Tatbestands unter dem neuen Lageortrecht berücksichtigt werden müssen. Dazu ausführlich an späterer Stelle.[200]

b) Unterscheidung

Zwar ist die theoretische Unterscheidung von offenen und abgeschlossenen Tatbeständen recht eingängig, in der Praxis kann sie jedoch erhebliche Schwierigkeiten bereiten.

In diesem Zusammenhang ist insbesondere die Frage von Bedeutung, ob für die Abgrenzung zwischen einem offenen und einem abgeschlossenen sachenrechtlichen Tatbestand der Parteiwille herangezogen werden kann oder gar herangezogen werden muss.

Dabei könnte der Parteiwille immer nur bei der Differenzierung eines negativ abgeschlossenen Tatbestands von einem offenen Tatbestand ausschlaggebend sein. Ein positiv abgeschlossener Tatbestand kann immer nur dann vorliegen, wenn alle Teilakte auch tatsächlich vollendet wurden. Hingegen wäre es denkbar, einen objektiv offenen Tatbestand als negativ abgeschlossen anzusehen, wenn die beteiligten Parteien gar nicht mehr in Betracht ziehen, ihn positiv abzuschließen oder davon ausgehen, dies sei gar nicht mehr möglich.

Wendehorst will dem Parteiwillen nur insoweit Beachtung schenken, wie es das im konkreten Fall anwendbare materielle Sachenrecht vorsieht.[201]

Stoll hingegen lässt, zumindest im kollisionsrechtlichen Kontext des Art. 43 III EGBGB, den Parteien generell die Möglichkeit, selbst darüber zu ent-

199 *MüKo/Wendehorst*, Art. 43 EGBGB RN. 129; teilweise unter Verwendung abweichender Bezeichnungen oder weniger differenziert: *Kropholler*, (§ 54 III); *Goldt*, S. 70f.; *von Hoffmann/Thorn*, (§ 12 RN. 29f.); *Anwaltkommentar/von Plehwe*, Art. 34 EGBGB RN. 27ff.

200 Unter [C. III.].

201 *MüKo/Wendehorst*, Art. 43 EGBGB RN. 129.

scheiden, ob ein offener oder ein (negativ) abgeschlossener Tatbestand vorliegt.[202]

Im Hinblick auf den Grundsatz vom Schutz allgemeiner Verkehrsinteressen und das Ziel, im internationalen Sachenrecht eine möglichst umfassende Rechtssicherheit zu schaffen,[203] stellt sich der Ansatz von *Stoll* als zu weit gegriffen dar – ob und wie ein sachenrechtlicher Tatbestand vollendet werden kann, darf schon zum Schutz von Interessen Dritter nicht zur Disposition Einzelner stehen. Dies wäre höchstens denkbar, wenn in der konkreten Situation die Beeinträchtigung von Drittinteressen ausgeschlossen ist.[204]

Grundsätzlich kann deshalb der Parteiwille zur Abgrenzung eines offenen und abgeschlossenen Tatbestands entsprechend der Auffassung von *Wendehorst* nur dann beachtlich sein, wenn dies das jeweilige Lageortrecht vorsieht. Ist dies nämlich der Fall, können Drittinteressen nicht verletzt werden, da ein Dritter damit rechnen muss, dass ein sachenrechtlicher Tatbestand im Einklang mit der lokalen Rechtsordnung aufgrund des Willens der Beteiligten als offen bzw. abgeschlossen angesehen wird.

Nach dem Gesagten kommt es somit im Regelfall bei der Differenzierung zwischen offenen und geschlossenen Tatbeständen allein auf den äußeren Anschein an.

Besondere Schwierigkeiten birgt dabei die Unterscheidung zwischen einem negativ abgeschlossenen und einem offenen Tatbestand. Regelmäßig sind Teilakte eines sachenrechtlichen Tatbestands nämlich nachholbar, womit durch das Fehlen eines solchen Teilakts ein Tatbestand nicht direkt negativ abgeschlossen wird, sondern er weiterhin offen bleibt.

Der Rechtsanwender muss im konkreten Fall das auf den Sachverhalt anwendbare Recht dahingehend befragen, ob einzelne Teilakte nachholbar sind. Ist dies grundsätzlich der Fall, liegt ein offener sachenrechtlicher Tatbestand wiederum so lange vor, wie nach dem anwendbaren materiellen Recht noch mindestens ein sachenrechtlich relevanter Teilakt weiterhin verwertbar ist.[205] Müssen hingegen nach dem zur Anwendung berufenen Recht bereits vollzogene Teilakte wiederholt werden, um die gewünschte Rechtsfolge weiterhin herbeizuführen zu können, oder ist diese Rechtsfolge gar unmöglich geworden, liegt ein negativ abgeschlossener Tatbestand vor.[206]

---

202 *Stoll*, IPRax 2000, 259 (263).

203 Vgl. unter [B. II. 1.].

204 Zur Frage der Parteiautonomie im internationalen Sachenrecht schon unter [B. II. 3. c)] und [C. I. 3. c)].

205 *MüKo/Wendehorst*, Art. 43 EGBGB RN. 130.

206 *MüKo/Wendehorst*, Art. 43 EGBGB RN. 130.

6. Schlichter und qualifizierter Statutenwechsel

Nach einem Statutenwechsel muss ein sachenrechtlicher Tatbestand sowohl nach dem alten als auch nach dem neuen Sachstatut daraufhin untersucht werden, ob er bereits abgeschlossen oder noch offen ist.

Handelt es sich nach dem alten wie dem neuen Sachstatut um einen abgeschlossenen Tatbestand, so ist es die einzige Aufgabe des Rechtsanwenders, den Inhalt der Rechte und Pflichten der nach dem alten Sachstatut begründeten dinglichen Rechtslage anhand des neuen Sachstatuts zu ermitteln. Dieser von Art. 43 II EGBGB erfasste Fall wird als *schlichter Statutenwechsel* bezeichnet.[207]

Sieht jedoch mindestens eines der beteiligten Sachstatute den Tatbestand als offen an, stellt sich die Situation als nicht ganz so eindeutig dar – man spricht von einem *qualifizierten Statutenwechsel.*[208]

Wendehorst teilt den qualifizierten Statutenwechsel in drei Typen ein. Diese Einteilung soll hier und im Weiteren zunächst genutzt werden, um die sich ergebenden Problemfelder des qualifizierten Statutenwechsels zu systematisieren:[209]

Typ A – sowohl nach dem alten als auch nach dem neuen Sachrecht liegt zum Zeitpunkt des Statutenwechsels ein offener sachenrechtlicher Tatbestand vor. In dieser Konstellation ist insbesondere fraglich, ob sachenrechtliche Teilakte, die unter dem alten Sachstatut stattfanden, auf einen sachenrechtlichen Tatbestand unter dem neuen Sachstatut angerechnet werden können.

Typ B – das alte Sachstatut sieht den Tatbestand als offen an, das neue hingegen als geschlossen.

Hier stellt sich die Frage, ob durch geschickte Verlagerung einer Sache tatsächlich ein abgeschlossener sachenrechtlicher Tatbestand geschaffen werden kann und ob dieser durch Rückverlagerung gegebenenfalls wieder zu einem offenen Tatbestand wird.

Typ C – nach dem alten Sachstatut ist der Tatbestand abgeschlossen, das neue Sachstatut sähe den Tatbestand jedoch als offen an.

In dieser Konstellation ist besonders die Anwendung und Auslegung des Art. 43 III EGBGB bei Fällen, die einen Eigentumsvorbehalt zum Gegenstand haben, umstritten.

Wie an die Problemstellungen der einzelnen Ausprägungen des qualifizierten Statutenwechsels herangegangen werden kann, um sie einer sachgerechten Lö-

---

207 *MüKo/Wendehorst*, Art. 43 EGBGB RN. 131; *Anwaltkommentar/von Plehwe*, Art. 34 EGBGB RN. 27ff.; *Stoll*, IPRax 2000, 259 (261f.); *Kropholler*, (§ 54 III 1.); etwas abweichend: *Erman/Hohloch*, Art. 43 EGBGB RN. 18.

208 *MüKo/Wendehorst*, Art. 43 EGBGB RN. 132; *Schurig*, FS Stoll, 577 (583f.); *Kropholler*, (§ 54 III 1.).

209 Unterscheidung nach *Wendehorst* in *MüKo/Wendehorst*, Art. 43 EGBGB RN. 132f.

sung zuzuführen, soll nach der ausführlicheren Behandlung des schlichten Statutenwechsels näher betrachtet werden.[210]

II. Der schlichte Statutenwechsel, Art. 43 II EGBGB

1. Grundlagen und Begrifflichkeiten

Art. 43 II EGBGB erfasst den schlichten Statutenwechsel, den Fall also, dass nach einem Lageortwechsel sowohl nach dem alten als auch nach dem neuen Sachstatut ein abgeschlossener sachenrechtlicher Tatbestand vorliegt.[211]

Art. 43 II EGBGB regelt, dass beim Übertritt einer Sache in eine neue Rechtsordnung an ihr bestehende dingliche Rechte nicht im Widerspruch zum neuen Lageortrecht ausgeübt werden dürfen.

Damit ruht auch Art. 43 II EGBGB auf den zwei Grundpfeilern des deutschen internationalen Sachenrechts.

Erstens wird als eine Folgerung aus dem Grundsatz vom Schutz wohlerworbener Rechte klar, dass dingliche Rechte, die einmal nach dem zum entsprechenden Zeitpunkt maßgeblichen Sachstatut wirksam begründet wurden, auch einen Statutenwechsel überdauern.[212]

Zweitens wird jedoch im Sinne des Verkehrsschutzes die Ausübung dieser bestehenden Altrechte dahingehend eingeschränkt, dass sie nicht im Widerspruch zu der Rechtsordnung ausgeübt werden dürfen, in deren Geltungsbereich sie mit dem Statutenwechsel gelangten.[213]

Dabei ist jedoch eine solche wörtliche Auslegung des Art. 43 II EGBGB systematisch ungenau – aufgrund der Beachtlichkeit von Rück- und Weiterverweisung nach Art. 4 I EGBGB muss nämlich die Rechtsordnung des Staates, in den die Sache gelangte, nicht zwingend das tatsächlich anzuwendende Sachstatut sein. Zwar ist die Situs-Regel international weit verbreitet und in aller Regel fungiert das Lageortrecht tatsächlich auch als Sachstatut, es ergeben sich jedoch immer wieder Sonderfälle, in denen Sachstatut und Belegenheitsrecht auseinanderfallen.[214] Erklärt sich nun das nach Art. 43 I EGBGB berufene Belegenheitsrecht schon für nicht anwendbar, wäre es widersinnig, ihm die Entscheidungsgewalt über eine wörtliche Anwendung des Art. 43 II EGBGB aufzudrängen.

---

210 Unter [C. III.].

211 *Kreuzer*, RabelsZ 65 (2001), 383 (444).

212 *Pfeiffer*, IPRax 2000, 270 (273); *von Hoffmann/Thorn*, (§ 12 RN. 30); *MüKo/Wendehorst*, Art. 43 EGBGB RN. 134.

213 *Pfeiffer*, IPRax 2000, 270 (273); *MüKo/Wendehorst*, Art. 43 EGBGB RN. 134.

214 Zu den Ausnahmen im deutschen IPR: [B. II. 3.].

Demnach wird man Art. 43 II EGBGB derart lesen müssen, dass bestehende Rechte nicht im Widerspruch zum im konkreten Fall berufenen Sachstatut ausgeübt werden dürfen.[215]

Des Weiteren beschränkt der reine Wortlaut des Art. 43 II EGBGB die Anwendung der Norm auf die Fälle des Art. 43 I EGBGB. Dies erscheint insoweit als zu kurz gegriffen, wie die hinter der Norm stehenden Grundprinzipien, Schutz wohlerworbener Rechte und Schutz des Rechtsverkehrs, bei jedem Wechsel des Sachstatuts beachtlich sind – unabhängig davon, ob ein solcher Statutenwechsel durch die Grundanknüpfung des Art. 43 I EGBGB oder durch eine Sonderanknüpfung hervorgerufen wurde. Folglich wird man Art. 43 II EGBGB auch auf die Fälle des Art. 45 EGBGB und – soweit Verkehrsinteressen berührt sind – auch auf die des Art. 46 EGBGB analog anwenden müssen.[216]

2. Kollisionsrechtliche Funktion des Art. 43 II EGBGB

Sinn und Zweck des Art. 43 II EGBGB erschließen sich zwar relativ eindeutig, seine praktische Funktionsweise kann jedoch verschieden interpretiert werden.

a) Funktion als Korrekturmechanismus

Ginge man zunächst davon aus, das Sachstatut sei uneingeschränkt wandelbar und die Beurteilung der gesamten dinglichen Rechtslage unterläge nach einem Statutenwechsel dem neuen Lageortrecht, würde es diesem Lageortrecht obliegen, einen hinreichenden Schutz wohlerworbener Rechte sowie die Wahrung von Verkehrsinteressen zu gewährleisten.

Damit würde es dem neuen Lageortrecht offen stehen, die dingliche Rechtslage komplett neu zu beurteilen und an unter dem vorangegangenen Sachstatut bereits abgeschlossene Tatbestände gegebenenfalls gänzlich andere Rechtsfolgen zu knüpfen.

Im internationalen Vergleich verzichten zwar die meisten Rechtsordnungen auf ein solches „Wiedereröffnen" von abgeschlossenen Tatbeständen, dennoch ergibt sich schon aufgrund der theoretischen Möglichkeit das Risiko, dass bestehende dingliche Rechte nach einem Statutenwechsel aufgrund ihrer Neubewertung durch das neue Sachstatut teilweise ihrer Wirkung beraubt oder gar in Gänze entfallen würden.

---

215 *MüKo/Wendehorst*, Art. 43 EGBGB RN. 135.

216 *MüKo/Wendehorst*, Art. 43 EGBGB RN. 136.

Ginge man also von einer uneingeschränkten Wandelbarkeit des Sachstatuts aus, so wäre Art. 43 II EGBGB als eine Art Korrekturmechanismus zur Verhinderung genau dieser unerwünschten Folgen zu sehen.

Gleichfalls würde diese Korrektur dann aber auch eine mithin unerwünschte Einmischung in das Sachenrecht des neuen Lageortes bedeuten.

Handelt es sich um einen Statutenwechsel ins deutsche Sachenrecht wäre eine entsprechende Einmischung zwar grundsätzlich zulässig, so ist es dem Gesetzgeber nämlich freigestellt, im IPR bis zu einem gewissen Maße auch materiellrechtliche Aspekte zu regeln,[217] führt der Statutenwechsel hingegen in ein ausländisches Sachenrecht, ist die Möglichkeit einer Korrektur durch deutsches internationales Privatrecht jedoch nur sehr eingeschränkt denkbar.

Man könnte eine Ausweitung des ordre public-Vorbehalts annehmen oder in Art. 43 II EGBGB gar eine Eingriffsnorm sehen, die in ihrer Funktion als Kollisionsnorm selbst auf sich verweist.[218]

Beide Möglichkeiten sind per se nicht ausgeschlossen, sie würden Art. 43 II EGBGB jedoch zu einem Unikum im System des deutschen IPR machen. So nimmt sich keine andere deutsche Kollisionsnorm einen vergleichbar tief gehenden Eingriff in eine fremde Rechtsordnung heraus.

Eine entsprechende Deutung von Art. 43 II EGBGB als Korrekturmechanismus, wie an dieser Stelle beschrieben, sollte demnach nur als Ausweichlösung in Betracht kommen, wenn keine systemkonformere Interpretation gefunden werden kann.

b) Funktion als Bestätigung der temporalen Spaltung des Sachstatuts

Wie bereits dargestellt, erfolgt die sachenrechtliche Verweisung temporal und folglich auch sachlich gespalten.[219]

Damit drängt sich eine Deutung des Art. 43 II EGBGB dahingehend auf, dass die enthaltene Regelung eine implizite Normierung des zeitlichen Umfangs der Verweisung auf das neue Sachstatut darstellt.

Die Norm wäre eine Bestätigung dafür, dass das neue Lageortrecht für diejenigen tatsächlichen Vorgänge und rechtlichen Wirkungen berufen ist, die sich nach dem Statutenwechsel ergeben, wohingegen das alte Belegenheitsrecht weiterhin auf alle Vorgänge vor dem Statutenwechsel anzuwenden ist.[220]

---

217 *MüKo/Wendehorst*, Art. 43 EGBGB RN. 138.

218 So angedacht von: *MüKo/Wendehorst*, Art. 43 EGBGB RN. 138.

219 Unter [C. I. 1.].

220 So schreibt schon der Gesetzgeber: BT-Drucks. 14/343, S. 16: *„Jedes Lageortrecht gilt für die in seinem Geltungsbereich eingetretenen Tatbestände.“*; *MüKo/Wendehorst*, Art. 43 EGBGB RN. 140.

Setzt man diese Auslegung voraus, passt sich der Art. 43 II EGBGB auch unproblematisch in das System des deutschen Kollisionsrechts ein, indem er eben keine allein gestellte Eingriffsnorm in ein fremdes materielles Recht darstellt, sondern eine Bestätigung der temporalen Spaltung des Sachstatuts.[221]

Um Art. 43 II EGBGB im System des deutschen IPR sinnvoll eingliedern zu können, ist folglich diese Interpretation seiner Funktionsweise vorzuziehen.

3. Kollisionsrechtliche Grundsätze

In der Folge dieser Auslegung des Art. 43 II EGBGB ergeben sich für den schlichten Statutenwechsel zwei kollisionsrechtliche Grundsätze:

„*Nein bleibt Nein*"[222] – dem „Trägheitsprinzip"[223] entsprechend ändert ein Statutenwechsel an der rechtlichen Beurteilung eines negativ abgeschlossenen Tatbestands nichts.[224] Das neue Sachstatut ist zur Bewertung von Tatsachen, die sich vor dem Statutenwechsel ereigneten, schon nicht berufen, somit muss in jedem Fall ein durch das vorangegangene Sachstatut festgestellter negativ abgeschlossener Tatbestand auch ein solcher bleiben.

„*Ja wird Ja, aber...*"[225] – ebenso verhält es sich zunächst bei positiv abgeschlossenen Tatbeständen. Ein nach dem alten Sachstatut begründetes dingliches Recht bleibt auch nach dem Statutenwechsel bestehen.[226] Die rechtlichen Wirkungen dieses dinglichen Rechts richten sich aber ab dem Zeitpunkt des Statutenwechsels nach dem neuen Sachstatut.

Insoweit erfährt das begründete dingliche Recht gegebenenfalls eine Änderung seiner Wirkungen.[227]

Betrachtet man sich diesen Grundsatz näher, wird man unweigerlich feststellen müssen, dass er in sich widersprüchlich oder zumindest spannungsgeladen ist.

Zum einen verlangt er, dass bestehende dingliche Rechte einen Statutenwechsel überdauern, zum anderen schränkt er die Wirkungen dieser Rechte gegebe-

---

221 *Looschelders*, Art. 43 EGBGB RN. 48; Anpassung im IPR, S. 263ff.; *MüKo/Wendehorst*, Art. 43 EGBGB RN. 141.

222 Bezeichnung nach *Raape*, S. 596. Übernommen von *MüKo/Wendehorst*, Art. 43 EGBGB RN. 142.

223 Oben unter [C. I. 2.].

224 *MüKo/Wendehorst*, Art. 43 EGBGB RN. 142.

225 Bezeichnung nach *MüKo/Wendehorst*, Art. 43 EGBGB RN. 144.

226 *MüKo/Wendehorst*, Art. 43 EGBGB RN. 144; *Palandt/Heldrich*, Art. 43 RN. 6.

227 *MüKo/Wendehorst*, Art. 43 EGBGB RN. 145.

nenfalls ein, theoretisch sogar bis hin zur Negierung einzelner oder gar aller Wirkungen.

Tatsächlich ist dann aber ein Altrecht, welches nach dem Statutenwechsel mindestens zu einem Teil seiner Wirkungen beraubt wurde, gerade nicht mehr das gleiche Recht, wie es zunächst unter dem vorherigen Statut entstanden war.[228]

Gelangt eine Sache, an der dingliche Rechte bestehen, ins Ausland, ist es die Aufgabe des neuen Sachstatuts, diesen Widerspruch aufzulösen. Art. 43 II EGBGB spielt in diesem Fall keine Rolle.

Dabei hat das neue Sachstatut weitestgehend freie Hand, einzig zu beachtende Schranke ist der ordre public. Die jeweilige Rechtsordnung kann sogar so weit gehen, Anerkennungsvoraussetzungen aufzustellen, die im Rahmen des jeweiligen Tatbestands eines dinglichen Rechts erfüllt worden sein müssen und ohne deren Vorliegen ein Recht überhaupt keine Wirkung unter dem neuen Sachstatut entfalten kann.[229]

Gelangt eine Sache, an der dingliche Rechte bestehen, nun aber ins Inland, muss der Widerspruch in Art. 43 II EGBGB sinnvoll aufgelöst werden. Hierzu im Folgenden näher.

4. Umgang mit im Ausland erworbenen dinglichen Rechten im Inland

Beim Import dinglicher Rechte stellt sich neben der Frage nach dem „Ob“ einer Anerkennung[230], die durch das „Trägheitsprinzip“ erschöpfend beantwortet ist,[231] die Frage nach dem „Wie“ der Anerkennung.[232] Die Beantwortung dieser zweiten Frage bestimmt letztlich den wahren „Wert“ eines importierten Rechts.[233]

Wie nun das deutsche Recht ausländische Altrechte an Sachen sinnvoll importieren kann, ist umstritten.

---

228 *MüKo/Wendehorst*, Art. 43 EGBGB RN. 145.

229 Klassischer Weise sind es Publizitätserfordernisse, die zu Anerkennungsvoraussetzungen erhoben werden. Näher hierzu: *Staudinger/Stoll*, IntSachR RN. 357.

230 Zur Verwendung des Begriffs „Anerkennung“ im Rahmen dieser Arbeit unter [A. III.].

231 Altrechte bleiben bestehen, bis ein neuer sachenrechtlicher Tatbestand vollendet wird. Siehe hierzu [C. I. 2.].

232 *Lipsky*, S. 90, 138ff. spricht in diesem Zusammenhang treffend von der *„Integration“* von ausländischen Rechtsinstituten.

233 Sinngemäß nach *Schilling*, I.C.L.Q. 1985 (34), 87 (98): *„Thus, it is transposition which decides the value of imported security rights.“*.

a) Theorie vom „Reinigungseffekt“

Anhänger der Theorie vom „Reinigungseffekt“ („*effet de purge*“[234]) wollen ausländische dingliche Rechte mit dem Statutenwechsel in funktionsähnliche inländische Sachenrechte umwandeln, die dann wiederum in ihrer Ausprägung nach deutschem Recht künftige Statutenwechsel überdauern sollen.[235]

Ihren Befürwortern nach findet die Theorie vom „Reinigungseffekt“ ihre Begründung im Bedürfnis des deutschen Rechtsverkehrs an klar nachvollziehbaren sachenrechtlichen Verhältnissen zum Schutz aller Beteiligten.[236]

Stoll bezeichnet diese Theorie unter Ablehnung der selbigen als „*Transposition im eigentlichen Sinne*“.[237]

b) Transpositionstheorie

Das moderne Verständnis der Transposition sieht einen deutlich milderen Import ausländischer Sachenrechte vor.

Fremde dingliche Rechte sollen nur so weit an deutsches Recht angepasst werden, wie nötig.[238] Damit ein Import konfliktfrei vonstattengehen kann, sollen Altrechte nur entsprechend der Bestimmungen ausgeübt werden können, die für ein funktionsäquivalentes deutsches Sachenrecht gelten.[239]

Praktisch bedeutet dies, dass mit dem Statutenwechsel eine Umwandlung des bestehenden dinglichen Rechts in dasjenige inländische Rechtsinstitut vorgenommen wird, welches in seiner Funktion dem Altrecht am ähnlichsten ist.[240]

Gleichwohl bleibt formal betrachtet die Hülle des Altrechtes bestehen und wird nur mit angeglichenen Wirkungen gefüllt. Was wiederum bedeutet, dass, sofern im Inland kein neuer sachenrechtlicher Tatbestand vollendet wird, der das Altrecht aufhebt oder verändert, das dingliche Recht wieder in seiner ursprünglichen Ausfüllung auflebt, wenn es bei einem folgenden Statutenwechsel in einen Rechtskreis verbracht wird, der ein funktionsäquivalentes Sachenrecht bereit hält, oder gar zurück ins Ausgangsstatut gelangt.[241]

---

234 Begrifflichkeit eingeführt von *Batiffol/Lagarde*, Nr. 512, S. 171f.

235 *Kegel/Schurig*, (§ 19 III). Näher mit weiteren Nachweisen auch: *Staudinger/Stoll*, IntSachR RN. 355.

236 *Kegel/Schurig*, (§ 19 III).

237 *Staudinger/Stoll*, IntSachenR RN. 355f.

238 *Kreuzer*, RabelsZ 65 (2001), 383 (445).

239 *Kreuzer*, RabelsZ 65 (2001), 383 (445).

240 *MüKo/Wendehorst*, Art. 43 EGBGB RN. 149; *Drobnig*, FS Kegel, 141 (144); *Kreuzer*, RabelsZ 65 (2001), 383 (445).

241 *Palandt/Heldrich*, Art. 43 EGBGB RN. 5; *Pfeiffer*, IPRax 2000, 270 (273); *Erman/Hohloch*, Art. 43 EGBGB RN. 22; *Rakob*, S. 32.

Wenn nun Wirkungen und Funktionen eines deutschen dinglichen Rechts auf ein ausländisches Sachenrecht übertragen werden, muss dies nach der Transpositionstheorie uneingeschränkt erfolgen, das bedeutet, dass ein Altrecht sogar mit Rechtswirkungen ausgestattet werden kann, die es vor dem Statutenwechsel noch gar nicht kannte.[242]

Umgekehrt kann es aber im Extremfall auch dazu kommen, dass im deutschen Sachenrecht erst gar kein funktionsäquivalentes Rechtsinstitut gefunden werden kann, dann darf dem Altrecht im Inland konsequenterweise überhaupt keine Wirkung zugesprochen werden.[243]

c) *Hinnahmetheorie*

Als dritter Ansatz für den Umgang mit Altrechten wird die Hinnahmetheorie vertreten.

Hiernach soll keinerlei Umwandlung oder Anpassung von Altrechten vorgenommen werden und somit ein einmal begründetes dingliches Recht auch nach dem Statutenwechsel in Form und Wirkung unberührt bleiben – seine Existenz wird also einfach „hingenommen".[244]

Dogmatisch kann man die Hinnahmetheorie als im Rahmen des sachenrechtlichen Statutenwechsels entwickelte Verwandte der wiederum vorwiegend im Kontext des Familien- und Erbrechts behandelten Substitutionslehre sehen.[245] Bei der Substitution wird mit dem Ziel des Erhalts einer Rechtswirkung untersucht, ob Tatbestandsmerkmale inländischer Normen durch funktional äquivalente Vorgänge erfüllt werden können, die unter einem ausländischen Statut stattfanden.[246] Insoweit etablierte die Substitutionsmethode im deutschen internationalen Sachenrecht die umfassende Betrachtung einer Rechtsordnung nicht nur im Hinblick auf ihre Rechtsinstitute, sondern bereits auf rechtserhebliche Vorgänge und Tatsachen.

Die Hinnahmetheorie überträgt dieses Prinzip auf den sachenrechtlichen Statutenwechsel und verlangt zum Erhalt der Wirkungen eines Altrechts im Gegensatz zur Transpositionstheorie nicht das Auffinden eines einheitlichen funktionsäquivalenten Sachenrechts im neuen deutschen Sachstatut, sondern ermöglicht

---

242 *MüKo/Wendehorst*, Art. 43 EGBGB RN. 150; *Rakob*, S. 42; kritisch zu diesem Punkt: *Stoll*, IPRax 2000, 259 (259ff.).

243 *MüKo/Wendehorst*, Art. 43 EGBGB RN. 150.

244 *von Hoffmann/Thorn*, (§ 12 RN. 31); *Staudinger/Stoll*, IntSachenR RN. 356; *MüKo/Wendehorst*, Art. 43 EGBGB RN. 154; *Erman/Hohloch*, Art. 43 EGBGB RN. 21.

245 Ausführlich zum Verhältnis von Substitutionslehre und Hinnahmetheorie: *Lipsky*, S. 146ff. und im Vergleich zur Transpositionslehre: *Mansel*, FS Lorenz, 689 (702).

246 Generell zur Substitution: *Mansel*, FS Lorenz, 689 (689ff.).

es, einzelne Wirkungen aus unterschiedlichen Rechtsinstituten, nicht nur zwingend aus dem Bereich des Sachenrechts, heranzuziehen.[247]

Somit entfielen einzig diejenigen Wirkungen, die dem neuen Sachstatut – beispielsweise aus Gründen der Undurchführbarkeit – gänzlich fremd sind oder die einen Verstoß gegen den nationalen ordre public darstellen würden.[248]

In allen anderen Fällen ist es dem Rechtsanwender überlassen, nötigenfalls im Wege der Anpassung,[249] zu einer im Einzelfall sachgerechten Lösung zu finden.

d) Abwägung im Lichte des Europarechts

Zur Regelung des Imports von dinglichen Rechten ins deutsche Recht hat sich der Gesetzgeber mit Art. 43 II EGBGB für den Weg über das Kollisionsrecht entschieden.[250] Die durch Auslegung und Anwendung des Art. 43 II EGBGB gefundenen Ergebnisse müssen sich insbesondere auch an den Grundfreiheiten des EG-Vertrags messen lassen.[251]

Somit hängt die Entscheidung, welche der benannten Theorien beim Import von Altrechten anzuwenden ist, auch von ihrem jeweiligen Effekt auf die europäischen Grundfreiheiten ab.

aa) Theorie vom „Reinigungseffekt"

Indem die Theorie vom „Reinigungseffekt" Altrechte in deutsche Rechtsinstitute umwandelt, widerspricht sie schon der hier vorausgesetzten Funktionsweise des Art. 43 II EGBGB, wonach das neue Sachstatut einmal abgeschlossene sachenrechtliche Tatbestände gerade nicht neu bewertet und einordnet.[252] Diese Art des „radikalen" Imports verstößt also gegen den Grundsatz der temporalen Spaltung des Sachstatuts und ist schon deshalb systemwidrig.

Weiter birgt die Theorie vom „Reinigungseffekt" die Gefahr, dass ein umgewandeltes dingliches Recht nach einem erneuten Statutenwechsel zurück in die Rechtsordnung, unter der das Recht einst begründet wurde, gar ganz untergeht, weil es in seiner neuen Form im Ursprungsstatut nicht mehr anerkennungsfähig ist.[253]

---

247 *MüKo/Wendehorst*, Art. 43 EGBGB RN. 152; *Lipsky*, S. 146.

248 *MüKo/Wendehorst*, Art. 43 EGBGB RN. 153; *Stoll*, IPRax 2000, 259 (262f.); *Lipsky*, S. 146.

249 Allgemein zur Anpassung: *Kropholler*, (§ 34).

250 Zur Rechtsnatur und Funktion des Art. 43 II EGBGB siehe [C. II. 2.].

251 Siehe hierzu [A. II. 1.].

252 Siehe [C. II. 2. b)].

253 Am Beispiel des französischen Registerpfandrechts, welches nach der Umwandlung in eine deutsche Sicherungsübereignung mangels Publizität im französischen Recht nicht mehr anerkennungsfähig wäre: *MüKo/Wendehorst*, Art. 43 EGBGB RN. 148.

Nicht zuletzt würde dies im europäischen Rechtsverkehr eine Verletzung der Grundfreiheiten bedeuten. Betroffen wären zumindest die Freiheit des Waren- und Dienstleistungsverkehrs nach Artt. 28ff., 49ff. EGV sowie die Kapitalverkehrsfreiheit nach Artt. 56ff. EGV.[254] Damit ist diese Theorie nicht nur aus nationaler, sondern auch aus europarechtlicher Sicht abzulehnen.[255]

bb) Transpositionstheorie

Zwar betonen die Vertreter der Transpositionstheorie, dass ein Altrecht nach einem Statutenwechsel erhalten bleibt, tatsächlich ist es aber nur die formale Hülle und der Name des im Ausland erworbenen dinglichen Rechts, die bestehen bleiben, inhaltlich wird es durch die Wirkungen eines funktionsäquivalenten deutschen dinglichen Rechts bestimmt.

Indem die Transpositionstheorie den inländischen Rechtsanwender so nur mit den Wirkungskonstellationen vertrauter Rechtsinstitute konfrontiert, erleichtert sie ihm zwar den Umgang mit importierten Altrechten, zugleich bedeutet diese Erleichterung aber auch einen Eingriff in das Altrecht in seiner ursprünglichen Ausformung. Dieser Eingriff kann so weit führen, dass denjenigen dinglichen Rechten, die in Deutschland gänzlich unbekannt sind, jedwede Wirkung aberkannt wird.[256]

Die Wirkung der Transpositionstheorie stellt also ebenfalls eine Einschränkung der Grundfreiheiten der Europäischen Gemeinschaft dar. Nach der vom EuGH entwickelten „Gebhard-Formel" sind Beschränkungen von Grundfreiheiten aber nur dann zu rechtfertigen, wenn die Maßnahme in nicht diskriminierender Weise angewandt wird, zwingende Gründe des Allgemeininteresses sie erfordern und sie zur Zielerreichung geeignet und verhältnismäßig ist.[257]

Eine Beschneidung oder Aberkennung der Wirkung eines dinglichen Rechts mag hiernach so lange zulässig sein, wie das allgemeine Verkehrsinteresse dies fordert, muss aber im Sinne des Schutzes wohlerworbener Rechte dann als unverhältnismäßig angesehen werden, wenn Verkehrsinteressen gar nicht betroffen sind.[258]

Die Transpositionstheorie unterscheidet beim Import von dinglichen Rechten ins deutsche Recht nicht danach, ob Drittinteressen betroffen sind oder nicht, sondern behandelt alle Fälle gleich. Im Sinne der „Gebhard-Formel" würde sie

---

254 Insbesondere zur Kapitalverkehrsfreiheit: *von Wilmowsky*, RabelsZ 62 (1998), 1 (1ff.).

255 *MüKo/Wendehorst*, Art. 43 EGBGB RN. 148.

256 *MüKo/Wendehorst*, Art. 43 EGBGB RN. 151.

257 EuGH Slg. 1995, I-4165 „Gebhard". Zur Gebhard-Formel auch mit weiteren Nachweisen: *Mansel*, RabelsZ 70 (2006), 651 (666ff.).

258 *MüKo/Wendehorst*, Art. 43 EGBGB RN. 151.

also immer dann zu unverhältnismäßigen Ergebnissen führen, wenn dingliche Rechte, die im konkreten Fall mangels Drittbezug keine überragenden Verkehrsinteressen berühren, in ihren Wirkungen beeinträchtigt werden.

Somit ist unter Einbeziehung des Europarechts auch die Transpositionstheorie als unzulässig abzulehnen.

cc) *Hinnahmetheorie*

In der Einführung des Art. 43 II EGBGB wurde teilweise eine gesetzgeberische Entscheidung zugunsten der Hinnahmetheorie gesehen.[259] Man kann die Gesetzesbegründung zwar dementsprechend auslegen, eindeutig ist sie hingegen nicht.[260]

Nichtsdestominder erscheint die Hinnahmetheorie als vorzugswürdig.

Aus der Sicht des deutschen Rechtsanwenders ist sie zwar in der Anwendung nicht so komfortabel, wie die Transpositionstheorie oder gar die Theorie vom „Reinigungseffekt“, nimmt man die temporale Spaltung des Sachstatuts aber ernst,[261] wird man zugunsten des Schutzes wohlerworbener Rechte den höheren Aufwand beim Import in Kauf nehmen müssen.

Indem die Hinnahmetheorie zu jeder einzelnen Rechtswirkung eines importierten Rechts eine funktionsäquivalente Wirkung im deutschen Recht sucht, bleiben Altrechte nach dem Statutenwechsel ins deutsche Recht nicht nur dem Namen nach, sondern auch in ihrer Funktion bestehen. Einschränkungen ergeben sich nur, wenn ein Vorgang rein tatsächlich nicht durchführbar bzw. eine Wirkung nicht erzielbar ist, eine Rechtswirkung dem deutschen ordre public widerspricht oder entsprechend der „Gebhard-Formel“ aufgrund überragender Verkehrsinteressen einzuschränken ist.

Um dies festzustellen, ist zwar in jedem Fall eine Einzelfallabwägung aller Umstände erforderlich,[262] hierdurch erfahren bestehende Rechte jedoch nicht vorrangig eine Einschränkung, sondern können, sofern sie nicht im Widerspruch zu den genannten Grundsätzen stehen, im Inland Wirkung entfalten, ohne dass sie dem deutschen Rechtssystem in ihrer konkreten Ausformung bekannt sind.

---

259 *Staudinger/Stoll*, IntSachenR RN. 355.

260 Vgl. BT-Drucks. 14/343, S. 16:
„Jedes Lagerecht gilt für die in seinem Geltungsbereich eingetretenen Tatbestände. Jedoch wird die Rechtsordnung des Empfangsstaats die Rechte, die vor Grenzübertritt nach Maßgabe des Absendelandes begründet wurden, übernehmen und sie mit den Wirkungen entsprechender dinglicher Rechte des Empfangsstaats ausstatten.“.

261 Vgl. unter [C. I. 1.].

262 *Stoll*, IPRax 2000, 259 (262f.).

Die Anwendung der Hinnahmetheorie steht damit auch im Einklang mit den europäischen Grundfreiheiten – ohne den Schutz des inländischen Rechtsverkehrs gefährden zu müssen, können bestehende Rechte derart importiert werden, dass ungerechtfertigte Einschränkungen insbesondere der Freiheit des Waren- und Dienstleistungsverkehrs ausgeschlossen sind.[263]

Im Ergebnis ist im Falle eines schlichten Statutenwechsels für die Ausübung importierter dinglicher Rechte die Hinnahmetheorie heranzuziehen.

dd) Anmerkungen zum Ergebnis

Im europäischen Vergleich macht es das deutsche Zivilrecht dem Rechtsanwender beim Import von Altrechten verhältnismäßig einfach, indem es die Formfreiheit zum Grundsatz bei Rechtsgeschäften erhebt.

Folglich können schon per se weniger dingliche Rechte im Widerspruch zum deutschen Recht stehen, wie zu einer Rechtsordnung, die im Regelfall den Erwerb von dinglichen Rechten nur unter Einhaltung spezifischen Formvorschriften zulässt.

Insoweit ist die Gefahr, dass beim Import eines Altrechts nach Deutschland gegen die Grundfreiheiten der Europäischen Gemeinschaft verstoßen wird, grundsätzlich gering.

Eine andere Situation mag sich bei der Betrachtung englischen Rechts ergeben. Dort wird der Bestand vielerlei dinglicher Rechte an strenge Form- und Registervorschriften geknüpft. Hierzu jedoch ausführlich an späterer Stelle.[264]

Im Kontext des deutschen internationalen Sachenrechts bleibt abschließend festzuhalten, dass durch die Anwendung der Hinnahmetheorie das geringe Konfliktrisiko weiter minimiert werden kann. Zugleich darf bei praxisnaher Betrachtung nicht aus dem Auge verloren werden, dass es bei der Vielzahl der existierenden dinglichen Rechte auch die Hinnahmetheorie nicht verhindern kann, dass Rechte, die nach Deutschland importiert werden, teilweise oder gar gänzlich ihre Wirkung verlieren.

Ein etwaiger Widerspruch zu geltendem Europarecht ist dann unvermeidbar und Unstimmigkeiten zwischen den beteiligten Parteien sind wiederum nur durch eine Entscheidung des Europäischen Gerichtshofs zu klären.

---

263 *MüKo/Wendehorst*, Art. 43 EGBGB RN. 153f.; *Stoll*, IPRax 2000, 259 (262f.); *Pfeiffer*, IPRax 2000, 270 (272); *Roth*, Secured Credit, 36 (58f.).

264 Unter [E. II.].

III. Der qualifizierte Statutenwechsel

Die Erscheinungsformen des qualifizierten Statutenwechsels werden von *Wendehorst* in drei Typen unterteilt.[265] Zur systematischen Erfassung der Problemkreise des qualifizierten Statutenwechsels erscheint diese Einteilung hier zunächst als förderlich, ob und inwieweit sie tatsächlich auch sachdienlich und konsequent durchzuhalten ist, bleibt im Weiteren zu untersuchen.

1. Der qualifizierte Statutenwechsel Typ A

Die erste Konstellation des qualifizierten Statutenwechsels ergibt sich, wenn sowohl aus der Sicht des alten als auch aus der des neuen Sachstatuts zum Zeitpunkt des Statutenwechsels ein offener sachenrechtlicher Tatbestand vorliegt.[266]

Unstrittig ist in diesem Fall, dass bezüglich der für die Vollendung des Tatbestands notwendigen Voraussetzungen einzig auf das neue Sachstatut abzustellen ist.[267]

Fraglich ist aber, ob und gegebenenfalls inwieweit Teilakte, welche unter dem alten Sachstatut stattfanden, auf die Erfüllung eines sachenrechtlichen Tatbestands des neuen Sachstatuts angerechnet werden können.

a) Statutenwechsel in deutsches Recht

Art. 43 III EGBGB gibt für den Fall, dass die Sache in den Geltungsbereich deutschen Rechts gelangt, eine Antwort dahingehend, dass Vorgänge, die in einem anderen Staat erfolgten „wie inländische“ behandelt werden und folglich voll auf die Erfüllung des jeweils infrage kommenden sachenrechtlichen Tatbestands angerechnet werden können.

Exkurs: Qualifikation des Art. 43 III EGBGB

Funktional ist Art. 43 III EGBGB damit schnell zu erfassen, nichtsdestoweniger sorgt er in der Rechtsliteratur für erheblichen – wenngleich rein dogmatischen – Streit.

265 Hierzu schon unter [C. I. 6.].

266 Zur Unterscheidung von offenen und geschlossenen Tatbeständen unter [C. I. 5.].

267 *MüKo/Wendehorst*, Art. 43 EGBGB RN. 160; LG Hamburg, IPRspr. 1996, Nr. 55; *Kropholler*, (§ 54 III 2.).

Stoll bezeichnet diese Norm als „*Ausdruck einer konstruktiven Pedanterie*“ des Gesetzgebers – dieser gebe Hilfestellung zur Lösung von Fällen „*an deren Lösung im Ergebnis keinerlei Zweifel bestehen kann*“.[268]

Entsprechend will auch *Dörner* in Art. 43 III EGBGB lediglich eine Art Interpretationshilfe für deutsches Sachenrecht sehen, wonach die im Tatbestand geforderten Merkmale einer sachenrechtlichen Norm zur wirksamen Vollendung des Tatbestands nicht zwingend im Inland erfüllt sein müssten, sondern ortsunabhängig seien.[269]

Tatsächlich entspricht Art. 43 III EGBGB trotz seiner Verortung im deutschen IPR nicht der klassischen Definition einer Kollisionsnorm. Eine solche ist eine Verweisungsnorm, die nach für eine Anknüpfung relevanten Kriterien bestimmt, ob inländische oder ausländische Normen zur privatrechtlichen Beurteilung eines Sachverhalts heranzuziehen sind.[270] Art. 43 III EGBGB kann damit schon deshalb keine Kollisionsnorm sein, weil er auf keine Rechtsordnung verweist, sondern vielmehr bereits voraussetzt, dass gemäß Art. 43 I EGBGB für den fraglichen Sachverhalt bereits deutsches Recht zur Anwendung berufen wurde.

Kreuzer, der sich aufgrund seiner Rolle als Gutachter im Gesetzgebungsprozess zum internationalen Sachenrecht eine „*Ur-Verantwortung*“ für Art. 43 III EGBGB zuschreibt, weist darauf hin, dass die Norm nie als Kollisionsnorm konzipiert wurde.[271] Er beschreibt Art. 43 III EGBGB als „*eine deutsches Sachrecht interpretierende Hilfsnorm in kollisionsrechtlichem Kontext*“[272] oder auch als „*internationalprivatrechtliche Sachnorm*“ sowie „*materiellrechtliche Berücksichtigungsnorm*“.[273]

Gäbe man sich indes unabhängig von der jeweiligen Bezeichnung mit einer Deutung des Art. 43 III EGBGB ausschließlich in diesem Sinne zufrieden, würde dies aber bedeuten, dass die Norm letztlich überflüssig wäre. So gibt es im deutschen Sachenrecht nämlich keine Norm, die die Vollendung eines Tatbestands an einen bestimmten Ort, konkret an das Staatsgebiet der Bundesrepublik Deutschland, bindet. Die Wiederholung dieses sachrechtlichen Grundsatzes im Kollisionsrecht würde eine systemfremde Redundanz darstellen.

Sicher ist es möglich, eine solche Redundanz anzunehmen und sie wie *Stoll* schlichtweg als Pedanterie des Gesetzgebers auszulegen, eine systematische Betrachtung des Art. 43 III EGBGB zeigt jedoch, dass sich seine Bedeutung nicht in der beschriebenen Wiederholungs- und Interpretationsfunktion erschöpft.

---

268 *Stoll*, IPRax 2000, 259 (263).

269 *HK-BGB/Dörner*, Art. 43 EGBGB RN. 8.

270 *MüKo/Sonnenberger*, Einl. IPR RN. 3.

271 *Kreuzer*, FS Bechtold, 253 (265).

272 *Kreuzer*, FS Bechtold, 253 (265, 267).

273 *Kreuzer*, RabelsZ 65 (2001), 383 (449).

So bestätigt die Norm darüber hinaus den Grundsatz der temporalen Spaltung des Sachstatuts, indem sie klarstellt, dass das neue Sachstatut auf Vorgänge, die sich vor dem Statutenwechsel ereigneten, prinzipiell nicht anzuwenden ist und entsprechende Tatsachen nur dann „wie inländische" behandelt werden, wenn es um die Betrachtung im Rahmen eines im Inland zu vollendenden sachenrechtlichen Tatbestands geht.[274]

Damit wird man konsequenterweise auch bereits unter dem Ursprungsstatut vollendete Rechtsgeschäfte dem neuen Lageortrecht unterstellen müssen, wenn das entsprechende Rechtsgeschäft ein Merkmal eines im Inland zu vollendenden sachenrechtlichen Tatbestands ist. Insoweit normiert Art. 43 III EGBGB auch einen Sonderfall bei dem Vor- bzw. Teilfragen nicht selbstständig, sondern entsprechend der Hauptfrage angeknüpft werden.[275] Anders gesagt bedeutet dies bei einem Statutenwechsel ins Inland für die Anwendbarkeit deutschen materiellen Rechts, dass in entsprechenden Konstellationen der durch den früheren Lageort eigentlich bestehende Auslandsbezug im Sinne des Art. 3 I EGBGB vernachlässigt wird und von einem reinen Inlandssachverhalt auszugehen ist.[276]

b) Statutenwechsel in ausländisches Recht

Für den umgekehrten Fall, dass die Sache also ins Ausland gelangt, gibt Art. 43 III EGBGB keine Auskunft. Der Gesetzgeber bezeichnete und formulierte Art. 43 III EGBGB als einseitige Kollisionsnorm, da nach seiner Einschätzung keine Möglichkeit bestand, eine Regelung in der Form einer allseitigen Kollisionsnorm umzusetzen, ohne dabei in unzulässiger Weise in ausländisches Sachenrecht einzugreifen.[277]

Ob dem wirklich so ist, soll später betrachtet werden,[278] grundsätzlich ist die Vollendung mehraktiger sachenrechtlicher Tatbestände aber immer nur abhängig

---

274 *MüKo/Wendehorst*, Art. 43 EGBGB RN. 161.

275 Zur ansonsten selbstständigen Anknüpfung von Vor- und Teilfragen: *von Hoffmann/Thorn*, (§ 6 RN. 61ff.) m.w.N.

276 OLG Koblenz, NJW-RR 2003, 1563 (1563); *MüKo/Wendehorst*, Art. 43 EGBGB RN. 161.

277 BT-Drucks. 13/343, S. 16:
„Absatz 3 ist als einseitige Kollisionsnorm formuliert. Bei einem fremden Bestimmungsland muß nämlich dessen Recht darüber entscheiden, ob es Tatbestandselemente, die nur nach dem Recht des Absendestaates verwirklicht sind, anerkennt oder nicht. Eine allseitige Formulierung könnte also zu einem Eingriff in ausländische Sachenrechtsordnungen führen."
Anm. d. Verf.:
Wie soeben gezeigt, ist die Bezeichnung als Kollisionsnorm systematisch falsch, in der Begründung des Gesetzgebers ging es an dieser Stelle jedoch nicht um die Qualifikation der Norm, sondern um den Umfang ihrer Anwendbarkeit.

278 Siehe [C. III. 3. b) dd)].

vom letzten Teilakt. Dieser wiederum ist nach den Regelungen des neuen Sachenrechts zu bewerten, womit es der Rechtsordnung dieses Sachenrechts unterliegt, einen begonnenen Rechtserwerb zu beenden oder scheitern zu lassen.[279] Folgerichtig kann zur Frage der Beachtlichkeit von im Ausland stattgefundenen Vorgängen im Rahmen eines inländischen Tatbestands in diesem Fall nur die Rechtsordnung des neuen Lageortes Auskunft geben.

2. Der qualifizierte Statutenwechsel Typ B

Liegt nach dem materiellen Recht des alten Lageortes zum Zeitpunkt des Statutenwechsels noch ein offener sachenrechtlicher Tatbestand vor, sieht das neue Sachrecht diesen Tatbestand jedoch schon als positiv oder negativ abgeschlossen an, liegt der Typ B des qualifizierten Statutenwechsels vor.

Bei einem Statutenwechsel ins deutsche Recht ist auch dieser Typ des Statutenwechsels wie der Typ A über Art. 43 III EGBGB zu lösen.

Damit ist klar, dass sachenrechtlich relevante Vorgänge, die noch unter dem alten Statut stattfanden, aber nicht zur Vollendung eines sachenrechtlichen Tatbestands führten, unter deutschem Recht unproblematisch zur Begründung eines dinglichen Rechts genügen können, da sie inländischen Vorgängen gleichgesetzt werden.

Zugleich bedeutet dies aber auch, dass sofern nach deutschem Recht eine Vollendung des Tatbestands, etwa aufgrund von Zeitablauf, nicht mehr möglich ist, der zunächst offene Tatbestand mit dem Statutenwechsel ins deutsche Recht negativ abgeschlossen wird.

Erklärt das deutsche Sachrecht einen Tatbestand für positiv abgeschlossen, ist das entsprechende Recht an der Sache endgültig entstanden, ein erneuter Statutenwechsel zurück in das Ursprungsland kann daran, soweit das Empfangsstatut keine anderslautenden Anerkennungsvoraussetzungen aufgestellt hat, nichts ändern.

Umgekehrt kann jedoch ein aus deutscher Sicht negativ abgeschlossener Tatbestand bei einem Statutenwechsel in das Ausgangsstatut wieder zu einem offenen Tatbestand werden, wenn bis zu diesem Statutenwechsel keine Änderung der dinglichen Rechtslage stattfand und die Vollendung nach dem erneut anwendbaren Sachrecht immer noch möglich ist, also weiterhin mindestens ein verwertbares Tatbestandsmerkmal vorliegt.[280]

---

279 *MüKo/Wendehorst*, Art. 43 EGBGB RN. 162.

280 Mit Fallbeispielen: *MüKo/Wendehorst*, Art. 43 EGBGB RN. 165.

3. Der qualifizierte Statutenwechsel Typ C

Die zuletzt beschriebenen Fälle des Statutenwechsels zurück ins Ursprungsstatut, stellen nach der Systematisierung von *Wendehorst* jeweils einen Fall des qualifizierten Statutenwechsels Typ C dar.

Dieser behandelt die Konstellation, in der ein sachenrechtlicher Tatbestand nach den Anforderungen des alten Sachstatuts abgeschlossen wurde, die einschlägigen materiellrechtlichen Regelungen des Empfangsstatuts den Tatbestand jedoch grundsätzlich als offen ansehen würden.

Nach dem Grundsatz der temporalen Spaltung des Sachstatuts steht dem neuen Sachrecht eine Neubewertung eines unter einem anderen Statut vollendeten sachenrechtlichen Tatbestands nicht zu.[281]

Einzig in Bezug auf Dauerzustände, die den Statutenwechsel überdauern, besteht die Möglichkeit, durch die Aufstellung von Anerkennungsvoraussetzungen, eine bestehende dingliche Rechtslage zu negieren oder zumindest in ihrer Wirkung einzuschränken.[282]

Wendehorst betrachtet den qualifizierten Statutenwechsel Typ C allein im Lichte des Art. 43 III EGBGB.[283]

Nun verlangt Art. 43 III EGBGB jedoch, dass das fragliche Recht an der vom Statutenwechsel betroffenen Sache nicht schon vor dem Statutenwechsel erworben wurde. Damit fällt es schon schwer, diese Konstellation uneingeschränkt unter den Wortlaut des Art. 43 III EGBGB zu subsumieren.

Liegt aus der Sicht der Rechtsordnung des ursprünglichen Lageortes ein negativ abgeschlossener Tatbestand vor, ist tatsächlich kein Recht an der Sache entstanden und man mag sich überlegen, ob die zunächst im Rahmen des im Ursprungsland negativ abgeschlossenen Tatbestands beachteten Tatbestands-Merkmale für die Vollendung eines sachenrechtlichen Tatbestands nach dem neuen Sachstatut heranziehbar sind.

Führten die fraglichen Tatsachen jedoch unter dem Ursprungsstatut zur positiven Vollendung eines sachenrechtlichen Tatbestands, ist hieraus bereits ein Recht entstanden und Art. 43 III EGBGB ist schon seinem Wortlaut nach nicht anwendbar.

Hier zeigt die von *Wendehorst* vorgenommene Strukturierung der Erscheinungsformen des qualifizierten Statutenwechsels in die Typen A bis C eine Schwäche.

---

281 Vgl. unter [C. I. 1.].

282 *MüKo/Wendehorst*, Art. 43 EGBGB RN. 165.

283 Vgl. *MüKo/Wendehorst*, Art. 43 EGBGB RN. 166ff.

Fälle, in denen das Ursprungsstatut einen sachenrechtlichen Tatbestand als abgeschlossen ansieht, das neue Sachstatut es jedoch noch als offen betrachtet, können nicht generell zu einer Fallgruppe zusammengefasst werden, sondern müssen in zwei Untergruppen aufgeteilt werden.

a) Der qualifizierte Statutenwechsel Typ C.1

Ist unter dem Ursprungsstatut ein sachenrechtlicher Tatbestand positiv abgeschlossen worden und die jeweilige Sache gelangt in den Geltungsbereich deutschen Rechts, wo der entsprechende Sachverhalt eigentlich noch ein offener wäre – denkbar etwa bei der Ersitzung, wenn deutsches Recht eine längere Frist für die Ersitzung verlangen würde als das Ausgangsstatut – ist schon dem Wortlaut nach Art. 43 III EGBGB nicht anwendbar.

Vielmehr kann nur Art. 43 II EGBGB einschlägig sein. Hiernach überdauern einmal an einer Sache entstandene Rechte einen Statutenwechsel, können jedoch nicht im Widerspruch zur Rechtsordnung des neuen Lageortes ausgeübt werden.

Wichtig ist dabei, dass sich nur die Ausübung des bestehenden dinglichen Rechts am neuen Lageortrecht messen lassen muss, nicht jedoch die Entstehung desselbigen. Das Prinzip der temporalen Spaltung des Sachstatuts führt zum bereits beschriebenen Leitsatz *„Ja wird Ja, aber ...“*, der auch bei dieser Konstellation des Statutenwechsels Bestand haben muss.[284]

Damit wird klar, dass die Ausübung eines dinglichen Rechts nicht schon deshalb im Widerspruch zur Rechtsordnung eines neuen Lageortes stehen kann, weil das jeweilige dingliche Recht bei einer Beurteilung der Sachlage nach eben diesem neuen Sachstatut (noch) nicht bestehen würde.

Als Zwischenergebnis ist also festzustellen, dass die hier als Typ C.1 bezeichnete Konstellation des qualifizierten Statutenwechsels wie ein schlichter Statutenwechsel entsprechend der Vorschrift des Art. 43 II EGBGB zu behandeln ist.

Das Altrecht bleibt unverändert bestehen und kann nur in seiner konkreten Ausübung eingeschränkt werden.

Wie der Import des Altrechts konkret vorgenommen werden kann, wurde im Kontext des schlichten Statutenwechsels bereits erörtert.[285]

b) Der qualifizierte Statutenwechsel Typ C.2

Ist nun ein sachenrechtlicher Tatbestand unter dem Recht des ursprünglichen Lageortes negativ abgeschlossen worden – etwa durch Zeitablauf oder Nichterfül-

284 Näher hierzu unter [C. II. 3.].
285 Siehe oben unter [C. II. 4.].

lung einer formalen Voraussetzung – ist Art. 43 III EGBGB anwendbar, denn dann ist ein Recht gerade nicht erstanden, obschon einzelne, zur Vollendung notwendige, Tatbestandsmerkmale bereits erfüllt wurden.

Dieser Typ C.2 ist es eigentlich, von dem *Wendehorst* spricht, wenn sie den qualifizierten Statutenwechsel Typ C behandelt.

Praktisch bedeutet die Anwendbarkeit des Art. 43 III EGBGB in diesem Fall, dass Tatbestandsmerkmale, die im Rahmen eines unter einem vorangegangenen Sachstatut negativ abgeschlossenen sachenrechtlichen Tatbestands verwirklicht wurden, nach einem Statutenwechsel ins deutsche Recht weiterhin für die positive Vollendung eines sachenrechtlichen Tatbestands nach deutschem Sachrecht herangezogen werden können.

Dabei ergeben sich im Wesentlichen zwei Unklarheiten. Zum einen scheint Art. 43 III EGBGB aufgrund seiner dem Wortlaut nach unbeschränkten temporalen wie persönlichen Reichweite nicht mit dem Grundsatz *„Nein bleibt Nein“* vereinbar zu sein und zum anderen stellt sich die Frage nach der vom Gesetzgeber ausdrücklich angestrebten Anwendbarkeit der Norm auf Fälle, die einen Eigentumsvorbehalt zum Gegenstand haben.

aa) Reichweite des Art. 43 III EGBGB – Kollision mit dem Grundsatz „Nein bleibt Nein“

Wie oben aufgezeigt, gilt im deutschen internationalen Sachenrecht das Prinzip *„Nein bleibt Nein“*, wonach negativ abgeschlossene Tatbestände auch nach einem Statutenwechsel ins deutsche Recht weiterhin als solche angesehen werden müssen.[286]

Gerade dieser Grundsatz würde jedoch durch eine wortlautgetreue Anwendung des Art. 43 III EGBGB regelwidrig durchbrochen werden.

Verlangt das Sachrecht des ursprünglichen Lageortes beispielsweise für eine Übereignung den tatsächlichen Besitzübergang, wurde jedoch nur ein Besitzkonstitut vereinbart, wäre der Eigentumserwerb nach dem Ausgangsstatut negativ abgeschlossen worden, allein durch das Verbringen der Sache nach Deutschland, wo ein Besitzkonstitut für eine Übereignung ausreichend ist, § 930 BGB, würde allerdings bei Anwendung des Art. 43 III EGBGB das Eigentum übergehen.[287] Die Verbringung müsste dabei nicht einmal rechtmäßig oder intendiert erfolgen.[288]

286 Unter [C. II. 3.].

287 Beispiel nach *MüKo/Wendehorst*, Art. 43 EGBGB RN. 169.

288 *Kreuzer*, RabelsZ 65 (2001), 383 (444).

Somit würde ein negativ abgeschlossener Tatbestand im Moment des Statutenwechsels „wiedereröffnet" werden, um dann unmittelbar oder gegebenenfalls nach Zeitablauf oder Erfüllung weiterer Tatbestandsmerkmale vom neuen deutschen Sachstatut als positiv abgeschlossen angesehen zu werden.

Dabei sind Konflikte und Irritationen immer dann vorprogrammiert, wenn zwischen negativem Abschluss unter einem Sachstatut und Wiedereröffnung des Tatbestands unter der Geltung deutschen Rechts weitere sachenrechtliche Vorgänge treten.

Als entsprechende Erweiterung des skizzierten Beispiels der gescheiterten Übereignung durch Einigung und Besitzkonstitut wäre etwa denkbar, dass nach der unter dem Ausgangsstatut negativ abgeschlossenen Übereignung bereits die Einigung zu einer Übereignung an eine andere Person stattgefunden hat. Gelangt die Sache vor der zugehörigen Übergabe dann nach Deutschland, ergäbe sich mit dem Statutenwechsel bei wörtlicher Anwendung des Art. 43 III EGBGB die Situation, dass die ursprüngliche negativ abgeschlossene Übereignung wiedereröffnet und zugleich positiv abgeschlossen werden würde, womit wiederum der später vereinbarte Eigentumserwerb blockiert wäre.

Art. 43 III EGBGB bleibt jede Antwort bezüglich seiner Reichweite schuldig. So ist weder klar welcher Zeitraum, noch welche Personen von seiner Wirkung erfasst werden sollen.

Das erweiterte Beispiel zeigt, dass durch eine wörtliche Anwendung des Art. 43 III EGBGB ein Rechtserwerb durch einen am unter deutschem Recht wiedereröffneten sachenrechtlichen Tatbestand unbeteiligten Dritten gestört werden könnte.[289]

Es kann nicht dem Sinn und Zweck des Art. 43 III EGBGB entsprechen, das schutzwürdige Vertrauen aller Beteiligten[290] derart zu stören.[291]

Entweder muss Art. 43 III EGBGB also dahingehend angepasst werden, dass er nicht im Widerspruch zu den weitestgehend unstrittigen Grundsätzen des deutschen internationalen Sachenrechts zum Schutz wohlerworbener Rechte und

289 Ein anderes Beispiel, welches nach der hier vertretenen Auffassung jedoch anders behandelt werden müsste, liefert *MüKo/Wendehorst*, Art. 43 EGBGB RN. 170.

290 Im Beispiel gingen die Parteien des ersten Übereignungsversuchs davon aus, ein Eigentumserwerb sei ohne erneute Einigung und anschließender Übergabe nicht mehr möglich und dementsprechend vertraute auch der zweite Erwerber darauf, dass der Veräußerer ihm ungehindert das Eigentum an der Sache verschaffen könne.

291 *Pfeiffer*, IPRax 2000, 270 (273); *Schurig*, FS Stoll, 577 (582); *MüKo/Wendehorst*, Art. 43 EGBGB RN. 169.

des allgemeinen Rechtsverkehrs[292] steht, oder es bedarf einer weitergehenden Begründung zu einer Ausnahme von diesen Grundsätzen.[293]

bb) Einordnung des Eigentumsvorbehalts

Das Problempotenzial des Art. 43 III EGBGB vergrößert sich noch, wenn man bedenkt, dass er ausweislich der Gesetzesbegründung in Anlehnung an den vom BGH entschiedenen „Strickmaschinenfall“[294] entstanden ist.[295]

Ausgangslage des Falls war ein in Italien mündlich vereinbarter Eigentumsvorbehalt an einer Strickmaschine, welcher dort nur zwischen den Parteien Wirkung entfaltete.[296] Das deutsche Gericht hatte zu entscheiden, ob dieser Eigentumsvorbehalt nach dem Eintritt der Maschine in den Geltungsbereich deutschen Rechts inter omnes-Wirkung entfalten könne. Nach italienischem Recht hätte der Eigentumsvorbehalt der Schriftform bedurft, um allseitige Wirkung zu erlangen.

Nach deutschem Sachrecht hingegen ist die Schriftform für einen auch gegenüber Dritten wirksamen Eigentumsvorbehalt nicht notwendig. In der Folge bejahte der BGH im Fall auch die allseitige Wirkung des zunächst in Italien vereinbarten Eigentumsvorbehalts.

Entsprechend dieser Entscheidung sollte mit der Einführung des Art. 43 III EGBGB im Kollisionsrecht klargestellt werden, dass mit dem Grenzübertritt deutsches Recht rückwirkend auf alle Teilakte des Erwerbsvorgangs angewendet wird.[297] Hierdurch sollten ausweislich der Gesetzesbegründung auch Fälle wie der „Strickmaschinenfall“, bei denen ein Eigentumsvorbehalt streitgegenständlich ist, ein für alle Mal einer eindeutigen Lösung zugeführt werden.[298]

Fraglich ist jedoch, ob der Gesetzgeber seine damalige Intention mit Art. 43 III EGBGB tauglich umgesetzt hat.

---

292 Unter [B. II. 1.].

293 *MüKo/Wendehorst*, Art. 43 EGBGB RN. 169.

294 BGHZ 45, 95.

295 BT-Drucks. 13/343, S. 16.

296 Art. 1524 des italienischen codice civile lautet übersetzt:
„(1) Der Eigentumsvorbehalt kann Gläubigern des Käufers nur entgegengehalten werden, wenn er sich aus einer schriftlichen Urkunde ergibt, die ein bestimmtes Datum trägt, das der Pfändung vorangeht.[...]“
Nach Art. 2704 codice civile ist für den urkundlichen Beweis wiederum die öffentliche Beglaubigung der Unterschrift erforderlich.

297 *Schurig*, FS Stoll, 577 (585); *MüKo/Wendehorst*, Art. 43 EGBGB RN. 167.

298 BT-Drucks. 13/343, S. 16.

α) Der Eigentumsvorbehalt als Fall des Art. 43 III EGBGB

Der Eigentumsvorbehalt ist das wohl wirtschaftlich bedeutendste Warenkreditsicherungsmittel,[299] damit ist seine korrekte rechtliche Behandlung nicht nur von theoretischem Interesse, sondern birgt eine besondere praktische Brisanz.

Zwar kann man der Gesetzesbegründung tatsächlich entnehmen, dass Art. 43 III EGBGB Fälle des Eigentumsvorbehalts erfassen soll,[300] seine Formulierung lässt jedoch Zweifel darüber aufkommen, ob dies tatsächlich gelungen ist.

Dem Wortlaut nach bedarf es für die Anwendbarkeit von Art. 43 III EGBGB zum Zeitpunkt des Statutenwechsels eines „nicht schon vorher erworben[en]" „Recht[s] an einer Sache".

Zieht man den „Strickmaschinenfall" als vermeintliches Musterbeispiel für die Norm heran, würde dies bedeuten, dass der allseitig wirkende Eigentumsvorbehalt das „nicht schon vorher erworben[e]" dingliche Recht darstellt.

Dabei muss schon als fragwürdig gelten, ob der Eigentumsvorbehalt – unabhängig der Reichweite seiner Wirkung im Einzelfall – überhaupt ein dingliches Recht im Sinne des Art. 43 III EGBGB ist.

Einige Autoren behandeln den Eigentumsvorbehalt weitgehend unkritisch als ein Recht des Verkäufers an der verkauften Sache.[301]

Andere Stimmen in der deutschen Rechtsliteratur zeigen sich hiervon indes aus nachvollziehbaren Gründen nicht überzeugt.[302]

So mag man dem Eigentumsvorbehalt zwar eine wirtschaftliche Funktion ähnlich oder gar gleich den Pfandrechten oder der Sicherungsübereignung zusprechen, bei rein rechtlicher Betrachtung – und allein diese darf ausschlaggebend sein – stellt sich der Eigentumsvorbehalt jedoch nur als Einschränkung des Eigentumserwerbs des Käufers und gerade nicht als eigenes dingliches Recht des Verkäufers dar.[303]

Dabei führt ein wirksamer Eigentumsvorbehalt zwar zur Begründung verschiedener dinglicher Rechte, diese müssen jedoch im Rahmen des Art. 43 III EGBGB jeweils einzeln betrachtet werden und dürfen nicht zu einem vermeintlich einheitlichen Recht – dem Eigentumsvorbehalt – zusammengefasst werden.

---

299 Ausführlicher zur praktischen Bedeutung des Eigentumsvorbehalts: *Kieninger*, S. 37f.

300 BT-Drucks. 13/343, S. 16.

301 *Kieninger*, S. 38f.; *Spickhoff*, NJW 1999, 2209 (2214); *Kreuzer*, RabelsZ 65 (2001), 383 (449).

302 *MüKo/Wendehorst*, Art. 43 EGBGB RN. 168ff.; *Stoll*, IPRax 2000, 259 (263); *Schurig*, FS Stoll, 577 (585f.).

303 *MüKo/Wendehorst*, Art. 43 EGBGB RN. 168; *Schurig*, FS Stoll, 577 (585f.).

Betrachtet man nun die Wirkungen eines Eigentumsvorbehalts etwas näher, ergibt sich aus deutscher Sicht folgendes Bild der Sachenrechtslage: [304]

Der Verkäufer der Sache behält zunächst das Eigentum an ihr, §§ 903ff. BGB – er ist mittelbarer Eigenbesitzer.

Er übereignet die Sache gemäß § 929 BGB unter der aufschiebenden Bedienung der Kaufpreiszahlung an den Käufer, § 158 BGB.

Damit erlangt dieser das Anwartschaftsrecht an der Sache als wesensgleiches Minus zum Vollrecht Eigentum.

Mit Kaufpreiszahlung geht dann das Anwartschaftsrecht des Käufers automatisch ins Vollrecht Eigentum über und der Verkäufer verliert das Eigentum an der Sache.

Somit bestehen bei der Vereinbarung eines Eigentumsvorbehaltes bis zur Erfüllung der aufschiebenden Bedingung zwei echte dingliche Rechte an der Sache – das Eigentum des Verkäufers und das Anwartschaftsrecht des Käufers.

Diese Rechte bestehen dann aber bereits zum Zeitpunkt des Statutenwechsels, das heißt, es liegt gerade kein „nicht schon vorher erworben[es]" Recht im Sinne des Art. 43 III EGBGB vor.

Folglich kann der im Voraus vereinbarte Eigentumsvorbehalt weder als Ganzes, noch in seinen einzelnen Elementen in den Anwendungsbereich des Art. 43 III EGBGB fallen.

Anders kann sich dies allein bei einem Eigentumsvorbehalt darstellen, welcher der zunächst unbedingten Übereignung nachgeschaltet wurde. Dieser könnte sich als echtes Recht des Verkäufers auf eine wiederum auflösend bedingte Rückübereignung der Sache darstellen.[305]

Aber auch diese Feststellung ändert nichts an der Tatsache, dass die sogenannten „Strickmaschinenfälle" gerade nicht von Art. 43 III EGBGB erfasst werden können.

Letztlich resultiert die Ansicht, der Eigentumsvorbehalt sei ein Recht im Sinne des Art. 43 III EGBBG, auch aus dem Wunsch, Ersitzungs- und Eigentumsvorbehaltsfälle („Strickmaschinenfälle") unter eine Vorschrift zu subsumieren.[306] Auf diesem Wunsch kann jedoch keine überzeugende Argumentation dahingehend fußen, der Eigentumsvorbehalt sei ein Recht im Sinne des Art. 43 III EGBGB. Vielmehr bleibt es dabei, dass der Eigentumsvorbehalt nichts weiter als eine vorübergehende Negation bzw. Einschränkung des Rechtserwerbs des Käufers darstellt.[307]

---

304 Grundsätzlich zum Eigentumsvorbehalt: *Medicus*, RN. 120ff.

305 *MüKo/Wendehorst*, Art. 43 EGBGB RN. 168.

306 *MüKo/Wendehorst*, Art. 43 EGBGB RN. 168; *Stoll*, IPRax 2000, 259 (263).

307 *Schurig*, FS Stoll, 577 (585f.); *MüKo/Wendehorst*, Art. 43 EGBGB RN. 168.

Somit muss als Zwischenergebnis festgehalten werden, dass Art. 43 III EGBGB entgegen der ursprünglichen gesetzgeberischen Intention den (im Voraus vereinbarten) Eigentumsvorbehalt nicht erfassen kann.[308]

β) Anderweitige Einordnung der Elemente des Eigentumsvorbehalts

Die Elemente eines zum Zeitpunkt eines Statutenwechsels bereits begründeten Eigentumsvorbehalts sind das Eigentum des Verkäufers und das Anwartschaftsrecht des Käufers. Beides sind bestehende dingliche Rechte, die ins neue Sachstatut importiert werden müssen. Einschlägige Norm ist Art. 43 II EGBGB.[309]

Damit ergäbe sich im deutschen IPR selbst dann keine Regelungslücke, wenn man es dabei beließe, dass der Eigentumsvorbehalt entgegen der Intention des Gesetzgebers nicht in den Anwendungsbereich des Art. 43 III EGBGB einzubeziehen ist.

cc) Korrektur des Art. 43 III EGBGB

Die benannten Problemkreise des Art. 43 III EGBGB – die Kollision mit dem Grundsatz „*Nein bleibt Nein*“, die mögliche Verletzung des Schutzes wohlerworbener Rechte sowie das Unvermögen, den Eigentumsvorbehalt unter die Norm zu subsumieren – legen es jedoch nahe, die Norm insgesamt einer Korrektur zu unterwerfen.

In der Literatur werden hierzu zwei Lösungsansätze vertreten. Zum einen die teleologische Reduktion[310] und zum anderen eine Lösung über Art. 46 EGBGB[311].

Wendehorst schlägt für eine dem gesetzgeberischen Sinn und Zweck des Art. 43 III EGBGB entsprechende teleologische Reduktion folgende Lesart vor:

> *„Ist ein sachenrechtlicher Tatbestand mit der [auch für Dritte] erkennbaren Bestimmung verwirklicht worden, Wirkungen im Inland hervorzubringen, so sind für die Beurteilung des Tatbestands im Inland Vorgänge in einem anderen Staat nach deutschen Sachvorschriften zu berücksichtigen. Die Rechtsstellung Dritter bleibt unberührt.“*[312]

Dieser Vorschlag löst tatsächlich alle angesprochenen Probleme.

Die Formulierung erweitert die Anwendbarkeit deutschen Sachrechts gerade nicht auf im Ausland negativ abgeschlossene Tatbestände, womit der kollisionsrechtliche Grundsatz „*Nein bleibt Nein*“, gewahrt bleibt.

---

308 *MüKo/Wendehorst*, Art. 43 EGBGB RN. 168; *Stoll*, IPRax 2000, 259 (263).

309 Siehe [C. II.].

310 *Pfeiffer*, IPRax 2000, 270 (273); *MüKo/Wendehorst*, Art. 43 EGBGB RN. 170.

311 *Schurig*, FS Stoll, 577 (589).

312 *MüKo/Wendehorst*, Art. 43 EGBGB RN. 171.

Zugleich wird explizit herausgestellt, dass durch die rückwirkende Anwendung deutschen Rechts die Rechtsstellung Dritter nicht tangiert werden darf.

Und mit der Wortwahl *„ein sachenrechtlicher Tatbestand"* kann auch der Eigentumsvorbehalt als ganzes sachenrechtliches Konstrukt erfasst werden.

Eine Verhinderung unerwünschter Ergebnisse über Art. 46 EGBGB ist zwar regelmäßig möglich, sie birgt in diesem Kontext jedoch die Gefahr der Verwässerung bzw. Überdehnung der Definition der „wesentlich engeren Verbindung".[313]

Würde Art. 43 III EGBGB zunächst unverändert angewandt werden, um dann unsachgemäße Ergebnisse unter Zuhilfenahme von Art. 46 EGBGB zu korrigieren, würde sich eine kaum zu überschauende Vielzahl an Fallgruppen der „wesentlich engeren Verbindung" ergeben, die aufgrund der Einheit der Rechtsordnung unweigerlich dazu führen würden, dass an anderer Stelle unsachgemäße Ergebnisse produziert werden würden. Dabei könnte die Anwendung deutschen Rechts nicht nur übermäßig ausgedehnt, sondern umgekehrt auch empfindlich eingeschränkt werden.

Damit muss die an dieser Stelle zunächst vorzugswürdige Lösung eine teleologische Reduktion des Art. 43 III EGBGB sein. Wobei nach der teleologischen Reduktion als Korrektiv immer noch Art. 46 EGBGB in seiner restriktiven Auslegung zur Verfügung steht.[314]

Fraglich bleibt jedoch, ob im Hinblick auf den Eigentumsvorbehalt die von *Wendehorst* vorgeschlagene teleologische Reduktion tatsächlich der einzig gangbare Weg ist.

Zunächst kann darauf verwiesen werden, dass der Eigentumsvorbehalt nicht zwingend unter Art. 43 III EGBGB subsumiert werden muss, seine Bestandteile werden zum Zeitpunkt des Statutenwechsels nämlich schon hinreichend von Art. 43 II EGBGB erfasst.[315]

Nun mag man einwenden, dass es aber das ausdrückliche Ziel des Gesetzgebers war, den Eigentumsvorbehalt, oder vielmehr die „Strickmaschinenfälle", unter Art. 43 III EGBGB zu behandeln.

Dem ist entgegenzusetzen, dass es vorrangig die Intention des Gesetzgebers war, einen nach dem Ausgangsstatut nur zwischen den Parteien wirkenden Eigentumsvorbehalt nach einem Statutenwechsel in deutsches Sachrecht auch auf Dritte erweitern zu können.[316] Dies ist dem Gesetzgeber nach der hier vertretenen Auffassung mit Art. 43 III EGBGB gerade nicht gelungen.

---

313 Zur restriktiven Anwendung des Art. 46 EGBGB: [B. II 3. a)].

314 *MüKo/Wendehorst*, Art. 43 EGBGB RN. 172.

315 Siehe die Ausführungen unter [C. III. 3. b) bb)].

316 Das war letztlich das Ergebnis des BGH-Urteils zum „Strickmaschinenfall". Jedoch mussten die Richter den Weg über das materielle Recht wählen, BGHZ 45, 98.

Es besteht jedoch kein Grund, korrigierend in die Norm einzugreifen, wenn diese Funktion von anderen Normen erfüllt werden kann.

Wie gezeigt, unterliegt das Eigentum des Vorbehaltsverkäufers genauso wie das Anwartschaftsrecht des Käufers bei einem Statutenwechsel dem Art. 43 II EGBGB.[317] Hiernach kann ein Recht nicht im Widerspruch zu der Rechtsordnung des Empfangsstaates ausgeübt werden.

Wesen des Anwartschaftsrechts im deutschen Recht ist es, dass der Inhaber Nichtberechtigter im Sinne der §§ 932ff. BGB ist, somit hat das Anwartschaftsrecht im Kontext eines Eigentumsvorbehalts immer die Auswirkung auf Dritte, dass sie das Eigentum an der betreffenden Sache nur unter den Voraussetzungen der Gutgläubigkeit erwerben können.

Denkbar wäre es, diese Allseitigkeit der Wirkung des Eigentumsvorbehalts im deutschen Recht zu einem Bestandteil des ordre public zu erheben, Art. 6 EGBGB. So wäre dem ursprünglichen Ziel des Gesetzgebers Rechnung getragen und einem zunächst nur inter partes wirkenden Eigentumsvorbehalt müsste nach einem Statutenwechsel nach Deutschland eine inter omnes Wirkung zukommen.

Systematisch ist dieser Weg über den ordre public jedoch schwerlich vertretbar. So kennt das deutsche Recht relativ unwirksame Rechtsgeschäfte[318] – schon diese Tatsache macht deutlich, dass ein relativ wirksamer Eigentumsvorbehalt nicht derart mit der deutschen Rechtsordnung unverträglich sein kann, dass er zu einem allseitigen Eigentumsvorbehalt gewandelt werden muss.[319]

Hinzu kommt, dass bei Licht betrachtet auch kein Anlass besteht, den Vorbehaltsverkäufer nach einem Statutenwechsel der jeweiligen Sache ins deutsche Recht besser zu stellen, als dies im Ursprungsland der Fall gewesen wäre.

Würde man die gesetzgeberische Äußerung, der Eigentumsvorbehalt solle ein Fall des Art. 43 III EGBGB sein, nun also außer Acht lassen, müsste man die Norm nur so weit teleologisch korrigieren, dass sie nicht im Widerspruch zu den Grundsätzen des deutschen internationalen Sachenrechts steht („*Nein bleibt Nein*“, Grundsatz vom Schutz wohlerworbener Rechte).

Für eine solche, gegenüber dem Vorschlag von *Wendehorst* zurückhaltendere, teleologische Reduktion spricht insbesondere die Überlegung, dass der deutsche Gesetzgeber die Unklarheiten in Art. 43 III EGBGB längst beseitigt hätte, würde er die in der Gesetzesbegründung beschriebene Funktionsweise zwingend erreichen wollen.

317 Siehe unter [C. III. 3. b) bb) β)].

318 Beispielsweise §§ 135,136 BGB.

319 So die Begründung in BGHZ 54, 97.

Dies wäre jedoch zu kurz gedacht, denn tatsächlich sind zwar die Unzulänglichkeiten der Norm weitestgehend bekannt, zugleich werden sie aber hingenommen.

So sieht auch ein Großteil der Lehre den Eigentumsvorbehalt unkritisch als unter Art. 43 III EGBGB subsumierbar an.[320] Während die Rechtsprechung bereits seit dem „Strickmaschinenfall" einen Weg gegangen ist, der das in der Gesetzesbegründung gewünschte Ergebnis erzielte – wenn dieser auch ein materiellrechtlicher war.[321]

Letztlich bleibt als systematisch überzeugendste Lösung auch hinsichtlich der Behandlung eines importierten Eigentumsvorbehalts im Rahmen des Art. 43 III EGBGB nur eine umfassende teleologische Reduktion.

Dabei erscheint der Vorschlag von *Wendehorst* als sinnvolle Korrektur der Norm,[322] insbesondere erfährt der Vorbehaltsverkäufer den weitergehenden Schutz des deutschen Sachrechts nur dann, wenn der Eigentumsvorbehalt an der Sache erkennbar auch Wirkungen in Deutschland entfalten sollte, dadurch wird er insoweit schutzwürdig, wie er sich darauf verlassen konnte, dass der verabredete Eigentumsvorbehalt zumindest in Deutschland inter omnes wirken würde, zugleich wären Dritte nicht derart schutzwürdig, den Eigentumsvorbehalt generell nicht gegen sich gelten lassen zu müssen, da zur Vereinbarung desselbigen ersichtlich war, dass er Wirkungen in Deutschland entfalten sollte.

Zusammenfassend ist festzuhalten, dass die Widersprüche zur Systematik des deutschen internationalen Sachenrechts in Art. 43 III EGBGB nur im Wege einer teleologischen Reduktion ganzheitlich aufgelöst werden können.

Diese Anpassung muss so weit gehen, dass sie dem gesetzgeberischen Ziel, „Strickmaschinenfälle" unter Art. 43 III EGBGB subsumieren zu können, gerecht wird. Eine sinnvolle Lösung dieser Fälle ist sonst auf kollisionsrechtlicher Ebene nicht möglich.

Im Ergebnis liefert *Wendehorst* eine umfassende wie funktionelle Lesart des Art. 43 III EGBGB, der, bis zu einer Anpassung des Wortlauts der Norm durch den Gesetzgeber, zur sachgerechten Lösung der beschriebenen Fallkonstellationen gefolgt werden kann.

dd) Erweiterung des Art. 43 III EGBGB zur allseitigen Kollisionsnorm

Neben den inhaltlichen Anpassungen stellt sich die Frage, ob Art. 43 III EGBGB nicht gleichfalls systematisch dahingehend erweitert werden muss, dass die

---

320 Hierzu siehe [C. III. 3. b) bb) α)].

321 BGHZ 45, 98.

322 Siehe weiter oben in diesem Abschnitt.

Norm auch bei einem Statutenwechsel in ausländisches Recht – zumindest analog – zur Anwendung kommt.

Wie bereits gezeigt, ist es zwar dogmatisch nicht korrekt, von Art. 43 III EGBGB als Kollisionsnorm zu sprechen,[323] letztlich bezeichnete aber selbst der Gesetzgeber in seiner Gesetzesbegründung die Norm entsprechend, weshalb im Folgenden der Einfachheit halber von der Erweiterung von einer einseitigen zur allseitigen Kollisionsnorm gesprochen werden soll.

Kreuzer, der maßgeblich an der Entwicklung des Art. 43 III EGBGB beteiligt war, lehnt eine Erweiterung klar ab.[324]

Dabei verweist er im Wesentlichen auf den Gesetzgebungsprozess, in dessen Verlauf die Formulierung des heutigen Art. 43 III EGBGB von einem allseitigen Entwurf zur einseitigen Endfassung geändert wurde.[325] Dabei kommt er zum Schluss, dass der vom Gesetzgeber intendierte Normzweck „*ausschließlich die Anpassung des deutschen materiellen Mobiliarsachenrechts für bestimmte Auslandssachverhalte im Hinblick auf Mobilien, die in das Inland, also den Geltungsbereich deutschen Rechts gelangen*" sei.[326]

Zweifelsohne hat der Gesetzgeber klar gemacht, die Norm im Endeffekt ganz bewusst einseitig formuliert zu haben. In der Gesetzesbegründung wird als Hintergrund hierfür die Befürchtung angeführt, durch eine allseitige Formulierung in unzulässiger Weise in ausländische Sachenrechtsordnungen einzugreifen.[327]

Hieraus ergeben sich jedoch zwei Fragen – zum einen, ob diese Befürchtung tatsächlich begründet war und unabhängig davon, ob aus der Begründung tatsächlich geschlussfolgert werden muss, dass der Gesetzgeber einzig Fälle behandeln wollte, die den Import einer Fahrnis in den Geltungsbereich deutschen Rechts betreffen.

Zunächst ist festzuhalten, dass kollisionsrechtlich betrachtet ein Eingriff in eine fremde Rechtsordnung so lange nicht vorliegen kann, wie Rück- und Weiterverweisung durch das verweisende Kollisionsrecht beachtet werden.[328] So werden dem neuen Lageortrecht im Moment eines sachenrechtlichen Statutenwechsels aufgrund der Situs-Regel im Zweifelsfall zwar Vorgänge unterstellt, die es gar nicht bewerten will, die berufene Rechtsordnung kann dies jedoch durch eine schlichte Rückverweisung auf das alte Sachstatut oder eine Weiterverweisung an ein Drittstatut verhindern.[329]

---

323 Siehe [C. III. 1. a) aa)].

324 *Kreuzer*, FS Bechtold, 253 (255ff.).

325 *Kreuzer*, FS Bechtold, 253 (256-260).

326 *Kreuzer*, FS Bechtold, 253 (262).

327 Vgl. BT-Drucks. 14/343, S. 16.

328 Bereits angedeutet unter: [C. II. 1.].

329 *Schurig*, FS Stoll, 577 (589).

Insoweit irrte der Gesetzgeber also, als er annahm, eine allseitige Formulierung würde zwangsläufig zu Eingriffen in fremde Rechtsordnungen führen. Schon deshalb muss seinem geäußerten Willen nicht wortlautgetreu Folge geleistet werden. Im Gegenteil – es drängt sich sogar auf, dass es der wahre Wille des Gesetzgebers war, die Norm zur allseitigen Funktion zu bringen, und sie auch entsprechend formuliert worden wäre, hätte nicht der beschriebene Irrtum bestanden.

Letztendlich spricht auch kein weiteres Argument gegen die Erweiterung des Art. 43 III EGBGB zur allseitigen Kollisionsnorm, vielmehr erscheint es aus heutiger Sicht als widersprüchlich, dass die Lieferung einer Sache nach Deutschland anders behandelt werden soll, als die Lieferung in ein anderes Land. So sprechen schon die aus den Grundfreiheiten des EG-Vertrags resultierenden Diskriminierungs- und Beschränkungsverbote sowie der Grundsatz, wesentlich Gleiches auch gleich zu behandeln, für einen analogen Ausbau des Art. 43 III EGBGB zur allseitigen Kollisionsnorm.[330]

Folgerichtig sind aus der Sicht des deutschen internationalen Sachenrechts sachenrechtliche Vorgänge, die vor einem Statutenwechsel stattfanden, für den Rechtserwerb unter dem neuen Sachstatut beachtlich, unabhängig davon, in welche Rechtsordnung die Sache gelangte.

Der neuen Rechtsordnung steht es dabei frei, die Bewertung entsprechender Vorgänge auf der Ebene des Kollisionsrechts wieder von sich zu weisen.

Abschließend sei zu diesem Thema noch angemerkt, dass *Kreuzer* richtigerweise darauf hinweist, dass Fälle, in denen es zu einer analogen Anwendung des Art. 43 III EGBGB kommen könnte, in der Praxis hochgradig unwahrscheinlich sind. Aufgrund der annähernd weltweiten Anwendung der Situs-Regel wird eine analoge Anwendung des Art. 43 III EGBGB auf eine im Ausland belegene Sache regelmäßig schon gar nicht in Betracht gezogen werden können.[331]

IV. Alternative Systematisierung der Typen des Statutenwechsels

Die Einteilung der verschiedenen Konstellationen des Statutenwechsels in den schlichten Statutenwechsel sowie die verschiedenen Typen des qualifizierten Statutenwechsels, wie sie explizit insbesondere *Wendehorst* vornimmt,[332] er-

330 *MüKo/Wendehorst*, Art. 43 EGBGB RN. 174; a.A., jedoch ohne nähere inhaltliche Auseinandersetzung: *Lipsky*, S. 92.

331 Näher hierzu: *Kreuzer*, FS Bechtold, 253 (262f.).

332 *MüKo/Wendehorst*, Art. 43 EGBGB RN. 125ff.

leichtert zwar die Erfassung der einzelnen Problemkreise des Statutenwechsels, führt jedoch zu einer trügerischen Sicherheit, die nicht allen möglichen Erscheinungsformen des Statutenwechsels gerecht wird.[333]

Es stellt sich schon die Frage, ob eine erste Einteilung anhand der Frage, ob eine der beteiligten Rechtsordnungen den Sachverhalt als offen ansieht und somit ein qualifizierter Statutenwechsel vorliegt, zielführend ist.[334]

Bei der Behandlung des qualifizierten Statutenwechsels Typ C hat sich gezeigt, dass negativ abgeschlossene Tatbestände nach einem Statutenwechsel „wiedereröffnet" werden können, um dann unmittelbar positiv abgeschlossenen zu werden.

Was hier als Vorgang beschrieben wird, kann auch als Zustand verstanden werden, zumindest dann nämlich, wenn das neue Sachstatut allein aufgrund der bereits unter dem alten Sachstatut verwirklichten Tatbestandsmerkmale einen sachenrechtlichen Tatbestand als abgeschlossen ansieht. Somit könnte man in einem solchen Fall auch sagen, dass sowohl nach dem alten als auch nach dem neuen Sachstatut zum Zeitpunkt des Statutenwechsels ein abgeschlossener sachenrechtlicher Tatbestand vorliegt – nach der Auffassung des alten Sachstatuts ein negativ abgeschlossener und nach der des neuen Sachstatuts ein positiv abgeschlossener Tatbestand.

Zieht man nun die Definition des schlichten Statutenwechsels heran, dass ein solcher nämlich immer dann vorliegt, wenn sowohl das Absende- als auch das Empfangsstatut den sachenrechtlichen Tatbestand als abgeschlossen ansehen,[335] müsste somit eigentlich auch dieser Fall dem schlichten Statutenwechsel zugerechnet werden.

Naheliegender erscheint deshalb eine andere Einteilung der Erscheinungsformen des Statutenwechsels – Art. 43 EGBGB gibt sie vor:

Art. 43 II EGBGB verlangt, dass dingliche Rechte an der vom Statutenwechsel betroffenen Sache begründet wurden. Im Gegensatz hierzu behandelt Art. 43 III EGBGB den Fall, dass ein Recht an einer Sache gerade nicht entstanden ist.

Damit wird klar, dass die Systematik des Art. 43 EGBGB eine Sache nicht einheitlich behandelt, sondern nach entstandenen und nicht entstandenen Rechten an ihr differenziert.

333 Einordnungsschwierigkeiten ergeben sich insbesondere im Rahmen des qualifizierten Statutenwechsels Typ C. Siehe [C. III. 3.].

334 Zur Unterscheidung von schlichten und qualifizierten Statutenwechsel siehe [C. I. 6.].

335 Vergleiche schon unter [C. II. 1.].

Hieran soll sich der nachfolgende vereinfachte Systematisierungsvorschlag zur Behandlung der Erscheinungsformen des Statutenwechsels im deutschen internationalen Sachenrecht orientieren.

Zur Klarstellung werden die einzelnen Typen des Statutenwechsels, wie sie momentan in der Literatur vertreten und verwendet werden, innerhalb des Vorschlags verortet:

1. Import-Fälle

Unter diese Gruppe können die Fälle des Statutenwechsels zusammengefasst werden, die die Beurteilung eines bereits bestehenden dinglichen Rechts nach dem neuen Sachstatut zum Gegenstand haben.

Das ist nach der zurzeit gängigen Typisierung zum einen der schlichte Statutenwechsel und zum andern die Konstellation des qualifizierten Statutenwechsels Typ C, bei der der sachenrechtliche Tatbestand nach dem ursprünglichen Sachstatut positiv abgeschlossen wurde, hier auch als Typ C.1 bezeichnet.

Diese Erscheinungsformen des Statutenwechsels sind nach Art. 43 II EGBGB zu beurteilen und fraglich ist lediglich, nach welcher Methode bestehende dingliche Rechte importiert werden.[336]

2. Berücksichtigungs-Fälle

Alle übrigen Formen des qualifizierten Statutenwechsels (Typ A, Typ B und Typ C.2) fallen unter die zweite Gruppe.

Ihnen ist es gemein, dass die Frage zu stellen ist, wie Vorgänge, die sich unter einer vorangegangenen Rechtsordnung ereigneten, nach einem Statutenwechsel unter dem neuen Sachstatut berücksichtigt werden.

Hierbei ist die Behandlung der Typen A und B des qualifizierten Statutenwechsels unproblematisch, während es beim qualifizierten Statutenwechsel des Typs C.2 um die hier bereits behandelte Problematik der Korrektur des Art. 43 III EGBGB geht.[337]

---

336 Siehe hierzu unter [C. II. 4.].

337 Siehe hierzu unter [C. III. 3. b) cc)].

V. Zusammenfassung

Im deutschen internationalen Sachenrecht gilt die Situs-Regel, Art. 43 I EGBGB, was dazu führt, dass eine örtliche Verlagerung einer Sache zum Wechsel des anzuwendenden Sachstatuts führt.

Ein solcher Statutenwechsel spaltet das Sachstatut temporär in das Rechtsbestands- und das Rechtswirkungsstatut, welche gleichbedeutend mit dem Lageortrecht vor und nach dem Statutenwechsel sind.[338]

Bestehende dingliche Rechte überdauern einen Statutenwechsel, ihre Wirkung wird jedoch von diesem Zeitpunkt an nach dem Rechtswirkungsstatut beurteilt, Art. 43 II EGBGB. Die dingliche Rechtslage bleibt so lange unverändert, bis nach dem Statutenwechsel ein sachenrechtlicher Tatbestand nach dem neuen Lageortrecht vollendet wird („Trägheitsprinzip").[339]

In einigen sachenrechtlichen Konstellationen kann der Statutenwechsel gehemmt werden.[340]

Für Transportmittel gilt die Situs-Regel nicht, Art. 45 EGBGB, sie können durch Lageortveränderung keinem Statutenwechsel unterliegen.

Besteht eine wesentlich engere Verbindung zu einer anderen Rechtsordnung, ist auch auf sonstige Sachen das Lageortrecht nicht anzuwenden, Art. 46 EGBGB. Praktisch bedeutendster Fall der Anwendbarkeit dieser Norm sind die res in transitu.

Die Möglichkeit der Rechtswahl hat der Gesetzgeber bei der Kodifikation des internationalen Sachenrechts nicht vorgesehen. Nach der hier vertretenen Auffassung wäre es jedoch wünschenswert, die Parteiautonomie zumindest eingeschränkt zuzulassen. Der Vorschlag, der grundsätzlichen Koppelung des Sachstatuts an das Schuldvertragsstatut zur Verhinderung des Statutenwechsels, ist hingegen aus Gründen der praktischen Umsetzbarkeit abzulehnen.

Sachenrechtlich relevante Vorgänge können in offene und geschlossene Tatbestände kategorisiert werden.[341]

Erst nach Vollendung des letzten Teilaktes einer sachenrechtlichen Norm oder bei endgültiger Nichterfüllbarkeit desselbigen gilt ein Tatbestand als positiv oder negativ abgeschlossen.

Die vorherrschende Literatur folgert aus dieser Unterscheidung die verschiedenen Typen des Statutenwechsels.[342] Ein schlichter Statutenwechsel soll immer

338 [C. I. 1.].
339 [C. I. 2.].
340 [C. I. 3.].
341 [C. I. 5.].
342 [C. I. 6.].

dann vorliegen, wenn das alte wie das neue Sachstatut sämtliche sachenrechtliche Tatbestände bezüglich der fraglichen Sache als abgeschlossen ansehen, wohingegen ein qualifizierter Statutenwechsel vorliegen soll, sofern eine der beteiligten Rechtsordnungen einen sachenrechtlichen Tatbestand als offen ansieht.

Diese Einteilung zeigt jedoch im Detail Schwächen, weshalb es als vorzugswürdig erscheint, danach zu differenzieren, ob ein Recht an der fraglichen Sache entstanden ist oder nicht.[343] Wird ein bereits vor dem Statutenwechsel entstandenes Recht an einer Sache betrachtet, so kommt Art. 43 II EGBGB zur Anwendung (Import-Fälle). Ist ein Recht hingegen nicht entstanden, weil das letzte Tatbestandsmerkmal unter dem alten Sachstatut noch nicht vollendet wurde oder nicht mehr zu vollenden war, ist Art. 43 III EGBGB anzuwenden (Berücksichtigungs-Fälle).

Der für Import-Fälle (nach der h.M.: schlichter Statutenwechsel und qualifizierter Statutenwechsel Typ C.1) geltende Art. 43 II EGBGB normiert, dass nach einem Statutenwechsel an einer Sache bestehende dingliche Rechte nicht im Widerspruch zur Rechtsordnung des neuen Lageortes ausgeübt werden dürfen.

Damit bestätigt die Norm die temporale Spaltung des Sachstatuts, woraus sich wiederum zwei kollisionsrechtliche Grundsätze des internationalen Sachenrechts ergeben: „*Nein bleibt Nein*“ – d.h. ein Statutenwechsel ändert an der rechtlichen Beurteilung eines negativ abgeschlossenen Tatbestands nichts und „*Ja wird Ja, aber ...*“ – d.h. auch an der Beurteilung positiv abgeschlossener Tatbestände ändert sich nichts, jedoch richten sich die rechtlichen Wirkungen dieses dinglichen Rechts ab dem Zeitpunkt des Statutenwechsels nach dem neuen Lageortrecht.[344]

Beim Import dinglicher Rechte ins deutsche Sachenrecht ist die Hinnahmetheorie anzuwenden.[345] Hiernach findet keinerlei Umwandlung oder Anpassung von Altrechten statt, für ihre einzelnen Wirkungen ist jeweils eine entsprechende Wirkung eines deutschen Sachenrechts zu finden. Nur Wirkungen, die dem deutschen Sachenrecht vollkommen fremd sind, oder dem ordre public widersprechen, entfallen hiernach.

Durch diese Methode des Imports von Altrechten wird insbesondere auch ein Konflikt mit den im Rahmen des internationalen Sachenrechts beachtlichen Grundfreiheiten der Europäischen Gemeinschaft vermieden.

Der in Berücksichtigungs-Fällen (nach der h.M.: Typen A, B und C.2 des qualifizierten Statutenwechsels) anwendbare Art. 43 III EGBGB regelt, dass sachenrechtliche Vorgänge, die in einem anderen Staat erfolgten, bei der Tatbe-

343 [C. IV.].
344 [C. II. 2., 3.].
345 [C. II 4.].

standserfüllung eines deutschen Sachenrechts „wie inländische" behandelt werden.

Die Aussage des Art. 43 III EGBGB bestätigt gleichfalls die temporale Spaltung des Sachstatuts, indem klargestellt wird, dass das neue (deutsche) Sachstatut auf Vorgänge, die sich vor dem Statutenwechsel ereigneten, nur dann ausnahmsweise anwendbar ist, wenn es um die Betrachtung im Rahmen eines im Inland zu vollendenden sachenrechtlichen Tatbestands geht.[346]

Wechselt die Sache wieder ins Ausgangsstatut oder in ein Drittstatut kann ein aufgrund von Art. 43 III EGBGB positiv abgeschlossener sachenrechtlicher Tatbestand grundsätzlich nicht wieder zu einem offenen Tatbestand werden, dem jeweiligen Empfangsstatut steht es jedoch frei, Anerkennungsvoraussetzungen aufzustellen oder die Ausübung des Rechts einzuschränken.

Umgekehrt kann ein negativ abgeschlossener Tatbestand aber bei wörtlicher Anwendung des Art. 43 III EGBGB durch einen Statutenwechsel jederzeit „wiedereröffnet" werden, um dann gegebenenfalls positiv abgeschlossen zu werden.

So entstünde jedoch ein Widerspruch zum kollisionsrechtlichen Grundsatz „*Nein bleibt Nein*". Insbesondere die Interessen Dritter wären damit einer Gefährdung ausgesetzt. Schon aus diesem Gesichtspunkt bedarf Art. 43 III EGBGB einer Anpassung.[347]

Zusätzlich erweist sich Art. 43 III EGBGB als untauglich, die vom Gesetzgeber bei dessen Entwicklung intendierte Funktion der Behandlung des Eigentumsvorbehalts zu erfüllen.[348] Der (im Voraus vereinbarte) Eigentumsvorbehalt ist gerade kein Recht an einer Sache und fällt damit schon nicht unter den Wortlaut der Norm. Auch um Fälle zu erfassen, die einen Eigentumsvorbehalt zum Gegenstand haben, muss Art. 43 III EGBGB also angepasst werden.

Mangels anderweitiger Möglichkeiten, die genannten Konflikte zu umgehen, muss Art. 43 III EGBGB teleologisch reduziert werden.[349] Eine funktionelle wie umfassende Lesart, die alle Problemkreise der Norm erfasst, bietet *Wendehorst*:

> *„Ist ein sachenrechtlicher Tatbestand mit der [auch für Dritte] erkennbaren Bestimmung verwirklicht worden, Wirkungen im Inland hervorzubringen, so sind für die Beurteilung des Tatbestands im Inland Vorgänge in einem anderen Staat nach deutschen Sachvorschriften zu berücksichtigen. Die Rechtsstellung Dritter bleibt unberührt."*

Zudem kann Art. 43 III EGBGB zur allseitigen Kollisionsnorm erweitert werden.[350] Zwar formulierte der Gesetzgeber die Norm bewusst als einseitige Kolli-

346 [C. III. 1. a) aa)].
347 [C. III. 3. b) aa)].
348 [C. III. 3. b) bb)].
349 [C. III. 3. b) cc)].
350 [C. III. 3. b) dd)].

sionsnorm, jedoch aufgrund der irrigen Annahme, eine allseitige Formulierung bedeute einen unzulässigen Eingriff in fremde Rechtsordnungen. Aufgrund der Beachtlichkeit von Rück- und Weiterverweisung im deutschen Kollisionsrecht war diese Befürchtung jedoch unbegründet. So ist gewährleistet, dass ein berufenes Recht die Betrachtung von Vorgängen, die es nicht beurteilen will, jederzeit wieder von sich weisen kann.

D. Grundprinzipien des englischen internationalen Sachenrechts

I. Grundlagen und Begrifflichkeiten

Abgesehen von der Rechtsnachfolge von Todes wegen unterstellt das englische Kollisionsrecht alle sachenrechtlichen Tatbestände der lex rei sitae.[351]

Als Prototyp des *Common Law* beruht das englische Recht im Wesentlichen auf Urteilen mit Gesetzeskraft und nicht auf von der Legislative erlassenen Gesetzen.[352] Entsprechend entwickelte sich in England auch die Situs-Regel aus der Rechtsprechung.

Sie gilt seit *Nelson v. Bridport*[353] (1848) für Immobilien und seit *Cammell v. Sewell*[354] (1860) auch für bewegliche Sachen.

Dabei erfasst die Situs-Regel im englischen Recht auch Rechte, die nach deutschem Recht nicht unter das Sachstatut fallen. Ausschlaggebend hierfür ist die Zusammenfassung aller körperlichen wie nichtkörperlichen Vermögensrechte zum sogenannten *property*.[355] Damit unterliegen beispielsweise auch Forderungen und Urheberrechte der lex rei sitae.

Grundsätzlich kennt die Systematik des englischen Rechts kein „Sachenrecht", wie es im deutschen Recht weitestgehend zusammenhängend im BGB kodifiziert ist. Jedoch entwickelte die englische Rechtsprechung auf kollisionsrechtlicher Ebene in Annäherung an den kontinentaleuropäischen Rechtskreis die separaten Anknüpfungsgegenstände „Immobilien" und „Übertragung beweglicher körperlicher Gegenstände".[356]

1. Grundprinzipien des englischen Rechts

Für den deutschen Rechtsanwender ergibt sich ein Zugang zum englischen internationalen Sachenrecht erst dann, wenn er sich die Grundlagen des englischen

---

351 *Collier*, S. 244ff.; *Benjamin's*, 25-107. Ausführlicher hierzu unter [D. II.].

352 *Henrich/Huber*, (§ 1).

353 (1848) 8 Beav 547, 570.

354 (1858) 3 H & N 617; on appeal (1860) 5 H & N 728.

355 *Dicey/Morris/Collins*, RN. 22-002ff.

356 Hierzu unter [D. I. 3.] und [D. II.]. Ausführlich: *Dicey/Morris/Collins*, RN. 23R-001 – 24-087; *Collier*, S. 243; *Ritterhoff*, S. 197f.

Rechts, die fundamentale Unterschiede zum deutschen Recht aufweisen, bewusst gemacht hat.

Kötz bezeichnet das englische Recht als für den Juristen des europäischen Kontinents „*etwas besonders Fremdartiges und Wundersames*" und führt weiter aus, dass keine andere geltende Rechtsordnung „*zu ihrem Verständnis so gebieterisch wie die englische eine Besinnung auf historische Grundlagen*" verlange.[357]

Damit wird bereits klar, dass im Rahmen dieser Arbeit kein tieferes Verständnis für das englische Recht geschaffen werden kann, es soll lediglich versucht werden, einen Einblick in dessen Grundprinzipien sowie einige sachenrechtliche Institute zu geben, um im Weiteren näher auf das englische IPR und dort im speziellen die Regelungen zum Sachenrecht einzugehen.

Zunächst ist festzustellen, dass sich das englische Recht im Wesentlichen aus zwei Rechtsquellen speist – dem *Common Law* und der *Equity*. Dabei hat es sich weitläufig eingebürgert, die gesamte englische Rechtsordnung mit dem Begriff „*Common Law*" zu umschreiben, tatsächlich ist das *Common Law* im engeren Sinne aber nur ein Teil des englischen Rechts.

Unter *Common Law* ist bei strenger Betrachtung nur das Recht zu verstehen, welches von den königlichen Gerichten erschaffen wurde.[358]

Ihm gegenüber steht die *Equity*, die ebenfalls verschieden verstanden werden kann. Aus der Praxis betrachtet stellt sich die *Equity* zunächst als ein aus Gründen der Billigkeit gewährtes Recht dar, ein Recht eines anderen zu eigenen Gunsten zu verdrängen, einzuschränken oder gar zu zerstören.[359] Aus der geschichtlichen Entwicklung heraus muss man die *Equity* jedoch anders verstehen – sie ist nicht lediglich eine Ansammlung von Billigkeitsgrundsätzen, sondern ein vollwertiger Teil des englischen materiellen Rechts, der ursprünglich von einem besonderen Gericht, dem *Court of Chancery*, entwickelt wurde.[360]

Da somit sowohl das *Common Law* als auch die *Equity* Richterrecht sind, können sie unter dem Begriff des „*Case Law*" zusammengefasst werden.[361]

Bei oberflächlicher Betrachtung des englischen Rechts kann man schnell übersehen, dass das *Case Law* zwar die dominierende Rechtsquelle ist, ihm aber noch das *Statute Law* zur Seite steht – das vom Parlament erlassene Gesetzesrecht, wie es im kontinentaleuropäischen Rechtskreis vorrangig ist.[362] Vor dem Hintergrund einer immer präsenter werdenden europäischen Gesetzgebung ist es

357 *Zweigert/Kötz*, (§ 14 I) ganz ähnlich auch: *Blumenwitz*, S. 5.

358 *Zweigert/Kötz*, (§ 14 III).

359 *Goode*, Commercial Law, S. 30.

360 *Zweigert/Kötz*, (§ 14 III), mit weiteren Ausführungen zum *Court of Chancery*.

361 Blumenwitz, S. 5f.

362 *Blumenwitz*, S. 5; *Zweigert/Kötz*, (§ 14 III).

aber das *Statute Law*, welches im englischen Recht, etwa zur Umsetzung europäischer Richtlinien, zunehmend an Bedeutung gewinnen wird.[363]

Für das noch sehr klassisch geprägte Sachenrecht sind es jedoch weiterhin das *Common Law* und die *Equity*, aus denen die ausschlaggebenden Regelungen zu entnehmen sind.

Das Zusammenspiel dieser beiden Rechtsquellen ist dabei nicht immer einfach, da man an mancherlei Stellen die *Equity* als Über- oder zumindest Umgehung des *Common Law* sehen könnte. Dabei muss jedoch berücksichtigt werden, dass der *Court of Chancery* in seinen Entscheidungen immer herausstellte, das *Common Law* lediglich zu ergänzen. Dementsprechend darf das Verhältnis der Rechtsquellen auch nicht als Konflikt zweier Systeme ausgelegt werden, sondern als ein Zusammenspiel zweier aufeinander bezugnehmender Prinzipien.

Maitland schreibt hierzu sehr eingängig: „*We ought to think of the relation between common law and equity not as that between two conflicting systems, but as that between code and supplement, that between text and gloss. And we should further remember this, that equity was not a self-sufficient system – it was hardly a system at all – but rather a collection of additional rules.*".[364]

2. Materielles Sachenrecht

Um nun die Funktionsweise des englischen Kollisionsrechts besser verstehen zu können, soll an dieser Stelle ein kurzer Überblick über das englische materielle Sachenrecht gegeben werden.

Dem englischen Recht fehlt ein selbstständiges zusammenhängend normiertes Sachenrecht, wie es der deutsche Rechtsanwender aus dem dritten Buch des BGB kennt. Zugleich werden aber auch nach englischem Rechtsverständnis jene Rechte als zusammengehörig betrachtet, die eine sachenrechtliche Funktion erfüllen.[365]

Clarke und *Kohler* schreiben hierzu: „*To put it at its simplest, property law is about the legally recognised relationships we have with each other in respect of things.*".[366]

Der Natur des englischen Rechts entsprechend ist der Katalog der Rechte, die unter dem Überbegriff „*Law of Property*" zusammengefasst werden, nicht abge-

---

363 Anhand der Richtlinie zur vergleichenden Werbung, 97/55/EG, wird die Umsetzung exemplarisch dargestellt in: *Heister*, S. 137ff. Generell zum *Statute Law*: *Blumenwitz*, S. 39ff.

364 *Maitland*, S. 156.

365 Ausführlich: *Dicey/Morris/Collins*, RN. 22-002ff. In der deutschen Literatur geben eine Übersicht: *Ritterhoff*, S. 197f. und *Graf von Bernstorff*, Einführung, (§ 7.).

366 *Clarke/Kohler*, (1.1.).

schlossen, sondern bleibt für die Rechtsentwicklung durch die englische Rechtsprechung offen.

a) Real und personal property

Dem reinen Wortlaut nach entspricht das englische „*property*" dem deutschen „Eigentum" – als Begriff der englischen Rechtsterminologie ist die Bedeutung jedoch weiter, sie erfasst nämlich nicht nur das Eigentumsrecht, sondern umfassend alle Vermögensrechte.[367]

Dabei unterscheidet man im englischen Recht zwischen *real property* und *personal property*.[368] Der Ursprung dieser Unterscheidung ist im Mittelalter zu finden. Damals kannte man die *actions in rem* (aufgrund ihres Ursprungs aus dem römischen Recht auch: *actio in rem*) und die *actions in personam* (entsprechend auch: *actio in personam*). Grundlage hierfür wiederum war die vornehmlich verfahrenstechnische Unterscheidung zwischen *writs* und *actions*.

Die *writs*[369] waren schriftliche Befehle des Monarchen an den jeweils zuständigen Gerichtsherrn, bestimmte prozessuale Maßnahmen vorzunehmen.[370]

Ein potenzieller Kläger konnte also nicht direkt ein Gericht mit einer Klage anrufen, sondern musste zunächst einen, seinem Begehren entsprechenden, *writ* beantragen. Waren die *writs* zunächst tatsächlich rein einzelfallbezogene Befehle, wurden später Formulare für typische Fälle entwickelt. Dies ging schließlich so weit, dass ein etwaiges Recht dann nicht vor einem (königlichen) Gericht durchgesetzt werden konnte, wenn keiner der bis zur Mitte des 13. Jahrhunderts etwa 50 entwickelten *writs* die jeweilige Fallkonstellation erfassen konnte.[371]

Begehren einer Klage waren die *actions*[372] – Schutz eines Rechtes, Durchsetzung einer Pflicht und alle sonstigen aus einem Urteilsspruch folgenden Wirkungen.[373]

Die *action in rem*, mit der konkret ein Grundstück heraus verlangt wurde,[374] wandelte sich im Laufe der Zeit begrifflich und inhaltlich in das „*real property*" oder verkürzt „*realty*", welches in heutiger Zeit nicht allein den Herausgabean-

367 Ausführlich zur Begrifflichkeit „*property*": *Clarke/Kohler*, (2.1.). Zum Vergleich mit dem deutschen Recht: *Graf von Bernstorff*, Einführung, (§ 7. I.); *Henrich/Huber*, (§ 6 I.).

368 *Collier*, S. 243; *Smith/O'Brien*, S. 537.

369 Abgeleitet von „*to write*".

370 *Abbott/Pendlebury/Wardman*, S. 40.

371 Ausführlich mit einer Übersicht zu den ca. 50 writs: *Peter*, S. 18ff., 105ff.

372 Man kann auch die Klage selbst als „*action*" bezeichnen – so *Henrich/Huber*, (§ 6 I.).

373 *Henrich/Huber*, (§ 1 II. 2.); näher zum Verhältnis von actio und writ: *Peter*, S. 50ff.

374 *Lindley*, § 64.

spruch, sondern umfassend und zugleich abschließend das Eigentumsrecht an einem Grundstück bezeichnet.[375]

Die *action in personam* erfasste so weit als Gegenstück zur *action in rem* die Herausgabe von beweglichen Vermögenswerten, die im Gegensatz zur Herausgabe von Grundstücken auch in Form einer Schadensersatzleistung erfolgen konnte.[376] Über die Jahre wurde der Begriff der „*personal property*" oder „*personalty*" für diese Rechte an beweglichen Vermögenswerten eingeführt.[377]

Das *personal property* fand dann wiederum seine Unterscheidung in *chattels real* und *chattels personal*. Die *chattels personal* wurden auch als „*pure personalty*" bezeichnet, also als *personal property* im engeren Sinne.[378] Das erklärt sich daraus, dass unter das *personal property* auch Rechte an Grundstücken fallen, jedoch nur solche, die von einer von vorneherein festgesetzter Dauer sind und durch ihren entgeltbaren Wert als bewegliches Vermögensrecht im weitesten Sinne zu verstehen sind.[379]

Nach der dem deutschen Recht geläufigen Unterteilung erfassen wiederum die *chattels personal* alle Rechten an beweglichen Sachen.[380] Diese Rechte werden dann oftmals noch unterteilt in die „*choses in possession*", die den „beweglichen Sachen" im deutschen Recht entsprechen, und die „*choses in action*", welche nach deutschem Rechtsverständnis „sonstige Rechte" wären – beispielsweise Forderungen, Inhaber- und Urheberrechte sowie Ähnliches.[381]

Rechtliche Bedeutung hat diese Unterscheidung seit der einheitlichen Behandlung durch den Law of Property Act von 1925 keine mehr, sie zeigt aber sehr deutlich die systematischen Unterschiede und Gemeinsamkeiten zum deutschen Sachenrecht auf.

---

375 Zum Umfang des Eigentumsrechts: *Honoré*, Making Law Bind, 161 (165ff.); die historische Entwicklung wird ausführlich dargestellt bei: *Cheshire/Burn*, (Ch. 1-7).

376 *Lindley*, § 62; *Graf von Bernstorff*, Einführung, (§ 7. I. 2.); *Henrich/Huber*, (§ 6 I.).

377 *Keenan/Riches*, S. 436.

378 *Keenan/Riches*, S. 436.

379 *Keenan/Riches*, S. 436; *Graf von Bernstorff*, Einführung, (§ 7. I. 2. FN. 165); *Henrich/Huber*, (§ 6 I.).

380 *Keenan/Riches*, S. 436f.; *Graf von Bernstorff*, Einführung, (§ 7. I. 2. FN. 165); *Henrich/Huber*, (§ 6 I.).

381 *Keenan/Riches*, S. 437. Die Unterscheidung wird besonders klar bei *Abbott/Pendlebury/Wardman*, S. 648: „*A chose in action is a property right which can only be protected by legal action, for example a patent, copyright, or shares in a limited company. A chose in possession is property which can be protected by physical control, for example a car, book, or pen.*".

b) Ownership und Possession

„*Ownership*" und „*possession*" können zwar wörtlich als „Eigentum" und „Besitz" übersetzt werden, inhaltlich stimmen sie mit den entsprechenden deutschen Rechtsbegriffen jedoch nur in Teilen überein.

Das *ownership* beschreibt die Stellung als Eigentümer an einer Sache und erfasst insoweit das Eigentum an körperlichen Gegenständen, *corporeal ownership*, das Eigentum an Rechten, *incorporeal ownership*, das Allein- und das Gemeinschaftseigentum, *sole-* oder *co-ownership*, sowie die Rechtsposition als rechtmäßiger Gläubiger, *legal* oder *equitable ownership*.[382]

Mangels einer entsprechend ausgebildeten Rechtsfigur umfasst das *ownership* aber gerade nicht ein absolutes Eigentumsrecht an Grundstücken, wie wir es im deutschen Recht kennen.[383]

Bis heute kennt das englische Recht das Vollrecht des Eigentums an einem Grundstück nicht, vielmehr entwickelten sich im Laufe der Zeit lediglich verschieden stark ausgeprägte Besitzrechte. Diese Besitzrechte, die einen Einschlag persönlicher Herrschaftsrechte aufweisen, werden als „*estates*" bezeichnet und sind zumeist zeitlich begrenzte Grundherrschaften.[384]

Weder in der englischen Rechtsprechung noch in der Lehre findet eine Diskussion über den Besitz als Recht statt, wie wir sie im deutschen Recht kennen. *Possession* wird dabei nach einheitlichem englischen Rechtsverständnis nicht allein auf den tatsächlichen Besitz beschränkt, sondern umfasst unproblematisch jeden Besitz, sei es der rechtmäßige mittel- oder unmittelbare Besitz oder der unrechtmäßige mittel- oder unmittelbare Besitz.[385]

c) Liegenschaftsrecht

Im internationalen Sachenrecht ist der Statutenwechsel bei Immobilien der unwahrscheinlichste Fall.

Er kommt nur vor, wenn sich die Rechtsordnung am Lageort der Sache durch Änderung des materiellen Rechts oder durch Umstrukturierung der Staatsgrenzen ändert.

Eine Änderung des materiellen Rechts ist natürlich immer möglich, jedoch birgt diese regelmäßig ein nur geringes kollisionsrechtliches Konfliktpotenzial, da der jeweilige Gesetzgeber gerade auf der Ebene des materiellen Rechts dafür

---

382 Ausführlich zum *ownership*: *Clarke/Kohler*, (6.).

383 *Clarke/Kohler*, (6.1.1.1.); *Graf von Bernstorff*, Einführung, (§ 7. II.).

384 Näher hierzu: *Clarke/Kohler*, (8.2.7.).

385 Ausführlich zum *possession*: *Clarke/Kohler*, (7.). Weitere Ausführungen zum Vergleich mit dem deutschen Recht finden sich bei: *Graf von Bernstorff*, Einführung, (§ 7. II.).

Sorge zu tragen hat, dass die Umsetzung der neuen Normen reibungslos funktioniert.

Die Verschiebung von Staatsgrenzen innerhalb Europas kommt in heutiger Zeit nur noch sehr selten vor und geschieht im Normalfall dann auch weitestgehend einvernehmlich, sodass auch in einem solchen Fall Konflikte selten vorkommen.[386]

Aufgrund der geringen praktischen Bedeutung soll deshalb das englische Grundstücksrecht sowohl auf materieller wie kollisionsrechtlicher Ebene nur in seinen Grundzügen betrachtet werden.

Rechtlich betrachtet herrscht im englischen Grundstückswesen immer noch das feudale System vor, wonach alle Grundstücke im Eigentum der Krone stehen und folglich kein absolutes Eigentum zugunsten eines Einzelnen bestehen kann.[387]

Dafür kennt das englische Recht verschiedene „*estates*", also Besitzrechte.[388]

Die dem Vollrecht Eigentum am nächsten kommenden *estates* sind die so genannten „*estates of freehold*" – im Gegensatz zu den „*estates less than freehold*", die auch als „*leasholds*" bezeichnet werden, sind sie zumindest zeitlich nicht beschränkt.[389]

aa) Registerrecht

Die formalen und damit auch organisatorischen Voraussetzungen des englischen Immobilienrechts unterscheiden sich maßgeblich von den in Deutschland geltenden Regelungen.[390]

Das Prinzip der Publizität, wie es im deutschen Immobilienrecht gepflegt wird, findet in England noch sehr wenig Beachtung. So sind heute weiterhin rund ein Drittel aller Grundstücke und damit die Rechte an selbigen nicht in einem Register eingetragen,[391] es handelt sich um *unregistered land.* Rechte an Grundstücken, die im zentralen Register, dem „*Her Majesty's Land Registry*"[392],

---

386 Ausführlich zur Bedeutung von Verschiebungen und Auflösungen von Staatsgrenzen insbesondere in Europa: *Di Fabio*, S. 51ff.

387 *Clarke/Kohler*, (4.5.3.2., 6.1.1.1.); *Graf von Bernstorff*, Einführung, (§ 7. III.).

388 Ein Überblick bei: *Clarke/Kohler*, (8.2.7.).

389 Den entsprechenden Vergleich zieht: *Graf von Bernstorff*, Einführung, (§ 7. III.).

390 Ein Vergleich aus englischer Sicht ist zu finden bei: *Cooke*, S. 174ff.

391 Stand: Mai 2010. Der jeweilige Fortschritt der Registrierung kann unter folgenden Links abgerufen werden: http://www.landregistry.gov.uk;
http://www1.landregistry.gov.uk/register_dev/fholdcover;
http://www1.landregistry.gov.uk/register_dev/fholdcovertable.

392 Kurz: „*HM Land Registry*".

aufgeführt sind (*registered land*), werden zudem nicht nach Grundstück oder Person kategorisiert, sondern chronologisch eingetragen.

Mit dem am 01.04.1998 in Kraft getretenen Land Registration Act 1997[393] weitete der englische Gesetzgeber den Katalog der eintragungspflichtigen Rechtsänderungen zwar deutlich aus, an der wenig übersichtlichen Struktur des *HM Land Registry* änderte er jedoch nichts. Auch hat der Land Registration Act 1997 keine allgemeine Umwandlung des *unregistered lands* in *registered land* zum Gegenstand. Eine Umwandlung findet nur auf freiwilliger Basis oder bei Änderung eines der im Katalog benannten Rechte am nicht registrierten Grundstück statt.[394]

Seine jüngste Anpassung erfuhr das Registerrecht im Land Registration Act 2002, dieser vereinfacht das Registerwesen durch die Möglichkeit der Nutzung elektronischer Signaturen zur Übertragung und Registrierung von Grundstücksrechten.[395]

bb) Formen des estates

Wie bereits angesprochen,[396] kennt das englische Recht verschiedene Formen des *estates*, Rechtsprechung und Literatur sprechen von verschiedenen „*qualities of titles*“ oder „*grades of titles*“.[397]

Das umfassendste mögliche Recht an einem Grundstück ist das *estate of freehold*, dieses kommt wiederum in den Formen des *estate in fee simple*, des *estate in fee tail* und des *estate for life* vor.[398] Bei diesen drei Formen des *estates* hat der Rechtsinhaber die umfassende Verfügungsmacht über das Grundstück, insoweit entsprechen diese Rechte annähernd dem deutschen Grundeigentum. Jedoch ist nur das *estate in fee simple* unbeschränkt vererblich, während das *estate in fee tail* nur an einen beschränkten Personenkreis vererbt werden kann und das *estate for life* überhaupt nicht vererbt werden kann. Kann das *estate* mangels Erben oder aufgrund gesetzlicher Unvererbbarkeit nicht vererbt werden, fällt das Verfügungsrecht über das Grundstück an den Monarchen zurück.[399]

---

393 Land Registration Act 1997 vom 27.02.1997. Dieser Land Registration Act beruht auf dem Land Registration Act 1925. Der erste Versuch einer Regelung des Registerrechts wurde bereits im Land Registration Act 1862 unternommen.

394 Zur Frage wann registriert werden kann und wann registriert werden muss: *Cooke*, S. 33ff.

395 Siehe dazu: *Cooke*, S. 157ff.

396 Unter [D. I. 2. c)].

397 *Clarke/Kohler*, (8.2.7.1.); *Graf von Bernstorff*, Einführung, (§ 7. III. 2.).

398 *Clarke/Kohler*, (8.2.7.1.).

399 *Clarke/Kohler*, (8.2.7.1.); *Graf von Bernstorff*, Einführung, (§ 7. III. 2. a)).

Schon die ausführliche Bezeichnung des *leashold*, *„estate less than freehold*", macht deutlich, dass der Inhaber hier eine schwächere Rechtsposition innehat. Das *leashold* ermächtigt den Grundstücksbesitzer für einen vereinbarten Zeitraum das Grundstück alleine zu nutzen – die Nutzung und damit das Verfügungsrecht können dabei wiederum vertraglich beliebig eingeschränkt werden.[400] Damit kommt das *leashold* dem deutschen Erbbaurecht bzw. der Erbpacht am nächsten.[401]

cc) Equity und trust

Auch im englischen Grundstücksrecht gilt das *Equity*-Prinzip, dies bestätigt insbesondere auch der Law of Property Act von 1925.[402] Auch im Grundstücksrecht werden *equitable interests* über einen *trust* begründet und sind den *legal interests* generell nachrangig.[403]

dd) Übertragung von Rechten an Grundstücken

Die Übertragung eines *estates* erfolgt im englischen Recht in drei streng zu befolgenden Schritten.

Zunächst bedarf es eines Kaufvertrags der den formalen wie inhaltlichen Voraussetzungen des Law of Property (Miscellaneous) Act 1989 entspricht. Vorrangig zu erwähnen sind das Schriftformerfordernis sowie das Bestimmtheitsgebot. Eine Beurkundung des Vertrags wird vom englischen Recht gerade nicht gefordert. Ist der Vertrag wirksam geschlossen worden, hat der Käufer bereits ein *equitable interest* am Grundstück erworben.

Um nun garantieren zu können, dass das zu veräußernde Recht nicht anderweitig belastet ist, muss im zweiten Schritt der Verkäufer Nachweise über die *estate*-Verhältnisse mindestens der letzten 15 Jahre vorlegen. Liegt diese *„chain of title*"[404] vor, kann das Recht abschließend mit der sogenannten *conveyance* übergehen.

---

400 *Clarke/Kohler*, (8.2.7.3.).

401 *Graf von Bernstorff*, Einführung, (§ 7. III. 2. b), c) aa)).

402 Nach der Aufzählung möglicher gesetzlicher Rechte an einem Grundstück stellt Section 1 (3) Law of Property Act 1925 klar: *„All other estates, interests, and charges in or over land take effect as equitable interests.*".

403 Section 2 (1) Law of Property Act 1925: *„A conveyance to a purchaser of a legal estate inland shall over-reach any equitable interest or power affecting that estate, whether or not he has notice thereof*, [...]"; *Graf von Bernstorff*, Einführung, (§ 7. III. 2. b), c) bb)).

404 Auch als *„root of title*" bezeichnet.

Die *conveyance* manifestiert sich in der Übergabe einer unterzeichneten und mit einem Siegel versehenen Urkunde vom Verkäufer an den Käufer. Inzwischen kann dieser, im englischen Recht mit „*signed, sealed and delivered*" umschriebener Vorgang, auch auf elektronischem Wege erfolgen.[405]

ee) Sicherungsrechte

Im englischen Recht stehen deutlich weniger Formen der Immobiliarsicherheiten zur Verfügung, als im deutschen Recht.

Bekannt sind die *mortgage*, die etwa einer deutschen Hypothek entspricht, und die *floating charge*, eine Verpfändung von Vermögenspositionen eines Unternehmens.[406]

α) Mortgage

Die Bestellung einer *mortgage* ist nicht nur auf Immobilien beschränkt und stellt damit als ganzheitliches Rechtsinstitut kein genaues Abbild der deutschen Hypothek dar, die nur auf Immobilien anzuwenden ist.[407]

Gleichsam erfüllt die *mortgage* im Immobilienrecht die identische Funktion, die auch eine deutsche Hypothek erfüllt. Zur Sicherung einer Forderung wird ein Grundstück so lange belastet, bis der Schuldner der Forderung diese vollständig beglichen hat.[408]

Die deutsche Hypothek belastet das jeweilige Grundstück derart, dass durch eine Eintragung im Grundbuch dem Sicherungsnehmer das Recht zukommt, sich im Sicherungsfall durch die Verwertung des Grundstücks zu befriedigen.[409]

Hinter der *mortgage* steht historisch betrachtet eine andere Konstruktion. Eine *mortgage* bewirkt den Übergang des Verfügungsrechts am Sicherungsgut auf den Sicherungsnehmer und verpflichtet diesen zugleich zur Rückübereignung, sobald die geschuldete Forderung vom Sicherungsgeber beglichen wurde.[410]

---

405 Diese Möglichkeit eröffnete Section 8 des Electronic Communications Act 2000. Informationen zum E-conveyancing: http://www.landreg.gov.uk/e-conveyancing/.

406 *Graf von Bernstorff*, Einführung, (§ 8. I.).

407 *Goode*, Legal Problems, RN. 1-50; *Clarke/Kohler*, (18.2.1.). Zur deutschen Hypothek: *Palandt/ Bassenge*, § 1113 BGB. Zu beachten ist, dass durch die Einbeziehung von Erzeugnissen, Bestandteilen und Zubehör auch bewegliche Sachen unter eine deutsche Hypothek fallen können, dies jedoch niemals selbstständig, sondern nur als Annex zum Grundstück, § 1120 BGB.

408 *Goode*, Legal Problems, RN. 1-50.

409 *Palandt/Bassenge*, § 1113 BGB RN. 1.

410 *Goode*, Legal Problems, RN. 1-50; *Clarke/Kohler*, (18.2.1.); *Seif*, S. 35; *Schilling*, Besitzlose Mobiliarsicherheiten, S. 130; *Kessel*, RIW 1991, 812 (813).

Sind bewegliche Sachen Gegenstand einer *mortgage* hat diese Funktionsweise weiterhin Gültigkeit,[411] im Hinblick auf Immobilien empfand der englische Gesetzgeber aber den grundsätzlichen Übergang des *estates* als regelmäßig unverhältnismäßig zur gesicherten Forderung. So fand mit dem Law of Property Act 1925 eine Neuorientierung der *mortgage* statt. Seither versteht auch das englische Recht die *mortgage* an einem Grundstück in erster Linie als Belastung zur Sicherung einer Forderung, ohne dass dabei das *estate* am Grundstück auf den Sicherungsnehmer übergeht.[412] Erst im Sicherungsfall kann der Sicherungsnehmer das Grundstück verwerten.

Damit entstanden zwei Formen der *mortgage* – zum einen die „*legal mortgage*" als auflösend bedingte fiduziarische Rechtsmachtübertragung und zum anderen die „*equitable mortgage*", die lediglich die Belastung eines Vermögensbestandteils ohne Übergang des Verfügungsrechts auf den Sicherungsnehmer darstellt.[413]

Der Law of Property Act 1925 führte auch zur umfassenden Regelung von Bestellung und Registrierung einer *mortgage*.[414] Regelfall ist inzwischen die bezeugte und gesiegelte Bestellungsurkunde, „*deed*", gefolgt von der Eintragung der *mortgage* im *Land Registry*.[415]

β) Floating Charge

Das im englischen Wirtschaftsverkehr am häufigsten genutzte Sicherungsinstrument ist die *floating charge*.[416]

Dabei spielt die *floating charge* aufgrund der erschwerten Abtretbarkeit von Forderungen im englischen Recht[417] und des allgemeinen Bedarfs an Sicherheiten im Wirtschaftsverkehr insbesondere beim Handel mit beweglichen Gütern eine äußerst wichtige Rolle.

---

411 Hierzu unter [D. I. 2. d) γ)].

412 Sections 85ff. Law of Property Act 1925. Näher hierzu: *Clarke/Kohler*, (18.2.6.).

413 *Clarke/Kohler*, (18.2.1.); *Schilling*, Besitzlose Mobiliarsicherheiten, S. 130; *Bierle*, S. 51.

414 Sections 85ff. Law of Property Act 1925.

415 Wird die *mortgage* an *unregistered land* bestellt, muss seit Geltung des Land Registration Act 1997 das Grundstück mitsamt der *mortage* in das *HM Land Registry* eingetragen werden. Näher zu Bestellung und Eintragung der *mortgage*: *Cheshire/Burn*, (Ch. 21 Sc. II); *Graf von Bernstorff*, Einführung, (§ 8. I. 1. a)-c)).

416 Ausführlich zur *floating charge*: *Gower/Davies*, RN. 32-5ff.; *Goode*, Commercial Law, S. 676ff. (Ch. 25) sowie unter [D. I. 2. d) bb) ζ)] und [F. I. 6.]. Aus der deutschen Literatur: *Wenckstern*, RabelsZ 56 (1992), 624 (628ff, 634ff.). Im Überblick: *Graf von Bernstorff*, Einführung, (§ 8. I. 2., II. 5). Sowie jüngst: *Schall*, IPRax 2009, 209 (209ff.); KTS 2009, 69 (69ff.).

417 Zu den Voraussetzungen der verschiedenen Formen der *assignment* siehe [D. I. 2. d) bb) ε)].

Dementsprechend soll an dieser Stelle die Funktionsweise der *floating charge* lediglich zusammengefasst werden, ansonsten sei auf die kommenden Ausführungen im Rahmen der Betrachtung des Fahrnisrechts verwiesen.[418]

Durch eine *floating charge* kann ein Unternehmen sein gesamtes gegenwärtiges und zukünftiges Vermögen, also auch Rechte an Grundstücken, zur Sicherung einer Forderung belasten.[419] Um weiterhin wirtschaftlich agieren zu können, ist es dem Sicherungsgeber dabei gestattet, über das Sicherungsgut so lange im Rahmen seiner üblichen Geschäftstätigkeit unbeschränkt zu verfügen, wie der Sicherungsfall noch nicht eingetreten ist.

Diese Freiheit sowie die Tatsache, dass die Bestellung einer *floating charge* grundsätzlich formlos erfolgen kann, machen dieses Sicherungsinstrument besonders attraktiv.

Jedoch macht das englische Recht auch hier Einschränkungen. Eine *floating charge* kann ausschließlich von Unternehmen und niemals von Privatpersonen bestellt werden und muss, um *inter omnes* wirken zu können, immer registriert werden.[420]

Eine *floating charge* wird beim Eintritt des Sicherungsfalls zur *fixed charge*. In diesem Moment – der sogenannten *crystallisation* – verliert das sicherheitsgebende Unternehmen die uneingeschränkte Verfügungsgewalt über das Sicherungsgut. Die Einschränkung der Verfügungsgewalt des Sicherungsgebers wird durch die öffentliche Bestellung eines Verwalters, dem *administrator*, gewährleistet.[421] Dieser übernimmt die Verwaltung des Unternehmens und gegebenenfalls die Verwertung dessen Vermögens.[422]

d) Fahrnisrecht

Bei Anwendung der Situs-Regel ergibt sich ein Statutenwechsel vornehmlich dann, wenn eine bewegliche Sache vom Geltungsbereich einer Rechtsordnung in den einer anderen verbracht wird.

Wie das englische Liegenschaftsrecht weist auch das englische Fahrnisrecht zahlreiche Eigenheiten auf, die den deutschen Rechtsanwender vor Unklarheiten stellen.

Neben den grundsätzlichen Voraussetzungen der Übertragung von Rechten an beweglichen Sachen ist es insbesondere die Bestellung von Sicherungsrechten,

---

418 Ausführlich unter [D. I. 2. d) bb) ζ)].

419 Zum möglichen Umfang einer *floating charge* ebenfalls unter [(E. I. 2. d) bb) ζ)].

420 Auch hierzu näher unter [D. I. 2. d) bb) ζ)].

421 *Carl*, Forderungsabtretung, 197 (208f.). Zur Abkehr vom *receiver* unter [D. I. 2. d) bb) ζ)] und [F. I. 6. c)].

422 Näher zur Funktion des *administrators* unter [D. I. 2. d) bb) ζ)].

die erhebliche praktische Bedeutung für den Rechtsverkehr zwischen Deutschland und England hat. Auf beide Aspekte soll im Folgenden näher eingegangen werden.

aa) Übertragung von Rechten an beweglichen Sachen

Das Abstraktionsprinzip ist dem englischen Recht grundsätzlich unbekannt, es folgt dem Vertragsprinzip.[423]

Für die Eigentumsverschaffung bedarf es nur der Einigung, nicht der Übergabe – im häufigsten Falle eines Kaufs geht damit das Eigentum am Kaufgegenstand regelmäßig bereits mit Vertragsschluss über.[424]

In der Terminologie des deutschen Rechts ausgedrückt, dient das Verpflichtungsgeschäft immer auch als Verfügungsgeschäft.

bb) Sicherungsrechte

Beim grenzüberschreitenden Warenverkehr sind es insbesondere Sicherungsrechte, die beim Import Schwierigkeiten bereiten können. Im Folgenden soll ein Überblick über die dem englischen Recht bekannten Mobiliarsicherungsrechte gegeben werden.

α) Retention of title (Eigentumsvorbehalt) und charge

Ein im englischen Recht sehr junges aber dafür in der Praxis umso bedeutenderes Sicherungsrecht ist der *retention of title*[425], den man in weiten Zügen dem deutschen Eigentumsvorbehalt gleichstellen kann.

Bis zur Leitentscheidung des *Court of Appeal* zum sogenannten „*Romalpa-Fall*“[426] 1976 war der Eigentumsvorbehalt dem englischen Recht nicht bekannt. Bis dahin galt das Grundprinzip „*title follows possesion*“ – ein Rechtsinstitut, welches das Auseinanderfallen von unmittelbarem Besitz und Eigentum an einer

---

423 *Zweigert/Kötz*, (§ 15); *Kessel*, RIW 1991, 812 (814).

424 Section 18 Rule 1 Sale of Goods Act 1979: „*Where there is an unconditional contract for the sale of specific goods in a deliverable state the property in the goods passes to the buyer when the contract is made,*[...]“. Zu beachten ist jedoch die Möglichkeit, den Zeitpunkt des Eigentumsübergangs auch durch Parteivereinbarung zu bestimmen, Section 17 (I) Sale of Goods Act 1979 – hierzu direkt anschließend im Kontext des „*retention of title*“ mehr.
Zum Vertragsprinzip bei Kaufverträgen auch: *Graf von Bernstorff*, Rechtsprobleme, (6.1.2); *Privat*, S. 28.

425 Teilweise auch „*reservation of title*“.

426 *Aluminium Industrial Vaasen B.V. v. Romalpa Aluminium Ltd.* [1976] 2 All ER 552 = [1976] 1 WLR 676.

Sache zur Folge hat, war hiernach praktisch nicht denkbar. Die Abkehr von diesem Prinzip wurde in der englischen Rechtsliteratur ganz unterschiedlich kommentiert, einig war man sich jedenfalls dahingehend, dass es sich um ein „Erdbeben“ auf dem Gebiet der Mobiliarsicherheiten handelte.[427]

In der Entscheidung zum „*Romalpa-Fall*“ konstruierte das Gericht unter Zuhilfenahme der Grundsätze des englischen Stellvertretungs- und Treuhandrechts ein Rechtsinstitut, welches in seiner Funktion mit dem verlängerten Eigentumsvorbehalt des deutschen Rechts vergleichbar war.[428]

Nachdem damit zumindest die Funktion des Eigentumsvorbehalts ihren Weg ins englische Recht gefunden hatte, flossen in den Sale of Goods Act 1979 schließlich auch ausdrückliche Regelungen zum *retention of title* ein.

Ausgangsnorm ist Section 17 des Sale of Goods Act 1979, hiernach richtet sich der Zeitpunkt des Eigentumsübergangs beim Verkauf beweglicher Sachen nach dem Willen der Vertragsparteien (Konsensprinzip).[429]

Dennoch stellt Section 18 des Sale of Goods Act 1979 klar, dass im englischen Recht damit nicht etwa dem Abstraktionsprinzip gefolgt wird, wie dies im deutschen Recht der Fall ist, sondern weiterhin dem Vertragsprinzip, wonach das Eigentum an einer Sache nicht erst durch deren Übergabe, sondern bereits mit der Einigung, beispielsweise in Form eines Kaufvertrags, übergeht.[430]

Daraus ergibt sich, dass ein *retention of title* immer vor oder spätestens bei Abschluss des Kaufvertrags vereinbart werden muss – ein nach dem Vertragsschluss vereinbarter *retention of title* wäre unwirksam, da das Eigentum gemäß Section 18 Rule 1 Sale of Goods Act 1979 dann bereits auf den Käufer übergegangen ist.[431]

Zudem verlangt die englische Rechtsprechung, dass aus der jeweiligen Sicherungsklausel eindeutig hervorgehen muss, dass es sich um einen *retention of title* handeln soll, damit also das Eigentum beim Verkäufer der Ware verbleibt, obgleich der jeweilige Käufer sie bereits in Besitz genommen hat.[432]

Von diesen Grundsätzen macht die den *retention of title* näher regelnde Section 19 des Sale of Goods Act 1979 allerdings zwei Ausnahmen.

---

427 *Goode*, LQR 1984, 234 (247) schreibt: „[...] *the commercial world was shaken to its foundations by a legal earthquake in the shape of the Romalpa case*“.

428 *Aluminum Industrial Vaasen B.V. v. Romalpa Aluminium Ltd.* [1976] 2 All ER 552ff.

429 Section 17 des Sale of Goods Act 1979 lautet:
„*(1)Where there is a contract for the sale of specific or ascertained goods the property in them is transferred to the buyer at such time as the parties to the contract intend it to be transferred.*
(2)For the purpose of ascertaining the intention of the parties regard shall be had to the terms of the contract, the conduct of the parties and the circumstances of the case.“.

430 Hierzu bereits unter [D. I. 2. d) aa)].

431 *Hicks*, J.B.L. 1992, 398 (399); *Graf von Bernstorff*, Rechtsprobleme, (7.2).

432 *Bond Worth Ltd. v. Mansanto* [1979] 3 All ER 919.

Das Bestehen eines wirksamen *retention of title* wird zum einen auch angenommen, wenn Waren transportiert werden und das Eigentum an ihnen erst mit Übergabe der bezahlten Traditionspapiere, etwa dem Konnossement[433] im Seeverkehr, übergehen soll. Zum anderen wird ebenfalls von einem Eigentumsvorbehalt ausgegangen, wenn der Verkäufer der Ware zusätzlich zu den Versandpapieren noch eine Tratte[434] beilegt und den Käufer dazu auffordert, den Wechsel zu akzeptieren. Bis der Käufer den Wechsel akzeptiert, soll das Eigentum nicht übergehen, gleichgültig ob der Käufer die Versand- und Traditionspapiere einbehält oder zurück gibt.[435]

Früher war zu beachten, dass der gegenüber einer natürlichen Person erklärte *retention of title* mit dem Risiko behaftet war, dass zugunsten des Besitzers einer Sache grundsätzlich vermutet wurde, dass dieser auch Eigentümer ist.[436] Zwar war diese Vermutung widerlegbar, jedoch oblag es dann dem Vorbehaltseigentümer sein Eigentum eindeutig zu beweisen, um etwa eine drohende Zwangsvollstreckung der Kaufsache zu vermeiden. Seit dem Insolvency Act von 1985 besteht diese Eigentumsvermutung jedoch nicht mehr, womit der *retention of title* ein verlässlicheres Sicherungsinstrument geworden ist.

Nach der *Romalpa-Entscheidung* konkretisierte die englische Rechtsprechung den *retention of title* fortwährend weiter und entwickelte insbesondere Anforderungen an seine Erweiterungs- und Verlängerungsformen.[437] Die größte Heraus-

---

433 Auch „Seeladeschein" genannt. Als Warenwertpapier repräsentiert das Konnossement die Ladung eines Schiffes.

434 Als Tratte wird ein vom Schuldner noch nicht unterzeichneter Wechsel bezeichnet.

435 Section 19 des Sale of Goods Act 1979 lautet:
„*(1)Where there is a contract for the sale of specific goods or where goods are subsequently appropriated to the contract, the seller may, by the terms of the contract or appropriation, reserve the right of disposal of the goods until certain conditions are fulfilled; and in such a case, notwithstanding the delivery of the goods to the buyer, or to a carrier or other bailee or custodier for the purpose of transmission to the buyer, the property in the goods does not pass to the buyer until the conditions imposed by the seller are fulfilled.*
(2)Where goods are shipped, and by the bill of lading the goods are deliverable to the order of the seller or his agent, the seller is prima facie to be taken to reserve the right of disposal.
(3)Where the seller of goods draws on the buyer for the price, and transmits the bill of exchange and bill of lading to the buyer together to secure acceptance or payment of the bill of exchange, the buyer is bound to return the bill of lading if he does not honour the bill of exchange, and if he wrongfully retains the bill of lading the property in the goods does not pass to him.".

436 Im englischen Recht wurde dieser Grundsatz als „*reputed ownership clause*" bezeichnet – näher hierzu: *von Wilmowsky*, S. 168f.

437 *Borden (UK) Ltd. v. Scottish Timber Products Ltd.* [1981] 1 Ch. 25; *Re Peachdart Ltd.* [1983] 3 All ER 204; *Clough Mill v. Martin* [1984] 3 All ER 982; *Tatung (UK) Ltd. v. Galex Telesure Ltd.* [1989] 5 BCC 325; *Armour v. Thyssen Edelstahlwerke AG* [1990] 3 All ER 481 (H.L.). Mit der Entwicklung nach dem „Romalpa-Fall" beschäftigen sich näher: *Klötzel*, RIW 1985, 460 (460ff.) und *Goode*, LQR 1984, 234 (248f.).

forderung war dabei, die Formen des *retention of title* konfliktfrei in das System bereits bestehender Sicherungsrechte einzupassen.

Abgrenzungsschwierigkeiten ergeben sich regelmäßig beim Verkauf von Waren, wenn der Verkäufer seine Forderung sichern will und hierzu (auch) den Verkaufsgegenstand als Sicherungsgut nutzen will.

Abhängig von der konkreten Vereinbarung der Parteien muss im englischen Recht hierbei immer zunächst die Frage gestellt werden, ob ein sachbezogenes Eigentumsvorbehaltsrecht oder ein forderungsbezogenes Sicherungsrecht, eine *charge*, vorliegt.[438]

Generell vereinbaren die Parteien mit einer *charge*, dass ein Vermögensgegenstand oder eine Ansammlung von Vermögensgegenständen im Sicherungsfall derart herangezogen werden kann, dass sich der Sicherungsnehmer hieraus befriedigen kann.[439]

Danach könnte man den *retention of title* als einen Unterfall der *charge* sehen. Jedoch unterscheiden sich die beiden Sicherungsinstrumente in ihrer Zielrichtung. Klar wird dieser Unterschied bei genauerer Betrachtung der Interessen der beteiligten Parteien, insbesondere der des Sicherungsnehmers.

Beim *retention of title* steht das Eigentum an der konkreten (verkauften) Sache im Vordergrund, dieses will sich der Verkäufer als Sicherungsnehmer bis zur vollständigen Kaufpreiszahlung sichern. Das bedeutet nach englischem Recht dann aber, dass, wenn die Sache, etwa durch Verbindung oder Verarbeitung, in der ursprünglichen Form nicht mehr existiert, oder weiterverkauft wurde, der Verkäufer auch das Eigentum an der Sache verliert, ohne Zugriff auf etwaige Verbindungs- oder Verarbeitungsprodukte oder den Verkaufserlös zu haben.[440]

Bei der *charge* hingegen kommt es dem Verkäufer einzig und allein auf die Sicherung seiner Forderung an, das Eigentum an der Sache geht sofort, d.h. auch ohne vollständige Kaufpreiszahlung, auf den Käufer über. Die *charge* ist also eine echte Belastung der Sache und keine auf Eigentum basierende Sachsicherheit.[441] In der Folge können bei einer *charge* auch durch Verbindung oder Verarbeitung des Kaufgegenstands entstandene Sachen sowie die Erlöse aus einem eventuellen Weiterverkauf im Sicherungsfall zur Befriedigung des Verkäufers herangezogen werden.[442] Damit können also mit einer *charge* die gleichen Sicherungsobjekte einbezogen werden, die auch ein verlängerter Eigentumsvorbehalt nach deutschem Recht umfassen würde.

---

438 Zu den Unterscheidungskriterien: *Clough Mill v. Martin* [1984] 3 All ER 982.

439 *National Provincial and Union Bank of England v. Charnley* [1924] KB 431, 449; *Goode*, Legal Problems, RN. 1-51.

440 *Hicks*, J.B.L. 1992, 398 (399); *Klötzel*, RIW 1985, 460 (464f.).

441 Hierzu auch: *Kessel*, RIW 1991, 812 (813) und *Drobnig*, RabelsZ 38 (1974), 468 (472).

442 *Hicks*, J.B.L. 1992, 398 (399); *Kessel*, RIW 1991, 812 (815).

Was die Konkursfestigkeit der beiden englischen Rechtsinstitute anbelangt, so ist eine *charge* nach englischer Rechtsprechung grundsätzlich registrierungspflichtig, um im Falle einer Insolvenz des Sicherungsgebers vorrangig zu sein, während ein *retention of title* hierzu keiner Registrierung bedarf.[443]

Undurchsichtig wird die englische Rechtslage, wenn die Parteien eine sogenannte „*proceeds-Klausel*" vereinbaren – eine solche besagt, dass eine Sache zwar vom Käufer weiterverkauft werden darf und sich der „Eigentumsvorbehalt" des Sicherungsnehmers dann auch auf den Erlös aus diesem Verkauf bezieht, Verbindung oder Verarbeitung der Kaufsache zur Eigennutzung hingegen vertraglich nicht gestattet sind.[444]

Der erste Teil der Vereinbarung deutet auf eine *charge* hin, bzw. ist nur durch eine solche zu gewährleisten, der zweite Teil widerspricht dieser Einordnung jedoch, da eine *charge* sich immer auch auf das Ergebnis einer Verbindung oder Verarbeitung des Sicherungsguts erstreckt, denkbar wäre also auch das Vorliegen eines *retention of title.*

Um in einem solchen Fall zu einer Lösung zu gelangen, muss zunächst die Entwicklung des *retention of title* betrachtet werden.

Ausgangspunkt ist hierbei das provisorisch anmutende rechtliche Konstrukt, das der *Court of Appeal* in seiner *Romalpa-Entscheidung* aufbaute, um den Eigentumsvorbehalt überhaupt im englischen Recht etablieren zu können.[445]

Zwischen dem ursprünglichen Verkäufer der Sache und dem Käufer wurde ein vertragliches Treuhandverhältnis angenommen, welches dem Käufer erlaubte seinerseits die Sache weiterzuverkaufen, wobei die Einnahmen dieses Verkaufs jedoch dem Ausgangsverkäufer zustünden. Einzug ins englische Recht fand der Eigentumsvorbehalt also zunächst in seiner Verlängerungsform über den Umweg eines Treuhandverhältnisses, „*bailment*".[446]

In darauf folgenden Entscheidungen verschärften die Gerichte die Anforderungen an eine wirksame Sicherungsabrede und verlangten, dass unmissverständlich ein echtes Treuhandverhältnis zwischen den Parteien vereinbart wurde, dessen Inhalt ist, dass der Käufer der Sache in seiner Funktion als „*bailee*" die Sache nicht auf eigene Rechnung verkaufen darf, sondern der Erlös aus einem

443 *Clough Mill v. Martin* [1984] 3 All ER 982; *Klötzel*, RIW 1985, 460 (460ff.); *Kessel*, RIW 1991, 812 (812).

444 Die Verarbeitung zum Weiterverkauf ist gestattet, da an die Stelle der unbearbeiteten Sache die Kaufpreisforderung als Sicherungsgut tritt. Ausführlich hierzu auch: *Kessel*, RIW 1991, 812 (815ff.).

445 *Aluminum Industrial Vaasen B.V. v. Romalpa Aluminium Ltd.* [1976] 2 All ER 552.

446 *Kessel*, RIW 1991, 812 (815).

Weiterverkauf immer dem ursprünglichen Verkäufer, dem „*bailor*", zusteht.[447] Um ein solches Treuhandverhältnis bei unklarer Vertragslage festzustellen, wurde darauf abgestellt, ob die Ware separat gelagert wurde bzw. die Erlöse aus dem Weiterverkauf auf ein eigenes Konto eingezahlt wurden. War dies der Fall, wurde von einem Treuhandverhältnis ausgegangen.

Die genannten Indikatoren wurden jedoch in der Begründung der späteren Entscheidung *Tatung (UK) Ltd. v. Galex Telesure Ltd.* für ungeeignet befunden.[448] Im Fall bestand die Besonderheit darin, dass der ursprüngliche Verkäufer mit dem Käufer eine Vereinbarung traf, dass diesem für einen bestimmten Zeitraum die Erlöse aus einem Weiterverkauf der gelieferten Waren zustünden und erst nach dieser Frist die Erlöse des Käufers dem Erstverkäufer zustehen sollten. Die genannten objektiven Kriterien – getrennte Lagerung der Waren und ein gesondertes Konto für die Einnahmen aus dem Weiterverkauf – wurden dabei von den Parteien dezidiert vertraglich geregelt. Nach Auffassung des Gerichts verdeutlichte aber gerade diese individuelle Vereinbarung, dass es den Parteien nicht um das Eigentum am Verkaufsgegenstand ginge, sondern um die Sicherung der Forderung des Erstverkäufers.[449] Damit hätten die einstmals geforderten Indikatoren für ein Treuhandverhältnis nur noch eine *charge* begründen können – die dann aber mangels Registrierung in der Insolvenz des Sicherungsgebers keine vorrangige Wirkung entfalten konnte.[450]

Der Versuch der Parteien, der Rechtsprechung gerecht zu werden, führte gerade zum gegenläufigen Ergebnis – *Hicks* spricht daher treffend von der Ironie des Falles.[451]

Zu einem ähnlichen Ergebnis kamen die Richter auch im Fall *Re Weldtech.*

Equipment Ltd.[452] Vereinbart wurde eine ganz ähnliche Klausel wie in *Tatung (UK) Ltd. v. Gallex Telesure Ltd.* Ausdrücklich wurde vereinbart, die Übereignung der Erlöse aus einem Weiterverkauf der verkauften Sachen diene der Sicherung der Forderung des Erstverkäufers.[453] Damit ging es insbesondere für den Sicherungsnehmer nicht um die Sicherung seines Eigentums an der verkauften Sache, sondern um die Sicherung seiner Forderung. Eine solche ist nach dem Gesagten aber nur durch eine *charge* möglich. Somit befand das Gericht auch in

---

447 *Hendy Lennox v. Grahame Puttick* [1984] 1 WLR 485, 498; *Re Andrabell* [1984] 3 All ER 407, 414.

448 *Tatung (UK) Ltd. v. Gallex Telesure Ltd.* [1989] 5 BCC 325, 333.

449 Siehe hierzu *Tatung (UK) Ltd. v. Gallex Telesure Ltd.* [1989] 5 BCC 325, 328f.

450 Näher zum Fall: *Hicks*, J.B.L. 1992, 398 (409f.) und *Kessel*, RIW 1991, 812 (816).

451 *Hicks*, J.B.L. 1992, 398 (409).

452 [1991] BCC 16.

453 Der Wortlaut war: „[...] *this transfer takes place only for securing our claims against the purchaser and does not affect his payment obligations.* [...]".

diesem Fall nachvollziehbar und konsequent, dass ein Sicherungsrecht, das nur eine *charge* hätte sein können, mangels Registrierung nicht konkursfest war.[454]

Damit ist der eigentliche „Clou“ der *Romalpa-Entscheidung* im Laufe der englischen Rechtsprechung zurückgenommen worden – die Möglichkeit sich nicht nur das Eigentum am Verkaufsgegenstand vorzubehalten, sondern das Vorbehaltseigentum auf Erlöse aus dem Verkauf der Sache zu erweitern.[455]

Im Ergebnis wird man somit zunächst festhalten müssen, dass nach der *Romalpa-Entscheidung* die englische Rechtsprechung den einfachen Eigentumsvorbehalt weiter bestätigte und seine Grundlagen festigte. Zugleich wurde *Romalpa* jedoch so weit revidiert, dass ein verlängerter Eigentumsvorbehalt, wie wir ihn von seiner Wirkungsweise her im deutschen Recht kennen, egal ob er sich auf den Weiterverkauf, die Verarbeitung oder die Vermischung des Sicherungsguts bezieht, im englischen Recht nicht als *retention of title* nur aufgrund einer Parteivereinbarung zustande kommen kann, sondern dass dafür eine *charge* eingetragen werden muss.

An späterer Stelle wird noch zu zeigen sein, inwieweit hieraus Konflikte entstehen können, wenn bewegliche Sachen nach England importiert werden, an denen ein unter deutschem Recht begründeter verlängerter Eigentumsvorbehalt besteht.[456]

β) Hire-Purchase agreement (Mietkauf) und hire-purchase refinancing agreement (Lease-back)

Ein *hire-purchase agreement* ist zwar kein originäres Sicherungsinstrument, es enthält aber Elemente, die eine auf Eigentum basierende Sachsicherheit begründen.

Beim *hire-purchase agreement* handelt es sich um einen Mietvertrag mit einer vereinbarten und während der Mietzeit nicht widerruflichen Kaufoption für den Mieter.[457] Dieser hat nach Beendigung der Mietzeit die Möglichkeiten, die Mietsache zu einem vorher vereinbarten Preis zu kaufen oder sie an den Eigentümer zurückzugeben.[458] Insoweit entspricht das *hire-purchase agreement* in seiner Konstruktion einem Mietkauf- oder Leasingvertrag nach deutschem Recht.[459]

---

454 Ausführlicher zum Fall: *Kessel*, RIW 1991, 812 (817).

455 *Hicks*, J.B.L. 1992, 398 (409).

456 Siehe [F. II. 1. b)].

457 *Wild*, S. 20f.; *Fitzpatrick*, J.B.L. 1969, 211 (212). Als Musterbeispiel für ein *hire-purchase agreement* wird oftmals genannt: *McEntire v. Crossley Bros. Ltd.* [1895] AC 457. Aus der deutschen Literatur: *Bierle*, S. 48; *Graham-Siegenthaler*, S. 182.

458 *Wild*, S. 21; *Fritzemeyer*, S. 104; *Graham-Siegenthaler*, S. 182.

459 *Graham-Siegenthaler*, S. 181; *Fritzemeyer*, S. 105.

Zu unterscheiden ist das *hire-purchase agreement* vom *conditional sale agreement.*[460] Ist der Mieter nach Beendigung der Mietzeit zum Erwerb des Eigentums an der Mietsache verpflichtet, liegt ein *conditional sale agreement* vor.[461] Muss er jedoch zum Eigentumserwerb sein Optionsrecht ausüben oder wird der Eigentumsübergang von einer sonstigen Handlung der Parteien oder dem Eintritt eines bestimmten Ereignisses abhängig gemacht, handelt es sich um ein echtes *hire-purchase agreement.*[462]

Hinzu kommt, dass ein *conditional sale agreement* nur für eigenfinanzierte Warenkredite infrage kommt, während es der fast typische Fall ist, dass ein *hire-purchase agreement* im Rahmen eines drittfinanzierten Warenkredits vereinbart wird.[463]

Ein *hire-purchase agreement* ist nicht registrierungspflichtig und besteht so lange, bis der Mieter sein Optionsrecht ausübt oder kündigt.[464] Die Kündigung kann bis zur Zahlung der letzten Mietrate jederzeit durch Mitteilung an denjenigen, der zum Empfang der Raten berechtigt ist, erfolgen.[465] Der Vermieter ist im Falle der Kündigung durch den Mieter nicht nur dazu berechtigt alle bis zu diesem Zeitpunkt fälligen Raten und gegebenenfalls entstandene Schadensersatzansprüche geltend zu machen,[466] ihm entsteht zusätzlich noch – sofern nicht zuvor vertraglich ausgeschlossen – ein Anspruch auf ein Ausfallentgelt (*minimum payment*) das sich aus der Differenz der Hälfte der theoretischen Gesamtmietforderung und den bereits fälligen Raten errechnet.[467] Erfolgte die Kündigung, nachdem bereits mehr als die Hälfte der Mietraten bezahlt wurden, ergibt sich für den Vermieter folglich kein zusätzliches Ausfallentgelt. So ist auch die vertragliche Vereinbarung eines höheren Ausfallentgeltes nicht möglich.[468]

Das *hire-purchase agreement* wird deshalb hier angeführt, weil es zumindest im Idealfall, in dem der Mieter zum Ende der Mietzeit seine Kaufoption nutzt und das Eigentum an der Sache erwirbt, funktional dem Verkauf unter Eigentumsvorbehalt nach deutschem Recht ähnelt. Die Sache wird dem (Miet-)Käufer zur Nutzung übergeben, das Eigentum geht jedoch erst nach vollständiger Kauf-

460 Section 189 I Consumer Credit Act 1974: „[...] *'hire-purchase agreement' means an agreement, other than a conditional sale agreement* [...]".

461 *Diamond*, Security, 23 (36) und aus der deutschen Literatur: *Bierle*, S. 49.

462 Auch wenn die Möglichkeit, im Rahmen eines *hire-purchase agreements* die Sache letztendlich nicht zu kaufen, in heutiger Zeit kaum mehr von praktischer Bedeutung ist, bleibt dies das einzige Unterscheidungskriterium zum *conditional sale.* Hierzu: *Diamond*, Security, 23 (36).

463 *Bierle*, S. 190.

464 *Drobnig*, RabelsZ 38 (1974), 468 (477); *Bierle*, S. 49.

465 Section 99 Consumer Credit Act 1974.

466 *Jung*, S. 131.

467 Section 100 Consumer Credit Act 1974.

468 *Jung*, S. 131.

preiszahlung über, bis dahin verbleibt es zur Sicherung seiner Forderung beim (Miet-)Verkäufer. In welchem Umfang dieser Vergleich tatsächlich zutrifft und wie ein *hire-purchase agreement* unter der Geltung deutschen Rechts umgesetzt werden kann, soll später noch betrachtet werden.[469]

Ein *hire-purchase refinancing agreement* fügt dem *hire-purchase agreement* ein weiteres Element hinzu.

Der Eigentümer einer Sache verkauft diese – gegebenenfalls unter Zwischenschaltung eines Dritten – an denjenigen, von dem er sie unter Vereinbarung eines *hire-purchase agreements* wieder zurückmietet. Allgemein kennt man ein solches Institut auch unter der Bezeichnung „*Lease-back*".[470]

Die Gründe für solch ein Konstrukt können vielfältig sein, beispielsweise verkaufen Kommunen Immobilien und mieten diese zurück, um sich hoher laufender Erhaltungskosten zu entledigen.

Ein entsprechendes Geschäft kann aber auch der schnellen Erhöhung der Liquidität des ursprünglichen Eigentümers zur Finanzierung anderweitiger Vorhaben dienen.

Genau hierin liegt allerdings das Problem des *hire-purchase refinancing agreement* – will sich der Erstverkäufer auf diesem Wege einen Kredit verschaffen, dient die Sache tatsächlich als Sicherheit für das Darlehen.[471] Eine solche Belastung wäre jedoch nur durch eine nach dem Bills of Sale Act registrierungspflichtige *charge* möglich.[472]

Die englische Rechtsprechung hat wiederholt deutlich gemacht, dass sich das entscheidende Gericht bei der Beurteilung eines Vertrages über dessen Wortlaut hinwegsetzen und die Rechtslage anhand des tatsächlichen Parteiwillens beurteilen kann.[473]

Die Erforschung des Parteiwillens fungiert dabei in zweierlei Hinsicht als Korrekturinstrument. Zum einen können so Fehler und Irrtümer in der Vertragsgestaltung durch das Gericht korrigiert werden, um den beteiligten Parteien zum ursprünglich intendierten Ergebnis zu verhelfen. Zum anderen soll aber auch der Missbrauch einer vertraglichen Regelung zur Verschleierung des tatsächlichen Parteiwillens verhindert werden.

Im Hinblick auf ein nach außen hin vereinbartes *hire-purchase refinancing agreement* gilt es für das Gericht festzustellen, ob die Parteien einen echten Ver-

469 Unter [F. I. 2.].

470 *Diamond*, Mod. L. Rev. 23 (1960) 399 (399), 516 (517); *Schilling*, Besitzlose Mobiliarsicherheiten, S. 134.

471 *Schilling*, Besitzlose Mobiliarsicherheiten, S. 134.

472 Zu den *charges* schon unter [D. I. 2. d) bb) α)]. Zur Definition eines *bill of sale* später unter [F. II. 2.].

473 Zum Beispiel sehr deutlich in: *Modell v. Thomas & Co.* [1891] 1 QB 230, 234.

kauf der Sache und eine Rückmietung vereinbaren wollten, oder ob die Sache vielmehr verdeckt als Sicherheit für einen Kredit dienen sollte.[474] Häufig wird man dabei zum Ergebnis kommen können, dass eine verdeckte Sicherheitsgewährung vorliegt und das Geschäft aufgrund einer Umgehung der Form- und Registervorschriften des Bills of Sale Act als nichtig angesehen werden muss.[475]

Die Trennlinie zwischen einem „echten" und „unechten" *hire-purchase refinancing agreement* ist jedoch derart unscharf, dass sich die englische Rechtsliteratur dahingehend einig ist, dass nicht vorhersehbar ist, ob ein bestimmtes Geschäft vor einem englischen Gericht Bestand haben könnte oder nicht.[476]

Als ein objektives Kriterium kann das Einschalten eines Dritten dienen – hat der letztliche Vermieter der Sache keine Kenntnis davon, die Sache an den ursprünglichen Verkäufer zurück zu vermieten, weil dieser einen Dritten eingeschaltet hat, spricht einiges dafür, das *hire-purchase refinancing agreement* aufrecht erhalten zu können.[477]

Sicherlich besteht auch hier die Gefahr, dass durch die Hinzuziehung eines Dritten gerade der äußere Anschein erweckt werden soll, es bestehe zwischen Mieter und Vermieter keine anderweitige verdeckte Übereinkunft, erfolgreiche Täuschungen bei der Ermittlung des tatsächlichen Parteiwillens sind jedoch niemals gänzlich auszuschließen. Zumindest ist in einem solchen Fall die Wahrscheinlichkeit für das Vorliegen eines echten *hire-purchase refinancing agreement* höher, als wenn Verkauf und Rückmiete direkt zwischen Mieter und Vermieter abgewickelt werden.[478]

Die Rechtsentwicklung wird in der Zukunft zeigen, ob trennschärfere Kriterien für die Feststellung eines wirksamen *hire-purchase refinancing agreement* entwickelt werden können.

γ) Chattel mortgage (Sicherungsübereignung)

Bei der *chattel mortgage* handelt es sich der Wortbedeutung nach um eine Hypothek an einer beweglichen Sache.[479]

---

474 Zur Abgrenzung: *Yorkshire Railway Wagon & Co. v. MacLure* (1882) 21 ChD 309.

475 So zum Beispiel in: *Polsky v. S. and A. Services* [1951] 1 All ER 185, 1062.

476 *Guest/Tyler*, (§ 121); *Diamond*, Mod. L. Rev. 23 (1960), 516 (534f.).

477 So festgestellt und entschieden in: *Stoneleigh Finance Ltd. V. Phillips* [1965] 1 All ER 513; *Kingsley v. Sterling Industrial Securities Ltd.* [1966] 2 All ER 414; *Snook v. London & West Riding Investments Ltd.* [1967] 1 All ER 518. Hierzu auch: *Fitzpatrick*, J.B.L. 1969, 211 (218).

478 *Fitzpatrick*, J.B.L. 1969, 211 (215).

479 Generell zur *mortgage* und insbesondere zum Unterschied zur deutschen Hypothek bereits unter [D. I. 2. c) ee) α)].

Die *chattel mortgage* wird weiterhin nach den Grundsätzen der *legal mortgage* konstruiert, d.h. es geht das Eigentum am Sicherungsgut auf den Sicherungsnehmer über, jedoch belastet mit der Verpflichtung zur Rückübertragung auf den Sicherungsgeber, sobald dieser die gesicherte Schuld vollständig getilgt hat.[480] Die Sache selbst verbleibt dabei beim Sicherungsgeber.[481]

Trotz ihrer inzwischen recht ähnlichen Funktion ginge man zu weit, würde man die *chattel mortgage* der deutschen Sicherungsübereignung vollends gleichsetzen.

Mit der Intention zu verhindern, dass Drittgläubiger aufgrund des durch die bestehende Besitzlage entstehenden Anscheins über das tatsächliche Vermögen ihres Schuldners getäuscht werden, schloss der Bills of Sale Act noch bis 1854 aus, dass ein Schuldner allein zur Sicherung einer Forderung das Eigentum an einer Sache ohne Besitzübergang an den Gläubiger der entsprechenden Forderung überträgt. Erst mit dem Umschwenken der Rechtsprechung dahingehend, dass eine Übereignung ohne Besitzübergang zu Sicherungszwecken nicht per se als Betrugsversuch zuungunsten der weiteren Gläubiger des Sicherungsgebers ausgelegt wurde, wurde der Weg hin zur *chattel mortgage* als besitzloses Sicherungsinstrument geebnet.[482] Die Anpassung des Bills of Sale Acts wurde schließlich durch den Usury Laws Repeal Act 1854 eingeleitet, der erstmals eine besitzlose Übereignung zur Sicherung einer Forderung ermöglichte.

In seiner Fortentwicklung wurden im Bills of Sale Act 1878 und 1882 die strengen formellen Voraussetzungen für eine *chattel mortgage* aufgestellt. Dabei wurden jedoch Pfandrechte ohne Besitzwechsel keineswegs explizit anerkannt.[483]

Die absolute Vergleichbarkeit der *chattel mortgage* mit der deutschen Sicherungsübereignung muss schon daran scheitern, dass die Sicherungsübereignung immer einen körperlichen Gegenstand zum Objekt hat,[484] während die *chattel mortgage* nach dem englischen Sachbegriff[485] ebenso nichtkörperliche Gegen-

---

480 *Diamond*, Security, 23 (33); *Seif*, S. 35; *Bierle*, S. 51; *Graf von Bernstorff*, Rechtsprobleme, (10.2.2). Zur Unterscheidung von „*legal mortgage*" und „*equitable mortgage*" unter: [D. I. 2. c) ee) α)].

481 *Diamond*, Security, 23 (33); *Seif*, S. 35; *Bierle*, S. 52; *Graf von Bernstorff*, Rechtsprobleme, (10.2.2).

482 *Ward v. Audland* (1847) 153 ER 1444, 1446; *Kelson v. Kelson* (1853) 68 ER 976, 977.

483 Ausführlich zur historischen Entwicklung der (*legal*) *mortgage*: *Diamond*, Security, 23 (31ff.) und aus der deutschen Literatur: *Seif*, S. 16ff. Die erste Entscheidung, welche die (*legal*) *mortgage* dann explizit als zulässig anerkannte, war *Cookson v. Swire* [1884] 9 AC 653, 664f. (H.L.).

484 §§ 930, 929 BGB i.V.m. § 90 BGB.

485 Siehe unter [D. II. 1. b)].

stände (*intangible movables*), wie die *choses in action*, also beispielsweise Forderungen, Patente oder auch Geschäftsanteile betreffen kann.[486]

Als Abart der einfachen *mortgage* ist die *chattel mortage* strukturell näher mit der Hypothek denn der Sicherungsübereignung verwandt. Insbesondere im Hinblick auf Drittschutzinteressen unterliegt die *chattel mortage* jedoch wesentlich strengeren Formerfordernissen.

Zunächst müssen sich die Parteien darauf einigen, dass das Eigentum am Sicherungsgut auf den Sicherungsnehmer übergeht und dieser dann wiederum verpflichtet ist, das Eigentum zurückzuübertragen, sobald der ursprüngliche Eigentümer die gesicherte Forderung beglichen hat. Diese Abrede muss von mindestens einem unbeteiligten Dritten bezeugt werden.[487]

Handelt es sich beim Sicherungsgeber um eine Privatperson, ist die *chattel mortgage* dann binnen sieben Tagen beim *Registrar of Bills of Sale* anzumelden.[488] Dabei ist die bezeugte Sicherungsvereinbarung zu hinterlegen, die das Sicherungsgut sowie die Gegenleistung eindeutig benennen muss.[489]

Stellt die Sicherheit hingegen eine Gesellschaft, ist die *chattel mortgage* innerhalb einer Frist von 21 Tagen beim *Registrar of Companies* anzumelden und einzutragen.[490]

Ein Verstoß gegen die Form- und Registervorschriften führt zur allgemeinen Nichtigkeit der *chattel mortgage*.[491]

Damit ist die *chattel mortgage* zwar ein gesetzgeberisch interessantes und für die Parteien auch wirksames Institut, ihre praktische Bedeutung ist jedoch aufgrund des verhältnismäßig aufwendigen Verfahrens bis heute sehr gering.[492]

δ) Pledge, hypothecation, lien (Pfandrechte)

Als weitere Pfandrechte sind dem englischen Recht das *pledge*, welches teilweise auch als *pawn* bezeichnet wird, die *hypothecation* sowie das *lien* bekannt.

Das *pledge* ist das älteste dem englischen Recht bekannte Sicherungsinstrument.[493] Es verlangt die Übergabe des Sicherungsguts oder zumindest die Ver-

---

486 *Graf von Bernstorff*, Einführung, (§ 8. II. 2.); *Graf von Bernstorff*, Rechtsprobleme, (8.2); *Schilling*, Besitzlose Mobiliarsicherheiten, S. 129; *Kessel*, RIW 1991, 812 (813).

487 Sections 8, 10 Bills of Sale Act 1882.

488 Section 8 Bills of Sale Act 1882.

489 Sections 10, 13, 17 Bills of Sale Act 1878, 1882.

490 Section 95 Companies Act 1948.

491 Sections 8, 9 Bills of Sale Act, 1882.

492 In diesem Sinne auch: *Guest/Tyler*, (§ 112); *Schilling*, Besitzlose Mobiliarsicherheiten, S. 131f.; *Graf von Bernstorff*, Rechtsprobleme, (8.2); *Bierle*, S. 52.

493 *Goode*, Legal Problems, RN. 1-43.

schaffung des mittelbaren Besitzes an Selbigem, etwa durch Aussonderung oder Kennzeichnung, und ist damit nur auf körperliche Gegenstände anwendbar.[494] Die eigentliche Sicherungsabrede unterliegt keinem Formerfordernis, so reicht oftmals allein die Übergabe der Sache als konkludente Sicherungsabrede aus.[495]

Theoretisch ist zwar auch ein „*pledge of land*" möglich – in der Praxis kommt ein solches aber heutzutage nicht mehr vor.[496]

Insoweit entspricht das *pledge* dem deutschen Faustpfand oder Besitzpfandrecht.[497]

Die Akzessorietät zum Besitz am Sicherungsgut wurde bereits in der Grundsatzentscheidung *North Western Bank v. Poynter, Son and MacDonalds* von 1895 zur Voraussetzung der Bestellung eines *pledge* erhoben.[498] Der Sicherungsnehmer, *pledgee*, ist damit berechtigt, den Besitz am Sicherungsgut auszuüben, sein Sicherungsrecht weiter zu übertragen und, sollte die gesicherte Forderung nicht fristgemäß getilgt werden, die Sache zur Befriedigung der gesicherten Forderung freihändig zu verkaufen.[499]

Letzteres unterscheidet das *pledge* maßgeblich vom deutschen Faustpfandrecht, dieses eröffnet dem Sicherungsnehmer nach § 1235 I BGB im Regelfall nur die Verwertung im Wege der öffentlichen Versteigerung, nur im Ausnahmefall des § 1235 II BGB i.V.m. § 1221 BGB ist ein freihändiger Verkauf in der Form möglich, dass zwar kein festgeschriebenes Verwertungsverfahren eingehalten werden muss, der Verkauf aber nur durch einen bestimmten Personenkreis (öffentlich ermächtigter Handelsmäkler, zur öffentlichen Versteigerung befugte Person) erfolgen darf.

Das *pledge* ist das gegenüber der *chattel mortgage* in England weit beliebtere Sicherungsinstrument. Nicht nur die unkomplizierte Bestellung macht es im Rechtsverkehr interessanter, sondern bereits die zugrunde liegende rechtliche Konstruktion.

Zum einen verliert der Sicherungsgeber nicht das Eigentum an der Sache, was eine Rückübertragung nach Begleichung der gesicherten Forderung entbehrlich macht, zum anderen geht die Sache in den zumindest mittelbaren Besitz des Si-

---

494 Durch die Übergabe von Wertpapieren wird dabei das durch sie verkörperte Recht als Sicherheit herangezogen. Siehe: *Goode*, Legal Problems, RN. 1-44 und *Clarke/Kohler*, (18.2.2.). Eine ausführliche Untersuchung des *pledge* liefert das entscheidende Gericht in: *Donald v. Suckling* (1866) LR 1 QB 585.

495 *Holden*, S. 275; *Bierle*, S. 36.

496 „[...] *such a security has not been encountered for centuries*" – *Goode*, Legal Problems, RN. 1-44.

497 *Bierle*, S. 36; *Graf von Bernstorff*, Rechtsprobleme, (10.2.1).

498 *North Western Bank v. Poynter, Son and MacDonalds* [1895] AC 56.

499 *Birks*, RN. 13.68; *Bierle*, S. 37; *Kessel*, RIW 1991, 812 (813).

cherungsnehmers über, was ihm wiederum im Sicherungsfall eine direkte Umsetzung des Sicherungsgutes zur Befriedigung seiner Forderung ermöglicht.

Die *hypothecation*, die nicht irrtümlich mit der deutschen Hypothek in Verbindung gebracht werden darf, ist ein besitzloses Pfandrecht, das immer dann infrage kommt, wenn ein *pledge* ausgeschlossen ist, weil der Sicherungsgeber dem Sicherungsnehmer den unmittelbaren Besitz am Sicherungsgut nicht verschaffen kann bzw. das Sicherungsgut nicht ausreichend ausgesondert oder gekennzeichnet werden kann und zugleich die Formvorschriften einer *chattel mortgage* nicht eingehalten werden können oder nach dem Parteiwillen nicht eingehalten werden sollen.[500]

Die *hypothecation* muss weder registriert werden, noch gibt es verbindliche Vorgaben bezüglich ihrer inhaltlichen Ausgestaltung, es bedarf lediglich der Übergabe eines Kontroll- oder Besitznachweises[501] über das Sicherungsgut.[502]

In der Praxis nutzen etwa Banken einen *letter of hypothecation* als Kontroll- bzw. Besitznachweis um weitgehende Kreditsicherheiten, beispielsweise zur Absicherung aller ihrer bestehenden und zukünftigen Forderungen gegen den Sicherungsgeber, zu bestellen.[503]

Damit steht die *hypothecation* eigentlich im Widerspruch zu den im Rahmen der *chattel mortgage* dargestellten Grundsätzen des Bills of Sale Act 1878, 1882, die ein besitzloses Pfandrecht gerade nur unter Einhaltung der strengen Formvorschriften der *chattel mortgage* zulassen.[504]

---

500 *Holden*, S. 295; *Bierle*, S. 40.

501 Section 1 (4) Factors Act gibt eine Definition eines solchen „*document of title*" und nennt Beispiele:
„*The expression „document of title" shall include any bill of lading, dock warrant, warehouse-keeper's certificate, and warrant or order for the delivery of goods, and any other document used in the ordinary course of business as proof of the possession or control of goods, or authorising or purporting to authorise, either by endorsement or by delivery, the possessor of the document to transfer or receive goods thereby represented:*
The definition includes a warehouse-keeper's certificate, which though included in the Act of 1825 had been omitted in the Act of 1842, and had been held not to be a document of title (Gunn v Bolckow, Vaughan & Co. (1875), 10 Ch. App. 491).
Cash receipts given in place of delivery orders are not documents of title (Kemp v. Palk (1882), 7 App. Cas. 573).
„Documents of title" used in the ordinary course of business as proof of the possession. or control of goods or authorising the possessor of such document to transfer or receive goods, do not require registration as bills of sale (Bills of Sale Act, 1878 (c. 31), s. d. Vol. 2, title BILLS of SALE).".

502 Allgemein hierzu: *Holden*, S. 299; *Bierle*, S. 41.

503 *Holden*, S. 295ff.

504 Siehe [D. I. 2. d) bb) γ)].

Zwar wurde die *hypothecation* von der Rechtsprechung entwickelt,[505] sie wird jedoch in vielen praktischen Fällen, in denen es zum Rechtsstreit kommt, aufgrund ihres systematisch wenig festen Fundaments für unwirksam erklärt. Unsicherheiten ergeben sich regelmäßig beim Versuch der Feststellung, ob ein ausreichender Kontroll- oder Besitznachweis vorliegt.[506]

Damit sollte und wird eine *hypothecation* immer nur dann in Betracht gezogen werden, wenn die Bestellung einer *chattel mortgage* oder eines *pledge* nicht möglich ist.[507]

Seinem Charakter nach ist das *lien* ein Zurückbehaltungsrecht – es räumt dem Sicherungsnehmer das Recht ein, eine Sache, die sich zwar in seinem Besitz aber im Eigentum seines Schuldners befindet, so lange zurückzuhalten, wie dieser seine Schuld noch nicht vollständig beglichen hat.[508]

Somit besteht ein *lien* grundsätzlich nur, wenn es auch praktisch ausgeübt werden kann, das heißt also in dem Zeitraum, in dem sich der zur Zurückhaltung Berechtigte auch tatsächlich im Besitz der Sache befindet.[509]

Zu unterscheiden ist ein *particular lien*, welches zur Zurückhaltung bis zur Begleichung der direkt mit der zurückzuhaltenden Sache verbundenen Forderung berechtigt,[510] und das *general lien*, welches bis zur Begleichung sämtlicher Forderungen des betreffenden Schuldners besteht[511].

Ein *lien* wird inzwischen regelmäßig vertraglich festgelegt (*contractual lien*), das englische Recht entwickelte jedoch zunächst ein Zurückbehaltungsrecht aus Billigkeitsgründen, das sogenannte *equitable lien*. Es besagt, dass ein Verkäufer auch ohne gesonderte Abrede der Parteien berechtigt ist, eine Kaufsache so lange zurückzubehalten, wie der Käufer den Kaufpreis noch nicht voll beglichen hat, obwohl dieser gemäß dem Vertragsprinzip mit dem Kaufvertrag bereits Eigentümer der Sache wurde.[512]

Die Rechtsprechung legt das *equitable lien* teilweise sogar so weit aus, dass zumindest übergangsweise auf den tatsächlichen Besitz durch den Gläubiger verzichtet werden kann.[513] Beispielsweise solle das Sicherungsgut nicht nur zu-

---

505 *Re Hamilton Young & Co., Ex Parte Carter* (1905) 2 KB 772.

506 *Holden*, S. 299.

507 *Graf von Bernstorff*, Rechtsprobleme, (10.2.3).

508 *Perry*, S. 262; *Clarke/Kohler*, (18.2.4.); *Diamond*, Security, 23 (30); *Bierle*, S. 55; *Kessel*, RIW 1991, 812 (813).

509 *Diamond*, Security, 23 (30); *Bierle*, S. 55.

510 *Jones v. Tarleton* (1842) 9 M&W 675.

511 *Cowell v. Simpson* (1809) 16 Ves 275, 280.

512 Inzwischen so auch in Sections 39 I a, 41 Sale of Goods Act 1979 geregelt. *Goode*, Legal Problems, RN. 1-49.

513 *North-Western Bank Ltd. v. Poynter, Son and MacDonalds* [1895] AC 56. Hierzu auch: *Diamond*, Security, 23 (30); *Schilling*, Besitzlose Mobiliarsicherheiten, S. 132f.; *Bierle*, S. 55.

rückbehalten, sondern auch noch solange zurückverlangt werden können – etwa von einem Frachtführer – wie es noch nicht in den Besitz des Käufers gelangt ist.[514]

ε) Assignment (Forderungsabtretung)

Wie der *retention of title* ist auch die *assignment*, also die Forderungsabtretung, ein im englischen Recht noch verhältnismäßig junges Sicherungsinstrument.

Traditionell wurden Forderungsrechte als höchstpersönlich und damit unabtretbar angesehen.[515] Mit Ausnahme der *negotiable instruments*, wie beispielsweise Schecks und Wechsel, konnten Forderungsrechte nur im Verhältnis der Parteien Bestand haben, die sie ursprünglich begründeten.

Inzwischen kann auch im englischen Recht die Gläubigereigenschaft im Rahmen eines Schuldverhältnisses beliebig übertragen werden. Die Rechtsprechung ging sogar so weit, nicht nur einzelne bestehende Forderungen als Gegenstand einer *assignment* zuzulassen, sondern auch die Möglichkeit zu eröffnen, zukünftige Forderungen, einzeln oder insgesamt, zu übertragen.[516]

Genutzt wird die *assignment* in England jedoch nur recht selten als Sicherungsmittel, Normalfall ist die endgültige Abtretung, die sogenannte *absolute assignment*.[517]

Der Grund, warum die Sicherungsabtretung, die *assignment by way of security* oder auch *assignment by way of charge*, in England insbesondere im Rahmen gewerblicher Geschäfte unbeliebt ist, ist erneut in den strengen Formvorschriften des englischen Rechts zu finden. Eine *assignment by way of security* muss laut Section 860 (7) (f) Companies Act 2006 im *Companies Register* als „*charge on book debts*“, also als eine Belastung von Ausständen, eingetragen werden. Anderenfalls wäre sie sowohl gegenüber den Gläubigern des Abtretenden als auch einem Insolvenzverwalter unwirksam.

An der *assignment* wird die Trennung von *Common Law* und *Equity* im englischen Recht besonders deutlich. So kommt sie sowohl in der von der Rechtsprechung entwickelten Form der *equity assignment* vor, als auch in der der *legal assignment*, die im Law of Property Act 1925 geregelt wurde.

Zwar ist eine *equity assignment* zur *legal assignemt* immer nachrangig, gerade diese Tatsache macht aus englischer Sicht aber die Aufspaltung im Hinblick auf die Wirksamkeit einer Abtretung besonders praktikabel, so kann regelmäßig eine

514 *Hewett v. Court* (1983) 149 CLR 639; *Graf von Bernstorff*, Einführung, (§ 8. II. 3. c)).

515 *Birks*, RN. 8.325; *Graf von Bernstorff*, Rechtsprobleme, (9.3).

516 *Tailby v.The Official Receiver* [1888] 13 AC 523.

517 *Birks*, RN. 8.329.

legal assignment, die nicht den gesetzlichen Vorschriften entspricht, in eine *equity assignment* umgedeutet werden.[518]

Section 136 des Law of Property Act 1925 verlangt für eine wirksame *legal assignment*, dass sie absolut, also unbedingt, ist und in Schriftform sowohl vom Zedenten gegenüber dem Zessionar erklärt als auch vom Zedenten oder Zessionar gegenüber dem Forderungsschuldner angezeigt wird.[519]

Wird eine dieser Voraussetzungen nicht erfüllt, kann eine *equity assignment* vorliegen.[520] Die Rechtsprechung nimmt eine solche beispielsweise an, wenn eine bedingte und keine absolute Forderungsübertragung stattfand.[521]

Letztlich bedarf es für eine wirksame *equity assignment* nur weniger Voraussetzungen. Sie ist immer dann anzunehmen, wenn die bestehende Forderung abtretbar ist,[522] bzw. die zukünftige Forderung bestimmbar ist, der Zessionar von der Abtretung zu seinen Gunsten Kenntnis hat und für diese Abtretung auch eine Gegenleistung an den Zedenten erfolgt, die *consideration*.[523] Sind diese Voraussetzungen erfüllt, ist eine Abtretung wirksam, unabhängig davon, ob die Erfordernisse des Section 136 Law of Property Act 1925 beachtet wurden.

Dabei ist es jedoch auch bei der *equity assignment* dem Zessionar besonders anzuraten, dass er die Abtretung gegenüber dem Schuldner der Forderung anzeigt, um zu verhindern, dass dieser Schuld befreiend, weil gutgläubig, an den Zedenten leistet.

---

518 Hierzu: *Birks*, RN. 8.338; *Kessel*, RIW 1991, 812 (814); *Graf von Bernstorff*, Rechtsprobleme, (9.3).

519 Auszug aus Section 136 Law of Property Act 1925:
„*(1) Any absolute assignment by writing under the hand of the assignor (not purporting to be by way of charge only) of any debt or other legal thing in action, of which express notice in writing has been given to the debtor, trustee or other person from whom the assignor would have been entitled to claim such debt or thing in action, is effectual in law (subject to equities having priority over the right of the assignee) to pass and transfer from the date of such notice – (a) the legal right to such debt or thing in action; (b) all legal and other remedies for the same; and (c) the power to give a good discharge for the same without the concurrence of the assignor:*
Provided that, if the debtor, trustee or other person liable in respect of such debt or thing in action has notice (aa) that the assignment is disputed by the assignor or any person claiming under him; or (bb) of any other opposing or conflicting claims to such debt or thing in action; he may, if he thinks fit, either call upon the persons making claim thereto to interplead concerning the same, or pay the debt or other thing in action into court under the provisions of the Trustee Act, 1925. [...]“.

520 *Birks*, RN. 8.338.

521 *Ramsay v. Hartley* (1977) 2 All ER 673.

522 Zum vertraglichen Ausschluss der Abtretbarkeit: *Helstan Securities Ltd. v. Hertfordshire County Council* (1978) 3 All ER 262; *Birks*, RN. 8.342.

523 Näher zu den Anforderungen an die *consideration*: *Birks*, RN. 8.334ff.; *Graf von Bernstorff*, Einführung, (§ 8. II. 4. b) FN. 227); *Kessel*, RIW 1991, 812 (814).

Grundsätzlich stehen dem Schuldner der Forderung sowohl im Falle einer *legal assignment* als auch einer *equity assignment* gegenüber dem Zessionar alle Einwendungen zu, die ihm auch gegenüber seinem ursprünglichen Gläubiger zugestanden hätten. Insoweit besteht kein Unterschied zur Forderungsabtretung im deutschen Recht.

Der praktisch bedeutsamste Unterschied zum deutschen Recht ergibt sich bei der Abtretung zukünftiger Forderungen beim Erfordernis der Bestimmbarkeit. Eine zukünftige Forderung ist nach englischem Recht bestimmbar, wenn sowohl deren Umfang als auch deren Schuldner abzusehen sind. Regelmäßig kann jedoch zumindest der Schuldner nicht im Voraus bestimmt werden, wenn eine Abtretung in Form einer Globalzession aller gegenwärtigen und zukünftigen Forderungen vorgenommen werden soll. Im deutschen Recht ist eine Globalzession grundsätzlich möglich,[524] im englischen Recht kommt eine solche aber weder als *legal assignment* noch als *equity assignment* infrage.

ζ) Floating Charge

Im englischen Recht ist das im Wirtschaftsverkehr am häufigsten genutzte Sicherungsinstrument die *floating charge*.[525]

Zwar findet die *floating charge* im deutschen Recht keine direkte Entsprechung, mit „Unternehmenshypothek"[526], „besitzlosem Generalpfandrecht"[527] oder etwas präziser mit „schwebend unwirksamer Generalhypothek über das Gesellschaftsvermögen"[528] kann man sie jedoch recht treffend umschreiben.

Durch sie kann das gesamte gegenwärtige und zukünftige Vermögen eines Schuldners als Sicherheit herangezogen werden.[529] Dabei können jedoch nur Unternehmen, die dem Companies Act entsprechend eingetragen sind, eine *floating charge* als Sicherheit anbieten, Privatleuten und Einzelkaufleuten bleibt dieses Sicherungsinstrument verwehrt.[530]

---

524 Näher zur Globalzession im deutschen Recht: *MüKo/Roth*, § 398 BGB RN. 145ff. und *Prütting*, RN. 409ff.

525 Ausführlich zur *floating charge*: *Gower/Davies*, RN. 32-5ff.; *Goode*, Commercial Law, S. 676ff. (Ch. 25); *Wenckstern*, RabelsZ 56 (1992), 624 (628ff, 634ff.). Im Überblick: *Graf von Bernstorff*, Einführung, (§ 8. I. 2., II. 5). Sowie jüngst: *Schall*, IPRax 2009, 209 (209ff.); KTS 2009, 69 (69ff.).

526 *Schall*, KTS 2009, 69 (71f.); *Graf von Bernstorff*, Einführung, (§ 8. I. 2.).

527 *Bierle*, S. 42.

528 *Carl*, Forderungsabtretung, 197 (209).

529 *Goode*, Legal Problems, RN. 4-01; Commercial Law, S. 677; *Gower/Davies*, RN. 32-5; *ter Meulen*, S. 37.

530 *Goode*, Legal Problems, RN. 4-01; *Gower/Davies*, RN. 32-5; *Schall*, KTS 2009, 69 (71f.); *Graf von Bernstorff*, Einführung, (§ 8. I. 2.); *Bierle*, S. 42; *Drobnig*, RabelsZ 38 (1974), 468 (475).

Die *floating charge* wurde 1870 zum ersten Mal von der englischen Rechtsprechung anerkannt.[531]

Obgleich die *floating charge* mit dem Enterprise Act 2002 in wesentlichen Punkten reformiert wurde, bestehen bis heute insgesamt nur wenige Normen, die sie ausdrücklich regeln.[532] Aufgrund der damit einhergehenden im hohen Maße individuellen vertraglichen Gestaltbarkeit der *floating charge* kann sie immer nur anhand einiger allgemeiner Grundsätze, die seither von der Rechtsprechung entwickelt wurden, betrachtet werden.[533]

Eine *floating charge* kann entweder alle Vermögenswerte eines Unternehmens belasten, oder auch nur auf einen Teil beschränkt sein.[534] Als Vermögenswerte werden dabei nicht nur Immobilien und Mobilien verstanden, sondern auch Forderungen und sonstige subjektive Rechte. Ist die *floating charge* nicht auf einzelne Vermögensteile beschränkt, so umfasst sie nicht nur das Vermögen der Gesellschaft zum Zeitpunkt der Sicherungsabrede, sondern das gesamte Vermögen in seinem wechselnden Bestand, also auch solche subjektiven Rechte und Forderungen, die erst in der Zukunft entstehen.[535]

Entscheidend für den Rechtsverkehr ist, dass eine *floating charge* zunächst keine dingliche Wirkung entfaltet. Das bedeutet, dass der Sicherungsgeber vorerst im Rahmen seiner üblichen Geschäftstätigkeit weiterhin unverändert über alle Vermögenswerte verfügen kann, die von der *floating charge* erfasst werden.[536] Er kann sogar, sofern dies in der Parteivereinbarung nicht ausdrücklich ausgeschlossen wurde, gleich- und vorrangige Sicherungsrechte an ihnen bestellen.[537]

---

531 *Re Panama, New Zealand & Australia Royal Mail Co.* (1870) LR 5 Ch. App. 318. Zur historischen Entwicklung der *floating charge*: *Pennington*, Mod. L. Rev. 23 (1960), 630 (630ff.); *ter Meulen*, S. 21-29.

532 Weitere Normen finden sich im Companies Act 1985, 1987 und 2006 sowie im Insolvency Act 1986 und 1998.

533 Englische Gerichte machen immer wieder klar, dass eine pauschale Betrachtung der *floating charge* nicht möglich ist. So führt Lord Justice of Appeal *Romer* in *Re Yorkshire Woolcombers Association Ltd* [1903] 2 Ch 284, 295 aus: „*I certainly do not intend to attempt to give an exact definition of the term 'floating charge', nor am I prepared to say that there will not be a floating charge within the meaning of the Act which does not contain all the three characteristics that I am about to mention,* [...].“.

534 *Wenckstern*, RabelsZ 56 (1992), 624 (630); *Graf von Bernstorff*, Einführung, (§ 8. I. 2.).

535 *Gower/Davies*, RN. 32-5; *Goode*, Commercial Law, S. 677; *Wenckstern*; RabelsZ 56 (1992), 624 (630); *Graf von Bernstorff*, Einführung, (§ 8. I. 2.).

536 *Re Panama, New Zealand & Australia Royal Mail Co.* (1870) LR 5 Ch. App. 318 (322): „[...] *in the ordinary course of carrying on (its) business* [...]“; *Gower/Davies*, RN. 32-5; *Goode*, Commercial Law, S. 677; Legal Problems, RN. 4-03, 4-21; *ter Meulen*, S. 61ff.

537 *Gower/Davies*, RN. 32-10; *Goode*, Commercial Law, S. 686; *Schall*, KTS 2009, 69 (72); IPRax 2009, 209 (209); *Wenckstern*, RabelsZ 56 (1992), 624 (635); *Bierle*, S. 42f.; *ter Meulen*, S. 65.

Der Sicherungsgeber verliert erst die Verfügungsgewalt, wenn es zur sogenannten *crystallisation* der *floating charge* kommt.[538]

Die *crystallisation* tritt in dem Moment ein, in dem ein Umstand entsteht, der die Durchsetzbarkeit der Sicherheit zu Folge hat.[539] Früher geäußerte Bedenken gegen diesen Automatismus wurden durch die englische Rechtsprechung inzwischen ausgeräumt.[540]

Vor dem Enterprise Act 2002 fiel es nach der *crystallisation* im Regelfall dem Sicherungsnehmer zu, einen (*administrative*) *receiver*, also einen Zwangsverwalter, zur Durchsetzung seiner Forderung zu bestellen.[541] Erst nach Bestellung des *receivers* erstarkte die *floating charge* vollständig zur *fixed charge* und der durch sie gesicherte Gläubiger erhielt den Vorrang zu anderen Gläubigern des Schuldners, sofern diese noch nicht ihrerseits mit der Durchsetzung ihrer Forderungen begonnen hatten. Bestanden also mehrere gleichrangige *floating charges* am Vermögen einer Gesellschaft, wurde im Sicherungsfall als erstes der Gläubiger befriedigt, der den „Privatvollstreckungs-Wettlauf" gewann und als Erster einen *receiver* bestellt hatte.

Zwar war der *receiver* in seinem Handeln nicht weisungsgebunden, seine Aufgabe war es jedoch, vorrangig die Interessen des Sicherungsnehmers (*floating charge holder*) zu berücksichtigen. Die Interessen des dann unter seiner Verwaltung stehenden Unternehmens sowie die dessen sonstiger Gläubiger waren für ihn im Verwertungsprozess unerheblich.[542]

Hieraus resultierten in der ökonomischen Gesamtschau jedoch erhebliche Gefahren und Missbrauchsmöglichkeiten. War der letztlich zum Zuge gekommene *floating charge holder* in der Situation der Untersicherung, war es für sonstige Gläubiger des Sicherungsgebers unabhängig von der Art und Weise der Ver-

538 *Gower/Davies*, RN. 32-8; *Goode*, Commercial Law, S. 677; Legal Problems, RN. 4-07; *Wenckstern*, RabelsZ 56 (1992), 624 (640); *Schall*, KTS 2009, 69 (72); *Bierle*, S. 43.

539 *Gower/Davies*, RN. 32-8; *Goode*, Commercial Law, S. 677; *Wenckstern*, RabelsZ 56 (1992), 624 (637ff.). Ausführlich zu den möglichen Auslösern der *crystallisation*: *Goode*, Legal Problems, RN. 4-30ff.

540 *Re Brightlife Ltd.* [1987] Ch. 200. Das Gericht stellte fest, die *crystallisation* beruhe auf vorausgegangener Parteivereinbarung, ein gesonderter Akt zur Durchführung der selbigen sei dementsprechend nicht notwendig, der Eintritt des vereinbarten Umstands reiche aus. Näher hierzu und zur möglichen Kritik: *Gower/Davies*, RN. 32-9 sowie *Goode*, Commercial Law, S. 683f. und Legal Problems, RN. 4-53.

541 Tatsächlich konnte ein *receiver* auch vom Gericht bestellt werden – *court appointed receiver*. Im absoluten Regelfall wurde jedoch zwischen den Sicherungsparteien vereinbart, dass der Sicherungsnehmer den *receiver* auswählt. Zu dieser inzwischen überkommenen Rechtslage ausführlich: *Wenckstern*, RabelsZ 56 (1992), 624 (637ff.).

542 *Armour/Hsu/Walters*, ECFR 2008, S. 148ff.; *Schall*, KTS 2009, 69 (74); *Wenckstern*, RabelsZ 56 (1992), 624 (640ff.).

wertung durch den *receiver* sowieso sicher, dass ihre Forderungen ausfallen würden. Anders jedoch die Fälle, in denen eine Übersicherung vorlag, dann nämlich war es sehr wohl von Interesse, ob der *receiver* seine Aufgabe derart ausübte, dass das bestmögliche Ergebnis für die Gemeinschaft der sonstigen Gläubiger, eventuell sogar für das eigentliche Unternehmen, erzielt werden konnte.

Verlockend – und wenngleich nicht rechtswidrig dann doch zumindest moralisch fragwürdig – war es natürlich, einen Weg der Verwertung zu verfolgen, der eine schnelle und möglichst vollständige Befriedigung des *floating charge holders* ermöglichte, ohne dabei auf die Interessen sonstiger Gläubiger Rücksicht nehmen zu müssen. Dabei konnte es so weit gehen, dass trotz theoretischer Übersicherung des *floating charge holders* weitere Gläubiger nicht zum Zuge kamen oder das Unternehmen gar vollständig aufgelöst wurde. Es bestand sogar die Möglichkeit, das Unternehmen unterbewertet weiterzuverkaufen und später dann unter anderer (eigener) Hand profitabel fortzuführen.[543]

Damit war der Vorteil der schnellen Verwertung im Wege der Privatvollstreckung, Segen – für den *floating charge holder* – und Fluch – für die sonstigen Gläubiger und den Sicherungsgeber – zugleich.

Nach ausführlicher Diskussion, *Schall* spricht gar von einem „*Glaubenskrieg*",[544] entschloss sich der englische Gesetzgeber mit dem Enterprise Act 2002 das Recht zur Bestellung eines (*administrative*) *receivers* auf eng eingeschränkte Sonderfälle zu reduzieren[545] und stattdessen die öffentliche Bestellung eines *administrators* anzuordnen.[546]

Man kann den *administrator* in etwa mit dem deutschen Insolvenzverwalter vergleichen – seine Aufgabe ist es, in erster Linie im Hinblick auf eine erfolgreiche Sanierung des Unternehmens zu agieren, nachrangig die Interessen der Gemeinschaft der Gläubiger im Auge zu behalten und erst als letzte Priorität die Befriedigung des Sicherungsnehmers sicherzustellen.[547]

Ziel dieser Reform war es, die dargestellten Missbrauchsmöglichkeiten auszuschließen oder zumindest einzudämmen, um nachrangig gesicherte und ungesicherte Gläubiger des insolventen Unternehmens sowie den Bestand des Unternehmens selbst besser zu schützen. Ob und inwieweit dies gelang, sei an dieser Stelle dahingestellt, jedenfalls erfuhr die *floating charge* damit zumindest

---

543 Dieses und weitere Beispiele bei: *Schall*, KTS 2009, 69 (75).

544 *Schall*, KTS 2009, 69 (75).

545 Ssec. 72A ff. Insolvency Act 1986.

546 Schedule B1, para. 14 (1) Insolvency Act 1986. Näher hierzu: *Gower/Davies*, RN. 32-36.

547 Schedule B1, para. 3 (1) (a)-(c), (2), (3), (4) Insolvency Act 1986. Ausführlich zum *administrator*: *Gower/Davies*, RN. 32-44.

in ihrer Vollstreckung eine Annäherung an die Systematik des deutschen Rechts.[548]

Als Institut der *Equity* ist die *floating charge* weitestgehend formfrei, jedoch ist sie als solche nur anerkennungsfähig, wenn aus der Sicherungsabrede klar erkennbar hervorgeht, dass eine entsprechende Belastung gegenwärtiger und zukünftiger Vermögenswerte von den Parteien gewollt ist und der Sicherungsgeber bis zum Eintritt des Sicherungsfalls im Rahmen seiner üblichen Geschäftstätigkeit weiterhin frei über das Sicherungsgut verfügen kann – schon aus diesem Grund wird in der Praxis eine *floating charge* regelmäßig schriftlich vereinbart.[549]

Wichtig, gerade im internationalen Rechtsverkehr, ist, dass eine *floating charge* nur dann Rang wahrende Wirkung auch gegenüber Dritten entfaltet, wenn sie beim *registrar of companies* eingetragen wurde, gleichsam ist die Eintragung aber kein Wirksamkeitserfordernis *inter partes*.[550]

e) *Verhältnis zwischen materiellem Schuld- und Sachenrecht*

Der Kreis an dinglichen Rechten ist auch im englischen Recht so weit klar umrissen, dass eine systematische Trennung vom Vertragsrecht zumindest im Ansatz möglich wäre.

So wird in jüngerer Zeit auch in Teilen der englischen Literatur zwischen dem schuldrechtlichem Vertrag, dem „*contract*" und der Übertragung dinglicher Rechte, der „*conveyance*", unterschieden.[551]

Die englische Rechtsprechung hat bereits Anfang des 20. Jahrhunderts in Einzelfällen die Möglichkeit einer wirksamen Eigentumsübertragung angenommen, obwohl das Rechtsgeschäft, durch welches sie stattfinden sollte, unwirksam war.[552] Überträgt man die Leitsätze der entsprechenden Entscheidungen in die

---

548 Eine Analyse der Erfolge der Reform findet sich bei: *Armour/Hsu/Walters*, ECFR 2008, S. 148ff.

549 *Re Spectrum Plus Ltd* [2005] 2 AC 680; *Gower/Davies*, RN. 32-6; *Goode*, Commercial Law, S. 680; *Wenckstern*, RabelsZ 56 (1992), 624 (633, 634); *Schall*, KTS 2009, 69 (71ff.); *Graf von Bernstorff*, Einführung, (§ 8. I. 2.). Zur Bedeutung des Parteiwillens: *Goode*, Legal Problems, RN. 4-05.

550 *Sadtler*, S. 26f.; *ter Meulen*, S. 58.
Der Katalog der registrierbaren *charges* findet sich in Section 860(7) des Companies Act 2006. Allgemein zur Wirkung der Registrierung von *charges*: *Gower/Davies*, RN. 32-25ff. und *Drobnig*, RabelsZ 38 (1974), 468 (477).

551 *Zaphiriou*, S. 8.; hierzu auch: *Ritterhoff*, S. 198f.

552 Auf dem Gebiet des Minderjährigenrechts entschieden englische Gerichte, dass ein Minderjähriger, obschon er ohne Einwilligung seines Vertretungsberechtigten keine wirksamen Verträge abschließen kann, gleichsam ohne Einwilligung wirksam Eigentum an einer Sache erlangen und

Terminologie des deutschen Abstraktionsprinzips, so könnte man sagen, dass die Gerichte das Verfügungsgeschäft als wirksam ansahen, obwohl das Verpflichtungsgeschäft unwirksam war.

Hier muss jedoch festgehalten werden, dass es sich um eine Betrachtung von Einzelfällen handelt und die fundamentale Regel in der englischen Rechtsprechung weiterhin lautet, dass für die Übertragung eines Rechts die Einigung hierüber entscheidend ist und es keine Differenzierung zwischen Verpflichtungs- und Verfügungsgeschäft gibt.[553]

Dabei zeigt die historische Entwicklung des englischen Rechts, dass sich die englische Rechtsprechung auch ganz bewusst für das Vertragsprinzip entschieden hat. So war für eine wirksame Übereignung zunächst neben der Einigung auch noch die tatsächliche Übergabe der Sache, die „*delivery*", notwendig, bis die Gerichte zum Ende des 19. Jahrhunderts auf die Erforderlichkeit der *delivery* verzichteten.[554] Damit wurde der letzte mögliche objektive Anknüpfungspunkt für eine Unterscheidung von Verpflichtungs- und Verfügungsgeschäft aus dem englischen Sachenrecht eliminiert. Übrig blieb einzig eine Einigung, die funktional betrachtet nicht nur die Verpflichtung zur Eigentumsübertragung beinhalten kann, sondern gleichzeitig auch den Eigentumsübergang auslösen muss. Ist diese Einigung unwirksam, geht das Eigentum auch nicht über.

Selbst wenn im Einzelfall eine getrennte Betrachtung von schuldrechtlichem Vertrag und sachenrechtlichem Verfügungsgeschäft als vorzugswürdig erscheint, muss diese spätestens aufgrund von Billigkeitsrechten, den „*equity real rights*", ausgeschlossen werden.[555]

übertragen kann – vgl. *Stocks v. Wilson* (1913) 2 KB 235, 242-245 für die Übertragung des Eigentums auf einen Minderjährigen und später *Chaplin* v. *Leslie Frewin (Publishers) Ltd.* [1965] 3 All ER 764 für die Übertragung des Eigentums durch einen Minderjährigen.

Sehr deutlich zum Auseinanderfallen von Verpflichtungs- und Verfügungsgeschäft auch: *Elder v. Kelly* (1919) 2 KB 179, 181 – im Fall ging es um den aufgrund des Sonntagsverkaufsverbots illegalen und damit eigentlich unwirksamen Verkauf von Milch. Im Wortlaut entschied der Richter wie folgt:

„*The effect of that illegality no doubt was to prevent either party from enforcing the contract. But it is untrue to say that the transaction had no effect at all. What I understand to have happened was that the appelant's assistant came to the shop, asked for some milk, received it, paid for it, and took it away. In my opinion that transaction clearly operated to pass the property in the milk from the seller to the appellant and it was to that extent an effective sale.*".

553 *Dixon v. Yates* (1883) 5 B & Ad 313, 340.

554 *Zaphiriou*, S. 7. Näher zur Entwicklung dieses Teils des englischen Mobiliarrechts: *Holdsworth*, S. 503f.

555 *Goode*, Commercial Law, S. 31. Allgemein zur *Equity* bereits unter [D. I. 1.].

Ein elementarer *Equity*-Grundsatz ist, dass als getan gilt, was zu tun ist.[556] Damit können Fehler in einem Rechtsgeschäft, welches zum Eigentumsübergang führen soll, regelmäßig überbrückt werden. Die Anwendung des Abstraktionsprinzips würde demnach im englischen Rechtsverkehr bedeutungslos sein, da sowohl Verpflichtungs- als auch Verfügungsgeschäft nach dem genannten *Equity*-Grundsatz immer zur Wirksamkeit gebracht werden könnten.

Diese Feststellung steht gerade auch im Einklang mit den zitierten Entscheidungen, die eine Trennung von Verpflichtungs- und Verfügungsgeschäft annehmen lassen könnten. In allen Fällen ging es darum, eine Übereignung als wirksam ansehen zu können, obgleich das jeweilige Rechtsgeschäft mit einem Mangel belegt war. Sprechen keine anderen *Equity*-Grundsätze dagegen, kann in einem solchen Fall immer eine wirksame Übereignung durch Rechtsgeschäft angenommen werden, indem man den Grundsatz, dass als getan gilt, was zu tun ist, heranzieht.

Die entscheidenden Gerichte versuchten also nicht, das Abstraktionsprinzip im englischen Recht zu etablieren, sondern bedienten sich bekannter Instrumente der *Equity*, um einem Eigentumsübergang zur Wirksamkeit zu verhelfen.

Anders wäre die Lage, hätte ein englisches Gericht einen Eigentumsübergang mangels Übergabe und trotz eines wirksamen darauf gerichteten Rechtsgeschäfts als unwirksam angesehen. Nur dieser umgekehrte Fall könnte eine tatsächliche Abkehr vom Vertragsprinzip sein, alle bis jetzt entschiedenen Fälle sind lediglich als Auswirkungen der *Equity*-Grundsätze anzusehen.

Auch das geschriebene englische Recht festigt das Vertragsprinzip. Für den praktisch wohl bedeutendsten Fall des Kaufs bestimmt Section 17 des „Sale of Goods Act" von 1979, dass für den Eigentumsübergang allein der im Vertrag umschriebene Parteiwille ausschlaggebend ist.[557]

Letztlich wird man davon ausgehen müssen, dass sich im englischen Sachenrecht die Frage des Übergangs eines dinglichen Rechts immer nur als ein Annex zur Wirksamkeit des entsprechenden Rechtsgeschäfts darstellt und nicht eigenständig betrachtet wird.

---

556 „*Equity looks on that as done which ought to be done.*"; *Banks v. Sutton* (1732) 2 P Wms 700, 715; *Foster v. Reeves* (1892) 2 QB 255, 257. Eine Übersicht über die weiteren Grundsätze der *Equity* ist zu finden bei: *Henrich/Huber*, (§ 2 II.).

557 Sale of Goods Act, 1979, Part III, s.17:
„*(1) Where there is a contract for the sale of specific or ascertained goods the property in them is transferred to the buyer at such time as the parties to the contract intend it to be transferred.*
(2) For the purpose of ascertaining the intention of the parties regard shall be had to the terms of the contract, the conduct of the parties and the circumstances of the case.".

3. Internationales Sachenrecht

Das englische Kollisionsrecht scheint dem deutschen Rechtsverständnis zunächst näher zu stehen, als es das materielle Recht tut. So unterteilt es im Gegensatz zu diesem einen Sachverhalt klar in schuld- und sachenrechtliche Aspekte – „*contractual effects*“ und „*proprietary effects*“ – die dann auch unabhängig voneinander angeknüpft werden.[558]

Etabliert wurde diese unterschiedliche Systematisierung von der englischen Rechtsprechung aus rein praktischen Überlegungen – zwar mag sich aus nationaler Sicht die Unterteilung im Sachrecht bewährt haben, da diese jedoch den meisten anderen Rechtsordnungen unbekannt ist, musste im Kollisionsrecht den sonstigen Rechtsordnungen ein Schritt entgegen gegangen werden, um sinnvolle Ergebnisse erzielen zu können.[559]

II. Die Situs-Regel im englischen Kollisionsrecht

1. Grundsätze

Das englische Kollisionsrecht unterstellt sachenrechtliche Vorgänge der lex rei sitae.[560]

a) Etablierung der Situs-Regel

Bevor sich die englische Rechtsprechung einheitlich der Anknüpfung an die lex rei sitae verschrieb, existierten jedoch unterschiedliche Ansätze zur Anknüpfung sachenrechtlicher Tatbestände.

Vorgeschlagen wurde zunächst die Anknüpfung an das Domizil der beteiligten Parteien – mobilia sequuntur personam.[561] Insbesondere im internationalen Warenverkehr, wo es gerade der Regelfall ist, dass die Beteiligten nicht das gleiche Domizil haben, würde diese Anknüpfung jedoch mehr Konfliktfälle verursachen denn vermeiden. Als generelle Anknüpfungsregel für sachenrechtliche Aspekte kann sie dementsprechend nicht sinnvoll herangezogen werden.

558 „[…] *a distinction must be drawn between the contractual effects of the transfer and its proprietary effects.*“, vgl. *Dicey/Morris/Collins*, RN. 24-006. Siehe auch: *Collier*, S. 245.

559 *Collier*, S. 243.

560 *Collier*, S. 244; *Dicey/Morris/Collins*, RN. 22R-023 (Rule 120).

561 *Sill v. Worswick* (1791) 1 H Bl. 665; *Re Ewin* (1830) 1 Cr & J 151.

Für sachgerecht hat sich in der englischen Rechtsprechung jedoch die Anknüpfung an das Domizil für die Gesamtrechtsnachfolge von Todes wegen erwiesen.[562] Ist das Eigentum des Verstorbenen auf mehrere Lageorte verteilt, würde bei Anwendung der Situs-Regel auf jeden einzelnen Eigentumsgegenstand eine zusammenhängende Gesamtrechtsnachfolge gerade gefährdet werden, durch die Anknüpfung an das Recht des letzten Domizils des Verstorbenen wird hingegen eine einheitliche Rechtsnachfolge gewährleistet.

Weiter wurde anscheinend in Betracht gezogen, sachenrechtliche Tatbestände generell dem Recht des Ortes zu unterstellen, an dem die Rechtsbegründung oder -änderung stattfand – lex loci actus.[563] Betrachtet man die einschlägigen Entscheidungen jedoch genauer, so erkennt man, dass in diesen Fällen die lex loci actus und die lex rei sitae jeweils zusammenfielen. Damit konnten die entsprechenden Urteile keine echte Alternative zur Situs-Regel begründen.[564]

Zuletzt wurde in der englischen Rechtsliteratur kurzzeitig vorgeschlagen, dingliche Rechte dem Recht der zugehörigen vertraglichen Transaktion zu unterstellen – lex actus. Dieser Ansatz konnte jedoch dann keine Ergebnisse liefern, wenn sich die dingliche Rechtslage nicht aufgrund eines Vertrages änderte, und wurde dementsprechend alsbald verworfen.[565]

Letztendlich konnte die Situs-Regel hauptsächlich wegen ihrer einfachen und sicheren Anwendung überzeugen und unter englischem Recht zur Grundregel für die Anknüpfung sachenrechtlicher Tatbestände werden.[566]

Dessen ungeachtet entwickelten sich zwischenzeitlich neben der bereits genannten Ausnahme bei der Gesamtrechtsnachfolge von Todes wegen auch weitere Ausnahmen von der Anwendung der Situs-Regel, etwa bei der Betrachtung von Rechten an Transportmitteln.[567] Zu den einzelnen Ausnahmen an entsprechender Stelle mehr.[568]

---

562 *Provincial Treasurer of Alberta v. Kerr* [1933] AC 710.

563 So durchaus *Alcock v. Smith* [1892] 1 Ch. 238 CA und *Embiricos v. Anglo-Austrian Bank* [1905] 1 KB 677 CA zu entnehmen.

564 *Collier*, S. 246; *Smith/O'Brien*, S. 556.

565 *Collier*, S. 246; *Smith/O'Brien*, S. 557.

566 *Collier*, S. 246; *Dicey/Morris/Collins*, RN. 22R-001 (Rule 119). Weitere Argumente für die Anwendung der lex rei sitae insbesondere bei: *Smith/O'Brien*, S. 557.

567 Zu den Einzelfällen: *Collier*, S. 250f. und *Dicey/Morris/Collins*, RN. 22E-057, RN. 22E-060 sowie *Smith/O'Brien*, S. 560.

568 Unter [D. II. 5.].

b) Sachbegriff des englischen internationalen Privatrechts

Die im englischen Sachrecht existierende Differenzierung in „*real rights*“ und „*personal rights*“[569] ist im Kollisionsrecht wenig praktikabel, da im internationalen Vergleich die meisten Rechtsordnungen dieser Systematisierung nicht folgen. Um nun Konfliktfälle zu vermeiden und eine möglichst weitgehende Entscheidungsharmonie zu gewährleisten, adaptierte die englische Rechtsprechung die in den meisten anderen Rechtsordnungen gebräuchliche Unterscheidung zwischen beweglichen Sachen (*movables*) und Immobilen (*immovables*).[570] Damit ergibt sich eine Unterteilung, wie sie auch dem deutschen Recht bekannt ist.

Trotzdem ist der Sachbegriff im englischen Recht ein anderer als im deutschen Recht.

Maßgeblicher Unterschied ist die Einbeziehung der „*choses in action*“[571] in die *movables* – Rechte wie Forderungen, Patente, Inhaber- und Urheberrechte fallen damit als *intangible movables* unter den Sachbegriff des englischen Rechts.[572]

Inhaltlich, wie begrifflich sind „gegenstandslose bewegliche Sachen“ nicht mit dem deutschen Sachbegriff nach § 90 BGB in Einklang zu bringen.

Am einfachsten erschließt sich der englische Sachbegriff zunächst, wenn man sich von den deutschen Kategorien „Eigentum“ und „Besitz“ trennt und stattdessen allein die „Inhaberschaft“ betrachtet – alles, was nach deutschem Verständnis einer Inhaberschaft unterfallen kann, seien es nun greifbare Gegenstände oder beispielsweise Patent- oder Urheberrechte, fällt unter den Sachbegriff des englischen Rechts.[573]

Mit deutscher Rechtsterminologie lässt sich der englische Sachbegriff derart umschreiben, dass er neben körperlichen Gegenständen auch alle Rechtsansprü-

---

569 Mit Nachweisen: *Dicey/Morris/Collins*, RN. 22-004; *Smith/O'Brien*, S. 535.

570 *Collier*, S. 243; *Smith/O'Brien*, S. 535; *Dicey/Morris/Collins*, RN. 22-004ff.; *Morris/McClean/Beevers*, RN. 15-002. Schon in *Re Hoyles* [1911] 1 Ch. 179, 185 begründet das Gericht: „*In order to arrive at a common basis on which to determine questions between the inhabitants of two countries living under different systems of jurisprudence, our courts recognise and act on a division otherwise unknown to our law into movable and immovable.*“.

571 Zu den *choses in action* bereits unter [D. I. 2. a)].

572 *Morris/McClean/Beevers*, RN. 15-036ff.; *Collier*, S. 243.

573 Wenn *Collier*, S. 243 zur Einbeziehung der *intangible movables* in den englischen Sachbegriff schreibt: „[...] *debts and copyrights which are intangible but nevertheless are capable of being owned*“ wird deutlich, dass es nicht auf das eigentliche Objekt, sondern auf die Möglichkeit der Inhaberschaft ankommt.

che, die sich nicht direkt auf ein Fahrnis oder eine Immobilie beziehen, umfassen kann.[574]

Dabei fällt unter diese Definition eine derartige Vielfalt an möglichen subjektiven Rechten, dass dem Rechtsanwender letztendlich nur eine Einzelfallbetrachtung anhand der englischen Rechtsprechung bleibt, um sicher feststellen zu können, ob es sich um eine Sache im Sinne des englischen Rechts handelt.

c) *Qualifikation*

Die Qualifikation eines sachenrechtlichen Tatbestands erfolgt im englischen Recht inzwischen unstrittig nach dem Recht des Lageortes der Sache.[575]

Damit geht das englische Recht im Gegensatz zum deutschen Recht einen Weg, der den internationalen Entscheidungseinklang vor den Schutz der nationalen Sachenrechtsordnung stellt.[576]

Als problematisch mag sich in diesem Zusammenhang jedoch die Feststellung des situs der *intangible movables* erweisen – dazu an entsprechender Stelle mehr.[577]

2. Anwendung der Situs-Regel auf Rechte an Immobilien

Ein Statutenwechsel ist bei der Betrachtung von Rechten an Immobilien im etablierten europäischen Rechtsraum kaum mehr von praktischer Bedeutung.[578] Entsprechend sollen folgende Ausführungen auch nur einen Überblick über die kollisionsrechtliche Behandlung von Immobilien nach englischem Recht geben.

Das englische Kollisionsrecht beruft zur Bewertung von Rechten an Immobilien deren Belegenheitsrecht zur Anwendung.[579]

---

574 In Anlehnung an: *Smith/O'Brien*, S. 567: *„An initial problem is the diversity of interests which can be classified as intangible objects – everything which is not a direct interest in a physical object or in land may fall within the category.*".

575 *Re Hoyles* [1911] 1 Ch 179; *Re Berchtold* [1923] 1 Ch 192; *Re Cutliffe's Will Trusts* [1940] Ch 565; *Collier*, S. 243; *Dicey/Morris/Collins*, RN. 22R-001 (Rule 119); *Smith/O'Brien*, S. 537ff.; *Morris/McClean/Beevers*, RN. 15-002.

576 Zur Qualifikation nach deutschem Recht: [B. II. 1.].

577 Siehe hierzu unter [D. II. 6. a)].

578 Hierzu schon unter [D. I. 2. c)].

579 *Nelson v. Bridport* (1845) 8 Beav 547, 570: *„The incidents to real estate, the right of alienating or limiting it, and the course of succession to it depend entirely on the law of the country where the estate is situated.*"; vgl. *Cheshire/North*, S. 785: *„At the end of day, only the law of the situs can control the way in which land, which constitutes part of the situs itself, is transferred.*";

Erfasst werden dabei sowohl die Begründung als auch die Wirkung dinglicher Rechte an Immobilien.[580] Gleiches gilt für die Voraussetzungen und die Wirksamkeit einer Übertragung bereits bestehender Rechte[581]. Letztlich werden auch Verfügungsbeschränkungen nach der lex rei sitae bewertet.[582]

Ziel der Anwendung der lex rei sitae im englischen internationalen Immobiliarsachenrecht ist es, dass gerichtliche Entscheidungen über Rechte an einer Immobilie auch immer an deren Standort durchsetzbar sein sollen.[583] Damit leistet auch das englische Kollisionsrecht seinen Beitrag zur Entscheidungsharmonisierung im internationalen Immobilienrecht – inzwischen findet die Situs-Regel weltweit Anwendung auf Immobilien.[584]

3. Anwendung der Situs-Regel auf Rechte an beweglichen Sachen

Das *Case Law* ist auch im englischen internationalen Sachenrecht die dominante Rechtsquelle, folglich können Art und Umfang der Anwendung der Situs-Regel auf Rechte an beweglichen Sachen nur anhand einer Betrachtung der Entwicklung der Rechtsprechung genauer festgestellt werden.

a) Die englische Rechtsprechung zur Situs-Regel im Mobiliarsachenrecht

Eine erschöpfende Auseinandersetzung mit der englischen Rechtsprechung zu diesem Thema ist im Rahmen dieser Arbeit weder leistbar noch zielführend. Für die weiterführende Bearbeitung des Themas soll sich auf eine analytische Darstellung der grundlegenden Leitentscheidungen beschränkt werden.[585]

aa) Cammell v. Sewell

Die Entscheidung *Cammell v. Sewell*[586] war zwar nicht die erste, der die Situs-Regel zugrunde lag, in ihr wurde vom entscheidenden Gericht jedoch erstmals der dogmatische Hintergrund der Anwendung der Situs-Regel aufgezeigt.

Collier, S. 244ff.; *Dicey/Morris/Collins*, RN. 23R-061; *Morris/McClean/Beevers*, RN. 15-005; *Smith/O'Brien*, S. 549.

580 *Nelson v. Bridport* (1846) 8 Beav 547.

581 *Dicey/Morris/Collins*, RN. 23-066ff.

582 *Waterhouse v. Stansfield* (1852) 10 Hae 254, 259.

583 *Cheshire/North*, S. 785.

584 Hierzu [B. II. 4. c)].

585 Eine weitergehende Auseinandersetzung ist etwa zu finden bei: *Collier*, S. 246ff. und *Morris/McClean/Beevers*, RN. 15-026ff.

586 (1858) 3 H & N 616, 627; on appeal (1860) 5 H & N 727f., 744-746.

Der Sachverhalt stellte sich vereinfacht folgendermaßen dar:
Ein Engländer erwarb bei einem russischen Verkäufer Holz. Dieses Holz sollte auf einem preußischen Schiff nach England transportiert werden. Vorsorglich versicherte der Verkäufer die Ladung bei der späteren Klägerin. Tatsächlich verunglückte das Schiff vor der Küste Norwegens. Die Versicherung beglich den Schaden und trat in die Rechte des englischen Käufers ein. Die Schiffsladung war in großen Teilen noch zu retten und der Kapitän des Schiffs entschloss sich, das Holz bei einer öffentlichen Versteigerung versteigern zu lassen. Der Vertreter der Versicherung, welcher nach Norwegen geschickt wurde, versuchte diese Versteigerung dort noch gerichtlich zu stoppen, unterlag aber. Ein anderer Engländer ersteigerte das Holz, verschiffte es nach England und verkaufte es schlussendlich an den Beklagten. Die klagende Versicherung machte vor Gericht eine rechtswidrige Aneignung des Holzes durch den Endkäufer geltend.

Unter Hinweis auf die angeblich bindende Entscheidung des norwegischen Gerichts, welches die Eigentumslage in einem vorausgegangenen Prozess bereits geklärt habe, wies das untere englische Gericht, der *Court of Exchequer*, die Klage ab.[587]

Das Berufungsgericht hielt hingegen in der Mehrheit die Entscheidung des norwegischen Gerichts nicht für bindend, wies die Klage jedoch ebenfalls ab.[588]

Begründet wurde diese Entscheidung damit, dass der Gewinner der Auktion nach norwegischem Recht als gutgläubiger Käufer wirksam das Eigentum an der Ladung Holz erworben hatte.[589] Nach norwegischem Recht ist es möglich, eine Schiffsladung bei einer Auktion gutgläubig vom Schiffskapitän zu erwerben. Unabhängig von der Tatsache, dass eine entsprechende Regelung zu dieser Zeit auch im englischen Recht bestand, wies das Gericht weiter darauf hin, dass sich die Eigentumslage allein durch den Transport nach England nicht hätte verändern können. Eine Rechtsübertragung müsse auf der ganzen Welt Bestand haben, solange sie nach der Rechtsordnung des Landes wirksam war, in dem sich die jeweilige Sache zum Zeitpunkt der Übertragung befand.[590] Auch die Tatsache, dass sich das Holz lediglich aufgrund eines Unfalls in Norwegen befand, konnte an der Auffassung des Gerichts nichts ändern.[591]

Im Ergebnis hat das Berufungsgericht somit die allgemeinen Verkehrsinteressen vor das Bestandsinteresse des Einzelnen gestellt. Ein gutgläubiger Käufer soll eine Sache nach den Rechtsnormen erwerben können, deren Gültigkeit er für gewöhnlich erwartet, welches regelmäßig die seines Standorts sind.

587 *Cammell v. Sewell* (1858) 3 H & N 616, 627.
588 *Cammell v. Sewell* (1860) 5 H & N 727, 743.
589 *Cammell v. Sewell* (1860) 5 H & N 727, 743-745.
590 *Cammell v. Sewell* (1860) 5 H & N 727, 744-745.
591 *Cammell v. Sewell* (1860) 5 H & N 727, 744-745.

bb) Inglis v. Usherwood und City Bank v. Barraw

Die Entscheidung *Inglis v. Usherwood*[592] betraf das Recht, im Falle der Insolvenz oder des Konkurses des Vertragspartners eine Sache auf dem Weg zu ihm zu stoppen (*right of stoppage*[593]). Das Gericht entschied, dass sich das *right of stoppage* nach dem Recht des Ortes richtet, an dem die Sache angehalten wurde bzw. angehalten werden soll.

Im Fall *City Bank v. Barraw*[594] entschied das Gericht, dass auch die Wirksamkeit einer Verpfändung nach dem Recht zu bestimmen ist, an dem sich die Sache zum Zeitpunkt der Verpfändung befindet.

In beiden Entscheidungen setzten die Richter jedoch die Anwendung der lex rei sitae unbegründet voraus, womit keine standfeste Aussage zu ihrer allgemeinen Anwendbarkeit getroffen werden kann.

Chesterman etwa weist darauf hin, dass im Fall *Inglis v. Usherwood* die Sache den Ausfuhrhafen noch gar nicht verlassen hatte und es fraglich sei, ob das Gericht ebenso entschieden hätte, wäre die Sache tatsächlich an einem anderen Ort gestoppt worden.[595]

cc) Hooper v. Gumm

In der Entscheidung *Hooper v. Gumm*[596] wendete das Gericht die Situs-Regel auch im Rahmen der Beurteilung des Bestands einer *mortgage*[597] an einem Schiff an.

In seiner Begründung hob das Gericht auf den Schutz des allgemeinen Rechtsverkehrs und dabei insbesondere auf den Schutz des gutgläubigen Erwerbers ab.

dd) Simpson v. Fogo

Auch in der Entscheidung *Simpson v. Fogo*[598] ging es um die Wirksamkeit einer *mortgage* an einem Schiff.

---

592 (1801) 1 East 515.

593 Section 44f. Sale of Goods Act 1979. Näher zum *right of stoppage*: *Bridge*, (11.24); *Inglis v. Usherwood* (1801) 1 East 515 und aus der deutschen Literatur: *MüKo/Kreuzer*, nach Art. 38 EGBGB RN. 111.

594 [1880] 5 AC 664.

595 *Chesterman*, I.C.L.Q. 1973 (22), 213 (225).

596 (1867) LR 2 Ch. App. 282, 286-288.

597 Zur *mortgage*: [D. I. 2. c) ee) α)] und [D. I. 2. d) bb) γ)].

598 (1863) 1 H & M 195.

Der Sachverhalt kann folgendermaßen zusammengefasst werden:
Ein nach englischem Recht auf hoher See wirksam mit einer *mortgage* belastetes Schiff segelte nach New Orleans, wo es aufgrund des Antrags eines Gläubigers des Sicherungsgebers beschlagnahmt wurde. Diese *mortgage* wurde zunächst von einem angerufenen amerikanischen Gericht mangels Besitzübergabe als wirkungslos angesehen, wonach der eigentlich ungesicherte Gläubiger des ursprünglichen Schiffseigentümers und Sicherungsgebers der *mortgage* das Schiff rechtmäßig in New Orleans beschlagnahmen lassen konnte.

Das Schiff segelte später nach England zurück, wo ein englisches Gericht wiederum die Durchsetzung des amerikanischen Urteils aufgrund der Unvereinbarkeit mit englischem Recht, welches für die Beurteilung der Wirksamkeit der *mortgage* zuständig sei, verweigerte.

Obgleich im Urteilstext die Anwendbarkeit der Situs-Regel nicht begründet wird, können aus der Entscheidung zwei Grundsätze gefolgert werden.

Zum einen, dass das englische Kollisionsrecht die Nichtanerkennung eines nach den Grundsätzen der Situs-Regel wirksam begründeten Rechts durch ein späteres Lageortrecht nicht beachtet.

Zum anderen, dass für die res in transitu eine Sonderanknüpfung gelten muss.

Auf beide Punkte soll später näher eingegangen werden.[599]

ee) Liverpool Marine Credit Co. v. Hunter

Das Urteil im Prozess *Liverpool Marine Credit Co. v. Hunter*[600] steht bei flüchtiger Betrachtung zunächst im Widerspruch zu *Simpson v. Fogo*.

Im Fall ging es um Folgendes:
Erneut war eine *mortgage* an einem englischen Schiff Gegenstand des Verfahrens, und erneut ließen Gläubiger des Sicherungsgebers das Schiff in New Orleans beschlagnahmen. Das amerikanische Gericht sah die *mortgage* nach Anwendung des Rechts von Louisiana wieder mangels Besitz des Sicherungsnehmers als unwirksam an, womit der Beschlagnahme kein vorrangiges Recht entgegen stand. Der Sicherungsnehmer der *mortgage* stellte daraufhin den Gläubigern des Sicherungsgebers eine Schuldverschreibung in Höhe der Forderungen aus, um den Verkauf des Schiffs zu verhindern.

Nachdem das Schiff wieder nach England zurückkehrte, klagte der Sicherungsnehmer dort dann mit dem Ziel, die Durchsetzung der Schuldverschreibung zu verhindern. Das Gericht entsprach dem Antrag des Klägers nicht, die ungesicherten Gläubiger seien dazu berechtigt, das nach dem Recht des Staates Loui-

599 Zur Nichtanerkennung unter [E. II. 2.]. Zu den res in transitu unter [D. II. 5. b)].
600 (1867) LR 4 Eq 62; on appeal (1868) 3 Ch. App. 479.

siana zur Verfügung stehende Mittel der Zwangsvollstreckung zu nutzen, um ihren Anspruch zu befriedigen.

Inwieweit diese Entscheidung tatsächlich im Widerspruch zu *Simpson v. Fogo* steht, soll an späterer Stelle noch näher betrachtet werden.[601] Zunächst bleibt festzustellen, dass die englische Rechtsprechung bei der Anwendung der Situs-Regel zumindest differenziert vorgeht.

ff) Winkworth v. Christie Manson and Woods Ltd.

Ende des letzten Jahrhunderts fand die Diskussion um die Anwendung der Situs-Regel durch den Fall *Winkworth v. Christie Manson and Woods Ltd.*[602] neue Beachtung.

Der Fall stellte sich wie folgt dar:
Aus England gestohlene Kunstwerke wurden in Italien an einen gutgläubigen Dritten verkauft, welcher sie einige Zeit darauf in London versteigern lassen wollte. Der Bestohlene erhielt Kenntnis von der geplanten Versteigerung und machte sein Eigentum an den Kunstwerken geltend.

Das englische Gericht wandte nach der Situs-Regel das zum Zeitpunkt der Übereignung an den gutgläubigen Dritten maßgebliche italienische Sachenrecht an. Hiernach konnte der Gutgläubige wirksames Eigentum an den gestohlenen Kunstwerken erlangen. Folglich wurde die Klage des Bestohlenen abgewiesen.

Die Entscheidung folgte konsequent der bis dahin weitgehend unstrittigen Situs-Regel. Im Sinne von Verkehrsschutzinteressen wurde es als unerheblich angesehen, dass die Kunstwerke gegen den Willen des ursprünglichen Eigentümers nach Italien gelangten.[603]

Brisant war diese Entscheidung deshalb, weil im englischen Sachrecht der Grundsatz „*nemo dat quod non habet*“ gilt, wonach ein Recht nur in der Form erworben werden kann, wie es bei demjenigen bestand, der es veräußerte.[604]

Zwar bestehen zu dieser Regel zahlreiche Ausnahmen,[605] dennoch gibt das englische Recht beim grenzüberschreitenden Handel mit gestohlenen Sachen den

601 Unter [E. II. 2.].

602 [1980] Ch. 496.

603 *Winkworth v. Christie, Manson and Woods Ltd.* [1980] Ch. 496, 509.

604 Vgl. Part III, s. 21 (1) Sale of Goods Act 1979:
„*Subject to this Act, where goods are sold by a person who is not their owner, and who does not sell them under the authority or with the consent of the owner, the buyer acquires no better title to the goods than the seller had, unless the owner of the goods is by his conduct precluded from denying the seller's authority to sell.*“ und *Sealy/Hooley*, (III 9 1).

605 Etwa erwirbt der Gutgläubige auch dann ein unbelastetes Recht, wenn der Veräußernde dieses zu Unrecht innehatte, gegen diesen Umstand jedoch noch nicht rechtlich vorgegangen wurde: *Lewis v. Averay* [1972] 1 QB 198 CA. Zu den weiteren Ausnahmen: *Sealy/Hooley*, (III 9 2-9).

Interessen des ursprünglichen Eigentümers grundsätzlich den Vorrang, was auch das urteilende Gericht in *Winkworth v. Christie Manson and Woods Ltd.* betonte.[606]

Ungeachtet dessen stellte das Gericht aber heraus, dass auch in diesen Fällen die Situs-Regel Anwendung finden müsse, da es dem gutgläubigen Dritten schlichtweg unzumutbar sei, das Bestehen und die Wirksamkeit eines „*foreign title*", also eines fremden ausländischen dinglichen Rechts, zu überprüfen.[607]

Sowohl das Urteil als auch dessen Begründung fanden im englischen Schrifttum einhellige Zustimmung.[608]

b) Die englische Rechtsliteratur zur Situs-Regel im Mobiliarsachenrecht

Die englische Rechtsliteratur folgt generell der Rechtsprechung und wendet die Situs-Regel auf bewegliche Sachen an. Sie schließt sich dabei der Argumentation der Gerichte weitestgehend an und stellt insbesondere die Klarheit und Einfachheit der Anwendung der Situs-Regel als deren Vorzüge heraus.[609]

4. Reichweite des Sachstatuts

Auch im englischen Recht stellt sich nach der Qualifikation eines sachenrechtlichen Tatbestands die Frage, wie weit das Sachstatut reicht, welche Aspekte des Tatbestands also erfasst werden.

a) Begründung und Änderung dinglicher Rechte

Nach englischem Kollisionsrecht beurteilt die lex rei sitae die gesetzliche wie vertragliche Begründung und Übertragung dinglicher Rechte sowie deren Inhalt und Wirkung.[610]

Dabei werden auch die Rechtsfolgen eines Fehlverhaltens im Zusammenhang mit der Übertragung eines dinglichen Rechts der lex rei sitae unterstellt.[611]

---

606 *Winkworth v. Christie Manson and Woods Ltd.* [1980] Ch. 496, 505.

607 *Winkworth v. Christie Manson and Woods Ltd.* [1980] Ch. 496, 509.

608 *Cheshire/North*, S. 798f.; *Collier*, S. 246ff.

609 *Dicey/Morris/Collins*, RN. 24-022ff.; *Collier*, S. 246; *Cheshire/North*, S. 796; *Zaphiriou*, S. 69.

610 Zum gesetzlichen Rechtserwerb: *Zaphiriou*, S. 114-116; *Lalive*, S. 150; ansonsten: *Cammell v. Sewell* (1860) 5 H & N 727, 744-746; *Inglis v.Usherwood* (1801) 1 East 515, 523; *City Bank v. Barrow* [1880] 5 AC 664; *Winkworth v. Christie, Manson and Woods Ltd.* [1980] Ch. 496, 505.

611 *Zaphiriou*, S. 83; *Benjamin's*, RN. 25-113.

b) Gutgläubiger Erwerb

Unstrittig wird auch der Erwerb vom Nichtberechtigten vom Sachstatut erfasst.[612] Damit wird sowohl die Gutgläubigkeit des Erwerbers als auch die Frage, ob er grob fahrlässig oder gar in betrügerischer Absicht gehandelt hat, nach dem Situsrecht ermittelt.[613]

c) Sicherungsrechte

Im internationalen Rechtsverkehr sind es insbesondere die Sicherungsrechte, die zu Konflikten zwischen den Rechtsordnungen führen.

Aufgrund seiner Entwicklung aus Einzelurteilen heraus, gibt es im englischen Kollisionsrecht keine generelle Regelung zur Qualifikation von Sicherungsrechten, jedenfalls erfolgt sie nicht immer konsequent nach der lex rei sitae.[614]

Mithin kann zwar eine Tendenz dahingehend festgestellt werden, dass Sicherungsrechte immer dann der lex rei sitae unterstellt werden, wenn sie aus der Sicht des englischen Rechts zumindest beschränkt dingliche Rechte darstellen,[615] nichtsdestoweniger kann eine Aussage über die Behandlung einzelner Sicherungsrechte im englischen Kollisionsrecht aber immer nur aufgrund einer Einzelbetrachtung des jeweiligen Rechts getroffen werden.

Der *retention of title* unterliegt so weit dem Sachenrechtsstatut, wie es um die Frage geht, ob das Eigentum tatsächlich überging.[616]

Die *legal mortgage* sowie die *equitable mortgage* werden unproblematisch sachenrechtlich qualifiziert.[617]

Durch eine *equitable mortgage* wird lediglich ein Vermögensbestandteil belastet, ohne dass das Verfügungsrecht auf den Sicherungsnehmer übergeht, wohingegen die *legal mortgage* eine auflösend bedingte Rechtsmachtübertragung darstellt.[618] Die Position des Sicherungsnehmers ist bei einer *equitable mortgage* somit schwächer als bei einer *legal mortgage*, da eine *equitable mortgage* beispielsweise durch einen gutgläubigen lastenfreien Erwerb durch einen Dritten

612 *Cammell v. Sewell* (1860) 5 H & N 727, 728; *City Bank v. Barrow* [1880] 5 AC 664; *Zaphiriou*, S. 104f.

613 Zur Gutgläubigkeit: *Benjamin's*, RN. 25-117; ansonsten: *Zaphiriou*, S. 108f.

614 Zur grundsätzlichen Qualifikation nach der lex rei sitae: [D. II. 1. c)].

615 *Zaphiriou*, S. 16; *Lalive*, S. 147-153.

616 *Benjamin's*, 25-128; *Cheshire/North*, S. 803; zum *retention of title* schon unter [D. I. 2. d) bb) α)].

617 *Liverpool Marine Credit v. Hunter* (1867) LR 4 Eq 62; on appeal (1868) 3 Ch. App. 479; *Collier*, S. 248; *Cheshire/North*, S. 780. Zur *mortgage* schon unter [D. I. 2. c) ee) α)] und [D. I. 2. d) bb) γ)].

618 Ausführlicher hierzu unter: [D. I. 2. c) ee) α)].

untergehen kann.[619] Damit stellt sie eine Art Pfandrecht und gerade kein bedingtes Vollrecht an einer Sache dar. Dennoch entfaltet sie eine Drittwirkung und ist somit auch als dingliches Recht im Sinne der sachenrechtlichen Qualifikation anzusehen.[620]

Auch *pledge* und *hypothecation* werden von Rechtsprechung und Literatur einhellig als beschränkt dingliche Rechte qualifiziert und der lex rei sitae unterstellt.[621]

Ebenso werden *charges* und *floating charges* im englischen Kollisionsrecht nach der lex rei sitae beurteilt.[622]

Strittig ist die Qualifikation einiger gesetzlicher Sicherungsrechte, namentlich des englischen Zurückbehaltungsrechts, *lien*, sowie des Rechts, die Ware auf dem Transport zu stoppen, *right of stoppage*[623].

Überwiegend wird die Qualifikation im Einklang mit dem jeweiligen Lageortrecht vorgenommen – wobei sich zumeist eine sachenrechtliche Qualifikation ergibt.[624]

Einige Stimmen in der Literatur wollen gesetzliche Sicherungsrechte jedoch unabhängig von deren Qualifikation generell an das Vertragsstatut anknüpfen.[625]

Eine diesen generellen Streit entscheidende Rechtsprechung gibt es zum jetzigen Zeitpunkt noch nicht, womit diese Frage hier nicht abschließend geklärt werden kann. Vorzugswürdig im Sinne einer einheitlichen Behandlung aller Sicherungsrechte scheint es jedoch, auch für das *lien* und das *right of stoppage* eine sachenrechtliche Qualifikation und somit die Anwendung der lex rei sitae als Lösung anzustreben.

---

619 *Pilcher v. Rawlins* (1872) 7 Ch. App. 259.

620 *Henrich/Huber*, (§ 6 V. 1.).

621 Zum *pledge*: *Inglis v. Robertson* [1898] AC 616, 625f. (H.L.); *City Bank v. Barrow* [1880] 5 AC 664 (H.L.); *Cheshire/North*, S. 806; *Collier*, S. 248; *Zaphiriou*, S. 128f. Zur *hypothecation*: *In Re Hamilton Young & Co* [1905] 2 KB 772. Allgemein zu beiden Instituten schon unter [D. II. d) bb) δ)].

622 *Benjamin's*, RN. 25-128; *Cruttwell v. Lye* (1810) 17 Ves 335; *Illingworth v. Houldsworth* [1904] AC 355. Zur *charge* bereits unter [D. I. 2. d) bb) α)] zur *floating charge* unter [D. I. 2. d) bb) ζ)] und [F. I. 6.].

623 Dieses Recht entsteht nach englischem Recht einem Verkäufer immer dann, wenn eine Ware sich noch auf dem Weg zum Käufer befindet, dieser sie noch nicht vollständig bezahlt hat und in Konkurs fällt. Vgl. *Benjamin's*, RN. 15-061f.

624 Zum *lien*: *Collier*, S. 248; *Zaphiriou*, S. 133-136. Grundsätzlich schon unter: [D. II. 1. c)]. Für das Recht eine Ware auf dem Transport zu stoppen: *Inglis v. Usherwood* (1801) 1 East 515.

625 *Chesterman*, I.C.L.Q. 1973 (22), 213 (223-227); *Benjamin's*, RN. 25-163-167.

d) Gesamtrechtsnachfolge

Auch nach englischem Recht wird der durch eine Gesamtrechtsnachfolge eintretende Erwerb dinglicher Rechte, etwa aus erb-, güter- oder gesellschaftsrechtlichen Gründen, nicht nach dem Sachstatut beurteilt, sondern nach dem für die Gesamtrechtsnachfolge maßgeblichen Recht.[626]

e) Form, Geschäftsfähigkeit und Vertretungsmacht

Im Gegensatz zum deutschen Recht werden im englischen Kollisionsrecht Formfragen im Zusammenhang mit Rechten an Sachen nicht selbstständig angeknüpft, sondern als Annex zur sachenrechtlichen Fragestellung gleichfalls sachenrechtlich qualifiziert.[627]

Dabei ist es nach den Grundsätzen des englischen Rechts zwar durchaus denkbar, dass aus Billigkeitsgründen Formerfordernisse eines Lageortes außer Acht gelassen werden können, noch hat aber kein englisches Gericht einen Fall entsprechend entschieden, weshalb derzeit keine *Equity*-Ausnahmen von der unselbstständigen Anknüpfung der Formfrage bekannt sind.

Von besonderer Bedeutung ist die unselbstständige Anknüpfung von Formfragen im Rahmen der Frage, ob und inwieweit nach englischem Kollisionsrecht Formvorschriften eines neuen Lageortrechts rückwirkend auf bereits bestehende dingliche Rechte angewendet werden können oder gar angewendet werden müssen. Hierzu an entsprechender Stelle mehr.[628]

Auch die Beurteilung der Geschäftsfähigkeit der Vertragspartner im Rahmen von sachenrechtlichen Verträgen überlässt das englische Kollisionsrecht der lex rei sitae.[629]

Generell ist zu beachten, dass im englischen Kollisionsrecht die Anwendung von Vorschriften zu Form und Geschäftsfähigkeit von der durch Auslegung zu ermittelnden Schutzrichtung der jeweiligen Norm abhängt. Praktisch bedeutet dies, dass eine Vorschrift in Fällen mit Auslandsbezug etwa dann nicht zur Anwendung kommt, wenn die Auslegung ergibt, dass Ausländer von deren

---

626 *Collier*, S. 251.

627 Für Immobilien: *Waterhouse v. Stansfield* (1852) 10 Hare 254; *Adam v. Clutterbuck* (1883) 10 QBD 403. Für Fahrnisse: *Coote v. Jecks* (1872) LR 13 Eq 597; *Zaphiriou*, S. 78; *Lalive*, S. 129. Allgemein: *Cheshire/North*, S. 788, 790; *Collier*, S. 267; *Smith/O'Brien*, S. 551.

628 Siehe [E. II. 4.].

629 *Duncan v. Lawson* (1889) 41 Ch. D. 394; *Bank of Africa Ltd. v. Cohen* [1909] 2 Ch. 129; *Dicey/Morris/Collins*, RN. 23-066ff.; Collier, S. 267; *Cheshire/North*, S. 792; *Zaphiriou*, S. 76-78; *Benjamin's*, RN. 25-113; *Collier*, S. 267; *Smith/O'Brien*, S. 551.

Schutzbereich nicht erfasst werden sollen, die Norm also nur Inländerrecht darstellt.[630]

Die rechtsgeschäftliche Vertretungsmacht wird im englischen Kollisionsrecht unselbstständig an das auf den Vertrag anzuwendende Recht – das *proper law of the contract* – angeknüpft.[631] Das auf den Vertrag anwendbare Recht ist dabei dasjenige, mit dem der Vertrag die engste Verbindung hat.[632] Im Rahmen sachenrechtlicher Tatbestände bedeutet dies beispielsweise, dass sich die Vollmacht eines Immobilienmaklers zumindest im Innenverhältnis nach der lex rei sitae der Immobilie richtet.[633]

Damit können zwar Sach- und Vertretungsstatut übereinstimmen, grundsätzlich sind jedoch beide Statuten unabhängig voneinander zu ermitteln.[634]

5. Ausnahmen von der Anwendung der Situs-Regel

Rechtsprechung und Rechtsliteratur sind in England bemüht, auf sachenrechtliche Tatbestände möglichst konsequent die lex rei sitae zur Anwendung zu berufen. Ausnahmen werden dementsprechend nur in sehr engen Grenzen diskutiert und zugelassen.

a) *Immobilien*

Im Kontext des internationalen Immobilienrechts sind zwei Fallkonstellationen bekannt, in denen die englische Rechtsprechung von der Anwendung der Situs-Regel abwich und unabhängig vom Lageort der Immobilie englisches Recht anwendete.

Die entscheidenden englischen Gerichte hielten dies zum einen für notwendig, weil das betreffende Grundstück Gegenstand eines englischen *trusts* war, und zum anderen, weil sie *Equity*-Gründe annahmen, die die Anwendung eines anderen Rechts forderten.

---

630 Für die Formvorschriften: *Cheshire/North*, S. 789; für die Geschäftsfähigkeit: *Cheshire/North*, S. 788.

631 *Dicey/Morris/Collins*, RN. 33-416ff.; *Bowstead & Reynolds*, RN. 12-003.

632 *Bonythorn v. Commonwealth of Australia* [1951] AC 201; *Tomkins v. First Pennsylvania Banking and Trust Co. Ltd.* [1961] AC 1007, 1061, 1081; *James Miller & Partners Ltd. v. Withworth Street Estates Manchester Ltd.* [1970] AC 583; *Amin Rasheen Corp. v. Kuweit Insurance Co.* [1984] AC 50, 61.

633 *R v. Doutre* [1884] 9 AC 745.

634 Ausführlich zur Stellvertretung im englischen Kollisionsrecht: *Bowstead & Reynolds*, RN. 12-001ff. und aus der deutschen Literatur: *Niemann*, S. 110ff.

Beide Ausnahmen werden in der englischen Rechtsliteratur teilweise deutlich kritisiert.[635]

Ausgangspunkt der Kritik ist die Tatsache, dass englische Gerichte grundsätzlich nur bei Streitigkeiten über Rechte an einem inländischen Grundstück zuständig sind.[636] Eine Abweichung von der immobilienrechtlichen Regelanknüpfung zugunsten der Anwendung englischen Sachrechts muss dementsprechend immer auch mit einer Ausnahme von den englischen Zuständigkeitsregeln einhergehen. Die Begründung einer solchen Ausnahme gelang den Gerichten in den entsprechenden Urteilen aus internationaler Sicht jedoch nur unbefriedigend.

aa) Grundstück ist Gegenstand eines trusts

Ist ein im Ausland belegenes Grundstück Gegenstand eines englischen *trusts*, ziehen englische Gerichte die Zuständigkeit für die Bewertung von Rechten am entsprechenden Grundstück aus Effektivitätsgründen an sich und wenden dann auch englisches Sachrecht anstatt dem Lageortrecht an.[637]

Die Überlegung dahinter, den *trust* nicht der Gefahr aussetzen zu wollen, aufgrund einer abweichenden Beurteilung der dinglichen Rechtslage durch eine ausländische Rechtsordnung „zerstückelt“ zu werden, ist zwar aus englischer Sicht nachvollziehbar. Nichtsdestominder ist dieser Ansatz dem internationalen Entscheidungseinklang hinderlich und führt zu einer gesteigerten Rechtsunsicherheit im grenzüberschreitenden Rechtsverkehr. Gerade bei der Betrachtung von Rechten an Immobilien ist die Anwendung der lex rei sitae international weitestgehend unumstritten, weil sie sich schon rein objektiv aufdrängt und damit für den Rechtsverkehr eindeutig nachvollziehbar ist. Eine Abweichung von der Anwendung des Lageortrechts aufgrund des für einen Außenstehenden nicht ohne Weiteres erkennbaren Bestehens eines *trusts* wird dementsprechend in der englischen Rechtsliteratur zu Recht kritisiert.[638]

Es wird abzuwarten sein, ob die zukünftige englische Rechtsprechung an dieser Ausnahme festhalten oder hier eine Kehrtwende vollziehen wird.

---

635 *Collier*, S. 262. Allgemein zur Diskussion: *Smith/O'Brien*, S. 543ff.

636 *British South Africa Co. v. Companhia de Moçambique* [1893] AC 602 (H.L.); näher: *Smith/O'Brien*, S. 541ff.; *Morris/McClean/Beevers*, RN. 15-011.

637 *Re Ross* [1930] 1 Ch. 377; *Re Duke of Wellington* [1947] Ch. 501; *Dicey/Morris/Collins*, RN. 23R-021 (Rule 122 (3) (b)). Näher hierzu: *Collier*, S. 262; *Morris/McClean/Beevers*, RN. 15-018.

638 *Collier*, S. 262; *Morris/McClean/Beevers*, RN. 15-018.

bb) Equity-Gründe

Auch im englischen Kollisionsrecht spielt die *Equity* eine wichtige Rolle. So hat es die englische Rechtsprechung in Einzelfällen aus Billigkeitsgründen für notwendig befunden, sich zum einen für zuständig zu erklären und zum anderen von der Anwendung der Situs-Regel auf Rechte an Immobilien abzuweichen.[639]

Bei genauerer Betrachtung wird jedoch deutlich, dass die entsprechenden Entscheidungen keine unmittelbare Bewertung der dinglichen Rechtslage nach englischem Recht enthalten.

Das jeweils entscheidende englische Gericht führte die aus seiner Sicht wünschenswerte Rechtsfolge derart herbei, dass es einem oder mehreren Beteiligten eine persönliche Verpflichtung auferlegte, das gewünschte Ergebnis durch einen Rechts- oder Realakt herbeizuführen.[640]

Damit dies möglich ist, bedarf es nach der Rechtsprechung jedoch mehrerer Voraussetzungen – zunächst muss die zu verpflichtende Person der englischen Judikatur unterstehen;[641] des Weiteren muss zwischen Kläger und Beklagtem eine Vertrags- oder Billigkeitsbeziehung bestehen,[642] und zuletzt darf die Verpflichtung nach dem Lageortrecht der Immobilie weder unmöglich noch unzulässig sein[643].

Durch die letztgenannte Anforderung wird sichergestellt, dass keine Ergebnisse erzielt werden, die dem Lageortrecht entgegenlaufen.

Dabei bleibt ungeklärt, warum englische Gerichte Umwege einschlagen, um dann letztlich doch das Lageortrecht des Grundstücks nach der Zulässigkeit des gefundenen Ergebnisses zu befragen. Es drängt sich auf, dass – unabhängig von der Frage der Zuständigkeit – auf sachenrechtlicher Ebene das gleiche Ergebnis erzielbar gewesen wäre, hätte das englische Gericht auf direktem Wege das Lageortrecht zur Entscheidung berufen.[644]

Urteile, die den beschriebenen Weg gehen, waren schon in der Vergangenheit rar gesät und ergingen in jüngerer Zeit überhaupt nicht mehr.[645] Es darf als zwei-

---

639 *Penn v. Baltimore* (1750) 1 Ves. Sen. 444; hierzu: *Dicey/Morris/Collins*, RN. 23R-021 (Rule 122 (3) (a)).

640 *Collier*, S. 262.

641 *Re Liddell's Settlement Trusts* [1936] Ch. 365 CA; *Collier*, S. 262; *Morris/McClean/Beevers*, RN. 15-015.

642 *Dechamps v. Miller* [1908] 1 Ch. 856, 863; *Collier*, S. 263; *Morris/McClean/Beevers*, RN. 15-015.

643 *Re Courtney, ex parte Pollard* (1840) Mont & Ch. 239; *Collier*, S. 263; *Morris/McClean/ Beevers*, RN. 15-002.

644 Zu dieser Kritik: *Collier*, S. 263.

645 Prominent zitiert werden vornehmlich: *Re Courtney, ex parte Pollard* (1840) Mont & Ch. 239; *Dechamps v. Miller* [1908] 1 Ch. 856, 863; *Re Liddell's Settlement Trusts* [1936] Ch. 365 CA

felhaft gelten, ob ein englisches Gericht in Zukunft noch einmal entsprechend entscheiden wird. Zum einen, weil das englische Gericht offensichtlich gegen Zuständigkeitsregeln verstoßen muss, ohne auf sachenrechtlicher Ebene ein anderes Ergebnis erzielen zu können, als es das ausländische Gericht hätte tun können, und zum anderen, weil es kaum vorstellbar ist, dass ein englisches Gericht im umgekehrten Falle ein solches Urteil eines nicht zuständigen ausländischen Gerichts anerkennen würde.[646] Im Sinne klarer internationaler Zuständigkeiten sollte von dieser Ausnahme also Abstand genommen werden.

Ungeachtet der Frage, ob diese Ausnahme von der Situs-Regel in der englischen Rechtsprechung weiter Anwendung finden wird, ist jedoch festzustellen, dass sie auf sachenrechtlicher Ebene keine Gefährdung des internationalen Entscheidungseinklangs darstellt, da das durch das englische Gericht gefundene Ergebnis immer im Einklang mit dem Lageortrecht stehen muss.

b) Res in transitu

Einigkeit besteht in der Diskussion zum englischen Kollisionsrecht dahingehend, dass es im Hinblick auf die Interessen der beteiligten Parteien und des allgemeinen Rechtsverkehrs dann nicht sinnvoll ist, die lex rei sitae auf eine Verfügung über ein dingliches Recht anzuwenden, wenn sich die betreffende Sache zum Zeitpunkt der entsprechenden Verfügung auf dem Transportweg zwischen zwei Rechtsgebieten befindet.[647]

Welches Recht hingegen zur Anwendung berufen werden soll, ist analog zur Diskussion im deutschen IPR umstritten.[648]

Alternativ werden das Recht des Absendestaats,[649] das des Bestimmungsorts,[650] das Recht, welches die Wirksamkeit der Verfügung begünstigt[651] sowie das Recht mit der engsten Verbindung zur Sache[652] vorgeschlagen.

Hinsichtlich der Rechte, welche die Transportmittel selbst betreffen, werden weiter die Anknüpfung an das Recht der Flagge[653] oder an das Recht des Heimathafens bzw. des Registrierungsorts[654] diskutiert.

---

und als jüngste Entscheidung: *West (Richard) & Partners (Inverness) Ltd. v. Dick* [1969] Ch. 424. Ausführlicher zu den Entscheidungen: *Collier*, S. 263ff. und in der deutschen Rechtsliteratur: *Ritterhoff*, S. 207ff.

646 *Collier*, S. 263; *Ritterhoff*, S. 210.

647 *Zaphiriou*, S. 192; *Lalive*, S. 187; *Collier*, S. 250; *Nott*, Conv. 1981, 279 (285).

648 Zum deutschen Recht siehe [B. II. 3. a) aa)].

649 *Hellendall*, CanBarRev 1939 (17), 7 (35f.).

650 *Rabel*, S. 101f.

651 *Zaphiriou*, S. 199; *Collier*, S. 250; *Hellendall*, CanBarRev 1939 (17), 7 (18).

652 *Lalive*, S. 193; *Dicey/Morris/Collins*, RN. 24E-016ff.; *Benjamin's*, RN. 25-124.

653 *Cheshire/North*, S. 807.

Gänzlich ausgeschlossen wird hingegen aus Gründen des Verkehrsschutzes die Möglichkeit einer Rechtswahl durch die Parteien.[655] Jedoch haben die Parteien indirekt die Möglichkeit, das anwendbare Recht zu beeinflussen, wenn man an das Recht mit der engsten Verbindung zur Sache anknüpfen will. So können die Parteien dann durch die Wahl des Schuldstatuts ein starkes Indiz für die engste Verbindung setzen und damit darauf einwirken, welches Recht zur Anwendung berufen wird.

Welche Anknüpfung sich letztlich durchsetzen wird, muss der Gang der englischen Rechtsprechung zeigen, noch sind entsprechend aussagekräftige Urteile nicht ergangen.

c) Verstoß gegen den ordre public oder Bösgläubigkeit

In *Winkworth v. Christie, Manson & Woods Ltd.* diskutierte das Gericht zwei weitere Ausnahmen von der Situs-Regel, jedoch ohne dass diese für den Fall entscheidungsrelevant wurden.[656]

Zum einen soll das Lageortrecht dann nicht angewendet werden, wenn sich dadurch ein Verstoß gegen den englischen ordre public ergeben würde.[657]

Zum anderen wurde angedacht, die Situs-Regel aus Drittschutzgründen dann nicht anzuwenden, wenn der Erwerber eines dinglichen Rechts nicht im guten Glauben bezüglich des Nichtbestehens anderweitiger Rechte an der Sache war und das Lageortrecht diesen Rechtserwerb als wirksam anerkennen würde.

Die Ausnahme bei einem drohenden Verstoß gegen den englischen ordre public ist aus Gründen des Schutzes der nationalen Rechtsordnung nachvollziehbar und auch im deutschen Kollisionsrecht wird der analoge Fall entsprechend gehandhabt.[658] Systematisch erfolgte die Einbeziehung des ordre publics in die Diskussion durch das entscheidende Gericht jedoch an der falschen Stelle – so stellt der Einwand des ordre publics keine Einschränkung des Anknüpfungsgegenstands dar, sondern eine Korrektur des gefundenen Ergebnisses im Sinne der Grundprinzipien des nationalen englischen Rechts nach bereits erfolgter Verweisung.[659]

---

654 *The Jupiter* [1924] P 236, 239; *The Cristina* [1938] AC 485, 509; *Zaphiriou*, S. 209-215; *Dicey/Morris/Collins*, RN. 22E-057; *Morris/McClean/Beevers*, RN. 15-045.

654 *Zaphiriou*, S. 199; *Hellendall*, CanBarRev 1939 (17), 7 (18).

655 *Hellendall*, CanBarRev 1939 (17), 7 (32f.).

656 *Winkworth v. Christie, Manson & Woods Ltd.* [1980] Ch. 496, 501, 514.

657 Für die Annahme dieser Ausnahme spricht auch: *The Rose Mary* [1953] 1 WLR 246 (Supreme Court of Aden).

658 Siehe hierzu unter [B. II. 5.].

659 Dementsprechend die Verortung der Thematik bei der Behandlung des deutschen Rechts: [B. II.].

Eine Ausnahme bei Bösgläubigkeit des Erwerbers überzeugt hingegen aus englischer Sicht schon aus inhaltlichen Gründen nicht. So lässt gerade das englische materielle Recht unter bestimmten Umständen trotz Bösgläubigkeit einen wirksamen Rechtserwerb zu.[660] Ein ausländisches Recht dann nicht zur Anwendung zu berufen, wenn es gerade dies genauso tut, ist wenig einleuchtend.

Letztlich handelt es sich jedoch bis zu diesem Zeitpunkt nur um in der Nebensache gemachte Vorschläge eines Gerichts, die bis jetzt noch nicht in einem Urteil bestätigt wurden, in dem sie entscheidungsrelevant geworden wären. Es wird sich erst anhand zukünftiger Entscheidungen zeigen müssen, ob sich diese zwei Ansätze tatsächlich in der englischen Rechtsprechung etablieren können.

d) Ausnahmen aufgrund Gesetz

In der englischen Rechtsliteratur wird darauf hingewiesen, dass die Situs-Regel dann nicht anzuwenden ist, wenn ein englisches Gesetz anderweitiges bestimmt.[661]

Derzeit ist dieser Hinweis noch ohne Bedeutung, weil kein entsprechendes Gesetz existiert. Er verdeutlicht jedoch die zunehmende Bedeutung des *Statute Law* im englischen Recht.

e) Rechtswahl

Eine generelle Diskussion, ob aufgrund einer Rechtswahl durch die Parteien eine Ausnahme von der Situs-Regel gemacht werden kann, ist in der englischen Rechtsliteratur noch nicht aufgekommen. Auch musste sich noch kein englisches Gericht mit einem entsprechend gelagerten Fall befassen. Im Rahmen der *res in transitu* wird eine Rechtswahl jedoch einhellig ausgeschlossen.[662]

Die Konsequenz der Anwendung der Situs-Regel im englischen Recht und der ebenso etablierte Ausnahmenkatalog weisen gleichfalls nicht darauf hin, dass eine entsprechende Ausnahme in näherer Zukunft anerkannt wird.

---

660 Zu diesem Kritikpunkt insbesondere: *Collier*, S. 250.

661 *Collier*, S. 250.

662 Hierzu unter [D. II. 5. b)].

6. Konkrete Verweisung

a) Anknüpfungsobjekt, -moment und -zeitpunkt

Anknüpfungsobjekt kann im englischen Recht nicht nur eine körperliche Sache sein, sondern entsprechend dem englischen Sachbegriff auch eine *intangible movable.*[663]

Der Lageort als Anknüpfungsmoment lässt sich für körperliche Gegenstände üblicherweise unproblematisch rein objektiv ermitteln, die zum deutschen Recht gemachten Ausführungen können hierzu entsprechend übernommen werden.[664]

Der situs einer *intangible movable* kann sich dem Rechtsanwender hingegen naturgemäß nicht anhand des äußeren Anscheins erschließen. Was körperlich nicht existiert, kann auch keinen physischen Lageort haben. Dessen ungeachtet haben *intangible movables* aber eine rechtliche Existenz, mithin kommt es damit auch dem Recht zu, ihnen einen situs zuzuordnen.[665]

Im Einzelnen weist die englische Rechtsprechung den Rechten aus dem Kontext des geistigen Eigentums – also Patent-, Urheber- und Markenrechten – zwei mögliche Lageortrechte zu. Wird die *intangible movable* zum Betrachtungszeitpunkt erst begründet, dient das Recht, welches die Wirksamkeit der Begründung beurteilt, auch als Lageortrecht.[666] Ist das betreffende Recht hingegen bereits einer bestimmten Person zugeordnet, ist deren Aufenthaltsort auch der situs der *intangible movable.*[667] Dem Inhaber der entsprechenden *intangible movable* entsteht damit genauso die Möglichkeit, sie in den Geltungsbereich einer Rechtsordnung „mitzunehmen", wie einem Eigentümer einer gegenständlichen Sache. Dadurch kann er sich zum einen zwar den Aufenthaltsort mit der Rechtsordnung erwählen, die sein subjektives Recht optimal schützt, zum anderem muss er zugleich aber auch in Kauf nehmen, dass eine Rechtsordnung, unter deren Geltung er sich gegebenenfalls zufällig befindet, sein Recht weniger gut schützt, wie etwa die seines Heimatlandes.

663 Zum englischen Sachbegriff unter [D. II. 1. b)].

664 Dazu unter [B. II. 4. a)].

665 *Collier*, S. 251; *Dicey/Morris/Collins*, RN. 22-025.

666 *Lecouturier v. Rey* [1910] AC, 262; *Novello & Co. Ltd. V. Hinrichsen Edition Ltd.* [1951] Ch. 595; *Collier*, S. 251; *Morris/McClean/Beevers*, RN. 15-045.

667 *New York Life Insurance Co. v. Public Trustee* [1924] 2 Ch. 101; *Deutsche Schachtbau v. Shell International Petroleum Co. Ltd.* [1990] AC 295; *Collier*, S. 251; *Morris/McClean/Beevers*, RN. 15-045.

Für Gesellschaftsanteile oder für von einer Gesellschaft gewährte registrierungspflichtige Sicherungsrechte wird der Ort des jeweiligen Registers als Lageortrecht herangezogen.[668]

Rechte, die sich aus Inhaberaktien oder sonstigen Wertpapieren ergeben, haben dort ihren Lageort, wo sich auch ihre Verkörperung in Form des entsprechenden Wertpapiers befindet.[669]

Als Lageort für sonstige dingliche Ansprüche wird der Ort angesehen, unter dessen Recht die entsprechenden Ansprüche geltend gemacht werden können, was wiederum regelmäßig der Aufenthaltsort des Schuldners ist.[670]

Generell ist anzumerken, dass die vorgenommenen Zuordnungen eines Lageortes zwar jeweils recht simpel zu handhaben sind, die Herausforderung für den Rechtsanwender besteht jedoch darin, im Einzelfall „*contractual effects*" und „*proprietary effects*" eines Sachverhalts eindeutig zu differenzieren, um zur richtigen Anknüpfung zu gelangen.[671]

Was nun den Anknüpfungszeitpunkt anbelangt, so kann ebenfalls auf die zum deutschen Recht gemachten Ausführungen verwiesen werden – maßgeblicher Zeitpunkt ist der Moment der fraglichen Rechtsbegründung oder -änderung.[672]

b) Reichweite der Verweisung

Winkworth v. Christie, Manson and Woods Ltd. ist zu entnehmen, dass das englische Kollisionsrecht bei sachenrechtlichen Tatbeständen eine Gesamtnormverweisung vornimmt, also nicht direkt auf das Sachrecht des Lageortes verweist, sondern zunächst dessen Kollisionsrecht zur Anwendung beruft.[673]

Um ein möglichst hohes Maß an Rechtssicherheit und Entscheidungseinklang zu gewährleisten, versetzt sich das englische Gericht damit in die Lage des ausländischen Richters und lässt gegebenenfalls auch eine Rück- oder Weiterverweisung zu – „*foreign court theory*".

Wäre dem nicht so, ergäben sich in der Praxis inkonsequente Ergebnisse. So könnte ein englisches Gericht im Einzelfall zu einem Urteil gelangen, welches vor einem Gericht am Lageort der Sache nicht durchsetzbar wäre, was der Inten-

---

668 *Brassard v. Smith* [1925] AC 371; *R. v. Williams* [1942] AC 541; *Collier*, S. 251; *Morris/McClean/Beevers*, RN. 15-045.

669 *Collier*, S. 252.

670 Wobei der den Anspruch begründende Vertrag durchaus nach einem anderen Recht zu beurteilen sein kann. Hierzu: *Collier*, S. 252.

671 Ausführlicher hierzu: *Collier*, S. 252ff. Zur Unterteilung eines Sachverhalts in schuld- und sachenrechtliche Aspekte im englischen Kollisionsrecht bereits kurz unter [D. I. 3.].

672 Siehe unter [B. II. 4. b)].

673 *Winkworth v. Christie, Manson and Woods Ltd.* [1980] Ch. 496, 514.

tion hinter der Lageortverweisung, zu möglichst einfach durchsetzbaren Urteilen zu gelangen, gerade widerspräche.[674]

Vereinzelt wird in der Literatur die Gesamtnormverweisung in dieser Form jedoch kritisiert.[675]

Vorrangig wird angeführt, dass eine derartige Beachtung der Rück- und Weiterverweisung den Rechtsanwender vor Unklarheiten stellen würde, wann eine Weiterverweisungskette abgebrochen werden könne und zugleich die Gefahr eines Zirkelschlusses berge, sobald auf eine Rechtsordnung zurückverwiesen werde, die den renvoi ebenfalls ermöglicht.

Ein tragfähiges Argument gegen eine Gesamtnormverweisung im internationalen Sachenrecht kann dies jedoch nicht sein.

Es ist die Aufgabe von Judikative und Legislative sowie der Rechtsliteratur, Richtlinien für den Umgang mit einem renvoi aufzustellen, um Unklarheiten beim Rechtsanwender auszuräumen.

Lediglich aufgrund der Tatsache, dass entsprechende Richtlinien noch nicht aufgestellt wurden, kann die Gesamtnormverweisung nicht ausgeschlossen werden. So wäre es widersinnig, ein Lageortrecht zur Bewertung eines sachenrechtlichen Tatbestands zu berufen, wenn das Kollisionsrecht des Lageortes die Bewertung gerade von sich weist. Dieser Ansatz würde international für mehr Unsicherheit sorgen, als es der Umgang mit einem renvoi im englischen Kollisionsrecht tun kann.

Dass man dem renvoi zumindest für den Fall einer Rückverweisung habhaft werden kann, zeigt beispielsweise die Regelung des deutschen IPR in Art. 4 I 3 EGBGB, wonach eine Rückverweisung derart angenommen wird, dass deutsches Sachrecht zur Anwendung berufen wird.

---

674 Siehe hierzu auch die Kritik am Abweichen von der Situs-Regel im Rahmen des internationalen Immobilienrechts unter [D. II. 5.].

675 *Nott*, Conv. 1981, 279 (284f.).

E. Der Statutenwechsel im englischen internationalen Sachenrecht

I. Grundlagen und Begrifflichkeiten

Die Problematik des Statutenwechsels ergibt sich im englischen internationalen Sachenrecht aufgrund der weitestgehend übereinstimmenden Rechtslage durch die Anwendung der Situs-Regel genauso wie im deutschen Recht.

Durch eine Veränderung des Lageortes einer beweglichen Sache oder durch eine Verschiebung der territorialen Verhältnisse kann das auf einen sachenrechtlichen Tatbestand anzuwendende Recht wechseln.

Aufgrund der erheblichen Unterschiede zwischen dem englischen *Common Law* und dem kontinentaleuropäischen Recht sind Konflikte gerade bei einem Statutenwechsel zwischen diesen beiden Rechtskreisen vorprogrammiert. Trotzdem ignorierte insbesondere die englische Rechtsliteratur diesen Problemkreis lange Zeit nahezu völlig.[676] Konfrontiert mit der zunehmenden Bedeutung des internationalen Warenverkehrs bemühten sich in England jedoch in den letzten Jahren Rechtsprechung und Literatur, Regelungslücken zu schließen, um zu einem ganzheitlichen System des Statutenwechsels zu gelangen.

1. „Trägheitsprinzip"

Im englischen Kollisionsrecht hat ein einmal nach der lex rei sitae begründetes dingliches Recht so lange Bestand, wie kein neuer sachenrechtlicher Tatbestand wirksam vollendet wurde, auch wenn die bestehenden dinglichen Rechte dem Katalog des Sachenrechts des neuen (englischen) Lageortes unbekannt sind.[677]

---

676 *Chesterman*, I.C.L.Q. 1973 (22), 213 (213) schreibt hierzu eindringlich: „*The nature and extent of these rights vary significantly between the common law and the civil law, and even between particular systems within each of these categories, yet there has in England been virtually no sustained judicial or academic treatment of the conflict of laws issues thus produced.*". Ähnlich auch noch zwölf Jahre später *Schilling*, I.C.L.Q. 1985 (34), 87 (87): „*However, it appears that decisions of European courts on the change of situs of encumbered movables have not been discussed to any extent in English.*".

677 *Cammell v. Sewell* (1860) 5 H & N 727, 744f.; *Simpson v. Fogo* (1863) 1 H & M 195, 222; *Zaphiriou*, S. 164, 178; *Schilling*, I.C.L.Q. 1985 (34), 87 (94); *Smith/O'Brien*, S. 562.

Damit ist auch dem englischen Recht das „Trägheitsprinzip“ bekannt, obgleich weder Rechtsprechung noch Literatur einen expliziten Begriff hierfür entwickelt haben.[678]

2. Wirkung auf bestehende Rechte und unvollendete Rechtsänderungen

In der Diskussion wird in der englischen Literatur nicht nach schlichtem und qualifiziertem Statutenwechsel sowie dessen Untertypen unterschieden, wie dies in der bisherigen deutschen Rechtsliteratur der Fall ist.[679]

Tatsächlich werden zwar die gleichen Konstellationen behandelt, sie werden jedoch anders systematisiert.

In der Auseinandersetzung mit dem englischen Kollisionsrecht werden die Wirkungen eines Statutenwechsels lediglich danach kategorisiert, ob ein sachenrechtlicher Tatbestand nach dem Ausgangsstatut bereits vollendet oder noch unbeendet war.

In die erste Kategorie fallen nach deutschem Verständnis der schlichte Statutenwechsel sowie der qualifizierte Statutenwechsel Typ C, die Typen A und B des qualifizierten Statutenwechsels finden sich wiederum in der zweiten Kategorie wieder.[680]

Schließt man sich der hier vorgeschlagenen alternativen Systematisierung der Fälle des Statutenwechsels an, so sind die Gruppen direkt miteinander vergleichbar: In den Import-Fällen geht es immer um unter dem Altstatut vollendete sachenrechtliche Tatbestände, wohingegen die Berücksichtigungs-Fälle Sachverhalte behandeln, bei denen der fragliche sachenrechtliche Tatbestand unter der Herrschaft des vorausgegangenen Sachstatuts noch nicht vollendet wurde.[681]

II. Wirkung des Statutenwechsels auf bestehende dingliche Rechte

1. Grundlagen und kollisionsrechtliche Bedeutung

Liegt bei einem Statutenwechsel nach dem alten Lageortrecht ein abgeschlossener sachenrechtlicher Tatbestand vor, lässt das englische Kollisionsrecht allein

678 Zum deutschen IPR unter [C. I. 2.].

679 Vgl. unter [C. I. 6.].

680 Vgl. die Einteilung nach *Wendehorst* unter [C. I. 6.] und die alternativ vorgeschlagene Einteilung unter [C. IV.].

681 Näher zu den Import- und Berücksichtigungs-Fällen unter [C. IV.].

das ursprüngliche Lageortrecht maßgeblich für das Bestehen oder Nichtbestehen des dinglichen Rechts sein.[682]

Aufgrund der Tatsache, dass auch im englischen Kollisionsrecht das „Trägheitsprinzip" gilt, kann ein dingliches Recht vom Berechtigten dann aber nur im Einklang mit dem Sachenrecht des neuen Lageortes verändert oder übertragen werden.[683] Zugleich kann ein Berechtigter sein zunächst anerkanntes Recht an einer Sache aber auch durch die Vollendung eines sachenrechtlichen Tatbestands verlieren, welche nach der lex rei sitae auch ohne seine Beteiligung stattfinden kann.[684]

Entsprechende Rechtsnormen werden im englischen Recht als „*overriding statutes*" bezeichnet.[685]

2. Dingliche Rechte im Rahmen von Vollstreckungsmaßnahmen

Für Unklarheiten sorgen im englischen internationalen Sachenrecht insbesondere die Entscheidungen in denen bewegliche Sachen nach einem Statutenwechsel Gegenstand einer Zwangsvollstreckung werden sollten.

In den bereits vorgestellten Fällen *Inglis v. Usherwood*[686], *City Bank v. Barraw*[687] sowie *Liverpool Marine Credit Co. v. Hunter*[688] entschied das jeweilige Gericht, dass Dritte nach einem Statutenwechsel ihre Rechtsstellung nach dem neuen Lageortrecht dahingehend nutzen konnten, die streitgegenständliche Sache beschlagnahmen und verwerten zu lassen und sich damit über Rechte des späteren Klägers an der Sache hinwegzusetzen, die noch vor dem Statutenwechsel begründet, nach dem neuen Lageortrecht aber nicht anerkannt wurden.[689]

Die entscheidenden Gerichte, wie auch Teile der englischen Rechtsliteratur, begründen die damit zum Ausdruck gebrachte faktische Nichtanerkennung von vor dem Lageortwechsel wirksam begründeten Rechten damit, dass es in den benannten Fällen erstrangig um die Anerkennung neuer, nach dem zum Zeitpunkt der Beschlagnahme geltenden Lageortrecht dem Gläubiger zustehenden, subjek-

682 *Cammell v. Sewell* (1860) 5 H & N 727, 744f.; *Dicey/Morris/Collins*, RN. 24R-020ff.; *Cheshire/North*, S. 800; *Collier*, S. 247-250; *Benjamin's*, RN. 25-129.

683 Siehe unter [E. I. 1.].

684 *Cammell v. Sewell* (1860) 5 H & N 727, 744f.; *Dicey/Morris/Collins*, RN. 24R-020ff.; *Cheshire/North*, S. 800; *Zaphiriou*, S. 110, 175; *Collier*, S. 247-250.

685 *Dicey/Morris/Collins*, RN. 24-022f.

686 (1801) 1 East 515. Siehe schon unter [D. II. 3. bb)].

687 [1880] 5 AC 664. Gleichfalls bereits unter [D. II. 3. bb)].

688 (1867) LR 4 Eq 62; on appeal (1868) 3 Ch. App. 479. Siehe hierzu [D. II. 3. ee)].

689 Vgl. hierzu: *Cheshire/North*, S. 805f.

tiver Rechte ginge. Im Sinne dieses Gläubigers und einer konsequenten Anwendung der Situs-Regel sei ein anderweitiger Verlust von Rechten, die nach einem vorausgegangenen Lageortrecht zunächst wirksam begründet wurden, hinzunehmen.[690]

Gegen diese Auffassung bestehen im englischen Schrifttum jedoch auch Einwände. So führt *Zaphiriou* aus, dass das neue Situsrecht zwar die Wirksamkeit einer unter ihm stattfindenden Beschlagnahme beurteilen könne, auf Tatsachen, welche sich unter einer vorausgehenden Rechtsordnung ereigneten, könne es jedoch nicht rückwirkend angewendet werden.[691]

Dabei ist *Zaphiriou* aber nicht ganz konsequent. So will auch er das Recht des neuen Lageortes zur Bewertung eines unter einem vorausgegangenen Belegenheitsrecht wirksam begründeten Eigentumsvorbehalts anwenden, wenn das neue Lageortrecht dafür, dass der Eigentumsvorbehalt auch Drittwirkung entfaltet, eine Registrierung verlangt.[692]

Letztlich stellt sich die Frage, ob das englische Kollisionsrecht dem Recht des Ortes, an dem die Zwangsvollstreckung betrieben wurde oder werden soll, grundsätzlich den Vorrang einräumt, oder ob dies dann gerade nicht gelten soll, wenn unter einem vorangegangenen Belegenheitsrecht wirksam begründete Rechte an einer Sache nicht anerkannt werden müssten, um die Vollstreckung wirksam durchführen zu können.

Im Urteil *Inglis v. Usherwood*[693] wurde ein anscheinend wirksam begründetes Pfandrecht für unwirksam erklärt, jedoch nicht aufgrund der Bewertung durch das neue Lageortrecht, sondern vielmehr nach Anwendung des Rechtes des Ortes, an dem sich die Sache zum Zeitpunkt der Verpfändung befand.

Zwar setzten sich im Ergebnis die Rechte desjenigen durch, der am neuen Lageort die Zwangsvollstreckung betrieb, dies war jedoch nur deshalb der Fall, weil das zunächst entgegenstehende Pfandrecht schon nach dem vorangegangenen Situsrecht unwirksam war.

Im Fall *City Bank v. Barraw*[694] stellte sich die Frage, ob eine Verpfändung durch einen nicht berechtigten Besitzer nach kanadischem Recht wirksam war. Im Urteil wurde zunächst herausgestellt, dass die Rechte des tatsächlichen Eigentümers durch die Verbringung der Sache nach Kanada unberührt blieben. Die anschließende Verpfändung nach kanadischem Recht führte jedoch dazu, dass ein gutgläubiger Dritter das Pfandrecht wirksam vom Nichtberechtigten erwer-

690 *Cheshire/North*, S. 805.
691 *Zaphiriou*, S. 187.
692 *Zaphiriou*, S. 187.
693 (1801) 1 East 515.
694 [1880] 5 AC 664.

ben konnte und der tatsächliche Eigentümer so aus seiner Rechtsposition verdrängt wurde.

Im Ergebnis war es auch in diesem Fall nicht so, dass ein bestehendes Recht durch das neue Lageortrecht nicht anerkannt wurde, sondern es lag ein regulärer Fall von *overriding statutes* vor.[695]

Die Entscheidungen *Simpson v. Fogo*[696] und *Liverpool Marine Credit Co. v. Hunter*[697] gleichen sich in der Grundstruktur ihrer Sachverhalte und werfen deshalb aufgrund der Unterschiede in den jeweiligen Urteilen die meisten Fragen auf.

Gemein ist beiden Fällen zunächst, dass das neue Lageortrecht des amerikanischen Bundesstaats Louisiana die Wirksamkeit einer zuvor nach englischem Recht rechtmäßig erworbenen *mortgage* nicht anerkannte.

In *Simpson v. Fogo* ließ nun ein ungesicherter Gläubiger des Sicherungsgebers der *mortgage* das Sicherungsgut in Louisiana beschlagnahmen. Im Rahmen der Zwangsvollstreckung wurde die Sache dann von einem Engländer erworben und wieder nach England verbracht. Dort klagte der ursprüngliche Sicherungsnehmer der *mortgage* mit dem Ziel, dass sein Recht an der Sache gegenüber dem im Rahmen der Zwangsversteigerung in Louisiana erworbenen Eigentum des Ersteigerers als vorrangig anerkannt werde.

Das englische Gericht bestätigte diese Rechtsauffassung – die *mortgage* sei nicht durch die Verbringung der Sache nach Louisiana erloschen, anderweitige Urteile, die von einem Gericht in Louisiana gefällt wurden, seien schon deshalb nicht bindend, weil sie gegen elementare Grundsätze des englischen Rechts verstießen.

Dieses Urteil gibt zunächst den bis dahin entwickelten Grundsatz des englischen Kollisionsrechts wieder, indem es nämlich feststellt, dass ein nach einem Situsrecht wirksam erworbenes Recht an einer Sache auch unter einem nachfolgenden Lageortrecht wirksam bleiben müsse. Die *morgtage* wäre aus englischer Sicht in Louisiana somit nicht untergegangen.

Im nächsten Schritt widerspricht das Gericht dann aber gerade diesem Grundsatz – so ist der Regel auch immanent, dass ein Rechtserwerb immer nach dem Recht des Ortes bewertet werden muss, an dem er stattfand. Konkret hätte das Gericht die Frage, ob der Ersteigerer wirksam Eigentum an der Sache erlangen konnte, allein nach dem Recht Louisianas, als zu diesem Zeitpunkt geltendes Situsrecht, beurteilen müssen. Damit ist zwar richtig, dass aus englischer Sicht eine bestehende *mortgage* den Eigentumserwerb durch den ungesicherten Gläu-

695 Näher zu den *overriding statutes* [E. II. 1.].

696 (1863) 1 H & M 195.

697 (1867) LR 4 Eq 62; on appeal (1868) 3 Ch. App. 479.

biger verhindert hätte, da das Gericht in Louisiana diese *mortgage* aber nicht anerkannte, war es nach dortigem Recht durchaus möglich, das Eigentum wirksam zu übertragen.[698] Letztlich kam die dem Urteil des Gerichts in Louisiana nachfolgende Entscheidung des englischen Gerichts bei konsequenter Anwendung der Situs-Regel zu spät, um den Fortbestand der *mortgage* noch sichern zu können.

Das Urteil löste Kritik oder zumindest Unverständnis aus und anscheinend sah auch ein Teil der Richterschaft, die das Urteil gefällt hatte, diesen Widerspruch ein und urteilte im zeitlich folgenden Fall *Liverpool Marine Credit Co. v. Hunter* gegenläufig.

Streitgegenständlich in *Liverpool Marine Credit Co. v. Hunter* war die Frage, ob der Sicherungsnehmer der *mortgage* nach Rückkehr der Sache nach England die Durchsetzung einer Schuldverschreibung verhindern konnte. Diese Schuldverschreibung wurde von ihm zuvor in Louisiana gegenüber einem ungesicherten Gläubiger des Sicherungsgebers abgegeben, um einen Zwangsverkauf des Sicherungsguts im Rahmen einer vom ungesicherten Gläubiger betriebenen Zwangsvollstreckung zu verhindern.

Das englische Gericht entschied, dass die Schuldverschreibung auch in England Bestand habe, da der ungesicherte Gläubiger die Zwangsvollstreckung nach dem zu deren Zeitpunkt maßgeblichen Recht von Louisiana wirksam betrieben habe und dadurch entstandene dingliche Rechte auch vom neuen englischen Lageortrecht beachtet werden müssten.

In seiner Urteilsbegründung vermied es das Gericht, auf den Widerspruch zu *Simpson v. Fogo* einzugehen, tatsächlich ging es überhaupt nicht auf die im Rahmen der Betreibung der Zwangsvollstreckung begründeten subjektiven Rechte des ungesicherten Gläubigers ein, sondern nahm die Schuldverschreibung als unter amerikanischem Recht wirksam begründet an und befand diese dann auch als unter englischem Recht wirksam.

Somit muss festgehalten werden, dass keine eindeutige Antwort gegeben werden kann, ob in *Liverpool Marine Credit Co. v. Hunter* bewusst eine *Simpson v. Fogo* widersprechende Entscheidung getroffen werden sollte, da im Urteil zu *Liverpool Marine Credit Co. v. Hunter* auf diese brisante Frage nicht ausdrücklich eingegangen wurde.

Es ist jedoch schwer vorstellbar, dass die in Teilen identische Richterschaft sich nicht bewusst war, dass sie im Widerspruch zu ihrem vorangegangenen Beschluss urteilte. So wird man feststellen können, dass in *Liverpool Marine Credit Co. v. Hunter* eine stillschweigende Abkehr vom Ergebnis aus *Simpson v. Fogo* zu sehen ist. Dafür spricht nicht nur die systematische Betrachtung der Pro-

---

698 *Dicey/Morris/Collins*, RN. 24-046f.

blemlage, sondern auch, dass das *House of Lords*[699] das Urteil *Liverpool Marine Credit Co. v. Hunter* in der Folge ausdrücklich bestätigte.[700]

In der Gesamtschau kann die Rechtslage zwar nicht als eindeutig bezeichnet werden, man wird jedoch davon ausgehen müssen, dass subjektive Rechte, welche aus einer ausländischen Vollstreckungsmaßnahme resultieren, nach englischem Kollisionsrecht schon aus Gründen der Rechtssicherheit anerkannt werden, selbst wenn sie nur aufgrund einer Nichtanerkennung zuvor bestehender subjektiver Rechte durch das ausländische Recht zustande kommen konnten.[701]

3. Sachenrechtliche Verfügungen

Seit *Cammell v. Sewell*[702] wird im englischen Recht auf alle Sachenrechtsübertragungen aufgrund eines Rechtsgeschäfts die lex rei sitae angewandt.

Grundsätzlich können dabei alle sachenrechtlichen Normen des Lageortrechts zur Anwendung kommen. Darauf hat insbesondere der Wille des Eigentümers der Sache keinen Einfluss. Gelangt eine Sache beispielsweise gegen den Willen des Eigentümers an einen anderen Lageort und damit unter die Geltung eines anderen Rechts, kommen auch die Normen des neuen Situsrechts zur Anwendung, die den gutgläubigen Erwerb vom Nichtberechtigten regeln.[703]

Für einen dadurch möglichen Rechtsverlust des ursprünglichen Eigentümers ist dabei aber nicht nur unerheblich, ob er dem Lageortwechsel zustimmte, sondern ebenso die Tatsache, dass der Verlust des Eigentums unter Geltung des ursprünglichen Situsrechts gegebenenfalls nicht eingetreten wäre.[704]

Strittig ist innerhalb der englischen Rechtsliteratur jedoch die Frage, ob die Anwendbarkeit eines neuen Situsrechts nicht insoweit eingeschränkt werden muss, dass die Normen nicht angewendet werden, welche den Bestand eines nach einem vorausgegangenen Lageortrecht wirksam begründeten dinglichen Rechts nicht anerkennen, obschon nach englischem Kollisionsrecht die Beurtei-

---

699 Bis zur Verfassungsreformakte von 2005 war das *House of Lords* die höchste Revisionsinstanz Englands. Seither erfüllt der *Supreme Court of the United Kingdom* diese Funktion.

700 *Zaphiriou*, S. 178-181; *Schilling*, I.C.L.Q. 1985 (34), 87 (93).

701 Hierzu näher: *Dicey/Morris/Collins*, RN. 24-043ff. und in der deutschen Literatur: *Ritterhoff*, S. 250.

702 (1858) 3 H & N 616; on appeal (1860) 5 H & N 727, 744-746.

703 *Cammell v. Sewell* (1858) 3 H & N 616; on appeal (1860) 5 H & N 727, 744f.; *Winkworth v. Christie, Manson and Woods Ltd.* [1980] Ch. 496, [1980] All ER 1121; *Cheshire/North*, S. 798; *Dicey/Morris/Collins*, RN. 24R-020ff.; *Schilling*, I.C.L.Q. 1985 (34), 87 (95).

704 *Dicey/Morris/Collins*, RN. 24R-020ff.

lung solch abgeschlossener Tatbestände allein dem vorausgegangenen Lageortrecht unterliegen.

Nach der überwiegenden Meinung im englischen Schrifttum ist eine solche Einschränkung nicht vorzunehmen.[705]

Vereinzelt wird jedoch die Auffassung vertreten, dass Vorschriften, welche die Nichtanerkennung eines importierten Rechts zur Folge haben, vom englischen Kollisionsrecht grundsätzlich nicht zur Anwendung berufen werden.[706]

Welche Auffassung sich durchsetzen wird, kann letztlich nur die zukünftige englische Rechtsprechung entscheiden. Aus heutiger Sicht wird man aber sagen müssen, dass die uneingeschränkte Verweisung, auch wenn sie im Einzelfall ungewünschte Ergebnisse zur Folge haben mag, aufgrund der klaren Vorhersehbarkeit der Resultate vorzugswürdig ist.

4. Anwendung von Form- und Registervorschriften auf bestehende Rechte

Insbesondere im Zusammenhang mit Sicherungsrechten stellt sich immer wieder die Frage, ob Form- und Registervorschriften des aktuellen Belegenheitsrechts auf importierte Rechte anzuwenden sind.

Die englische Rechtsliteratur ist hierzu uneins.

Nach einer Ansicht sollen Form- und Registervorschriften eines neuen Lageortrechts immer nur dann zur Anwendung kommen, wenn sie die Rechtslage zwischen den Parteien des Sicherungsrechts unberührt lassen. Insoweit seien Form- und Registervorschriften *overriding statutes*, die es bei Nichteinhaltung ermöglichten, dass importierte Sicherungsrechte durch einen gutgläubigen Erwerb der Sache vom Nichtberechtigten untergraben werden würden.[707]

Einen ähnlichen Ansatz verfolgen die Vertreter einer zweiten Meinung – sie wollen die Form- und Registervorschriften nur so weit zur Anwendung berufen, wie sie den Schutz eines gutgläubigen Dritten bezwecken.[708]

Gegen eine Einschränkung der Anwendbarkeit wendet sich eine dritte Auffassung in der Literatur. Form- und Registervorschriften eines neuen Lageortes seien immer auf importierte Sachenrechte anzuwenden, sobald sich am neuen Lageort ein sachenrechtlich relevanter Vorgang ereignet in dessen Zusammenhang auch das fragliche Altrecht zu betrachten ist.[709]

---

705 *Lalive*, S. 156ff., *Zaphiriou*, S. 176ff.; *Cheshire/North*, S. 800ff.

706 *Dicey/Morris/Collins*, RN. 24-037.

707 *Dicey/Morris/Collins*, RN. 24-029ff.

708 *Zaphiriou*, S. 188.

709 *Cheshire/North*, S. 801.

Die direkte Gegenmeinung hierzu lehnt wiederum eine Anwendung von Form- und Registervorschriften auf importierte Rechte grundsätzlich ab. Sicherungsrechte, die nach dem zum Zeitpunkt der Entstehung anzuwendenden Recht wirksam begründet wurden, müssten vom darauf folgenden Lageortrecht anerkannt werden, unabhängig davon, ob die nach dem neuen Lageortrecht geltenden Form- und Registervorschriften erfüllt seien. Einzig drittschützende *overriding statutes* des neuen Situsrechts, zu denen die Form- und Registervorschriften gerade nicht zählten, seien in der Lage, einen Rechtsverlust herbeizuführen.[710]

Welcher der Ansichten zu folgen ist, wird sich erst abschließend klären lassen, wenn sich ein englisches Gericht in einem Urteil eindeutig zu dieser Fragestellung äußert.

Dabei muss an dieser Stelle aber festgestellt werden, dass die Diskussion zu diesem Punkt im englischen Recht derzeit vor einem falschen oder zumindest nicht einheitlichen systematischen Hintergrund geführt wird. Mit entscheidend ist nämlich die Frage nach der Qualifikation von Formfragen im Kontext des Sachenrechts. Das englische Recht beantwortet diese Frage insoweit eindeutig dahingehend, dass die Form unselbstständig angeknüpft und dementsprechend gleichfalls sachenrechtlich qualifiziert wird.[711] Die Konsequenz hieraus ist, dass ein neues Lageortrecht nach dem Grundsatz der temporalen Spaltung des Sachstatuts grundsätzlich nicht danach zu befragen ist, ob ein bestehendes Recht formwirksam entstanden ist, sondern hierfür allein die Wertung des Rechtsbestandsstatuts entscheidend ist. Damit muss bei systematisch stringenter Betrachtung festgestellt werden, dass Formvorschriften eines neuen Lageortrechts grundsätzlich nicht rückwirkend auf bestehende dingliche Rechte angewandt werden können und Grundlage der Diskussion eigentlich die Frage sein muss, unter welchen Umständen ausnahmsweise von dieser Grundregel abgewichen werden darf.

Im Sinne des Verkehrsrechtsschutzes erscheint es dann etwa als sinnvoll, Form- und Registervorschriften eines neuen Lageortrechts ausnahmsweise rückwirkend zur Anwendung zu bringen, wenn der inländische Rechtsverkehr des neuen Lageortes schutzwürdig ist. Insbesondere einem gutgläubigen Dritten wird man nicht zumuten können, die Rechtslage an einer Sache dahingehend zu prüfen, welche Form- und Registervorschriften zu erfüllen sind. Der gutgläubige Dritte sollte sich darauf verlassen können, dass die Form- und Registervor-

710 *Collier*, S. 248f.

711 Hierzu [D. II. 4. e)].

schriften des Lageortes der Sache für das Bestehen oder Nichtbestehen eines Rechts ausschlaggebend sind.[712]

Eine Sonderfrage ergibt sich, wenn eine Form- oder Registervorschrift des ursprünglichen Situsrechts nicht beachtet wurde und nach diesem Recht ein unvollkommenes Sicherungsrecht entstand. Unvollkommen ist ein Sicherungsrecht, wenn es zwar wirksam zwischen den vereinbarenden Parteien besteht, jedoch keine Drittwirkung entfaltet.[713]

Nach inzwischen wohl einhelliger Meinung in der englischen Rechtsliteratur ist eine Einschränkung der Wirkung eines Sicherungsrechts durch das Lageortrecht, in dem es entstanden ist, für ein Rechtsgeschäft unter einem neuen Situsrecht ohne Bedeutung.[714] Ein unvollkommenes Sicherungsrecht ist folglich kollisionsrechtlich wie ein vollkommenes Sicherungsrecht zu behandeln, mit der Folge, dass sich auch bei unvollkommenen Sicherungsrechten die Frage stellt, ob und inwieweit Form- und Registervorschriften eines neuen Situsrechts ausnahmsweise auf das bestehende unvollkommene Sicherungsrecht anzuwenden sind. Das oben Gesagte gilt entsprechend.

5. Umgang mit im Ausland erworbenen dinglichen Rechten im Inland

Es besteht im englischen Recht Einigkeit darüber, dass nach einem Statutenwechsel im Ausland erworbene dingliche Rechte im Inland anerkannt werden müssen. Zugleich bietet aber weder die Rechtsprechung noch die Literatur eine umfassende Methodik an, mit der Altrechte – insbesondere wenn sie dem englischen Recht unbekannt sind – wirkungserhaltend importiert werden können.

Wenn sich dieser Fragestellung gewidmet wird, dann immer nur in einzelfallspezifischen Fragmenten.

So ist der englischen Rechtsprechung zu entnehmen, dass die Wirkung von importierten dinglichen Rechten dahingehend beschränkt werden muss, dass sie nicht weiter reichen darf, als die eines entsprechenden englischen dinglichen Rechts.[715] Wiederum ausgespart wird dabei die Frage, wie zu ermitteln ist, welches englische Sachenrecht nun einem importierten dinglichen Recht entspricht. Es gibt zwar zweifelsohne Fälle, in denen eine Zuordnung aufgrund einer domi-

712 Die Entscheidung dieser Abwägung drängt sich nicht immer eindeutig auf, insbesondere dann nicht wenn das inländische Recht trotz bestehender Form- und Registervorschriften Ausnahmen von der Schutzwürdigkeit eines gutgläubigen Dritten anerkennt. Hierzu unter [F. II. 2.].

713 *Goode/Ziegel*, S. 212.

714 *Dicey/Morris/Collins*, RN. 24-039; *Goode/Ziegel*, S. 213f. Darstellung der veralteten abweichenden Meinung: *Ritterhoff*, S. 255f.

715 *Aluminium Industrie Vaassen B.V. v. Romalpa Aluminium Ltd.* [1976] 2 All ER 552, 553.

nanten funktionalen Ähnlichkeit recht einfach zu bewerkstelligen ist, der Rechtsanwender wird aber ohne Hilfestellung zurückgelassen, wenn entweder verschiedene dingliche Rechte als inländisches Äquivalent in Frage kommen oder im Gegenteil kein entsprechendes englisches Sachenrecht gefunden werden kann.[716]

Hinzu kommt die noch ungeklärte Frage, unter welchen Umständen Form- und Registervorschriften des englischen Rechts nachträglich auf importierte Sicherungsrechte anzuwenden sind.[717] Vertritt man die zwar systematisch fragwürdige aber wohl noch herrschende Auffassung im englischen Recht und wendet Form- und Registervorschriften des englischen Rechts auch auf importierte Sicherungsrechte an, bereitet insbesondere das Auffinden einer sinnvoll anzuwendenden Form- bzw. Registervorschrift Probleme.[718]

Aufgrund der Vielfalt internationaler Sicherungsrechte und der unendlichen Anzahl möglicher Fallkonstellationen kann schwerlich ein umfassender Katalog aufgestellt werden, aus dem zu entnehmen wäre, welches ausländische Recht welchem englischen Recht gleichgesetzt wird und welche Form- und Registervorschriften zur Anwendung berufen werden. Einzelfälle müssen letztlich immer aufgrund eines Rechtsvergleichs entschieden werden.

Dabei fordern insbesondere die Grundfreiheiten des EG-Vertrags dem englischen Recht die Bemühung ab, dingliche Rechte – auch wenn sie ihm unbekannt sind – derart zu importieren, dass sie nicht ihrer Wirkungen beraubt werden.[719]

Tatsächlich bietet das englische Recht für diese Aufgabe im Vergleich zum deutschen Recht das tauglichere Fundament. So hält es nämlich nicht ein abschließendes Inventar an kodifizierten Sachenrechten vor, wie es das deutsche Recht tut, sondern ermöglicht es den entscheidenden Richtern nach den Grundprinzipien des *Case Law* auch neue Sachenrechte zu entwickeln, um der jeweiligen Sachlage gerecht zu werden.[720]

Diese Möglichkeit wurde von der englischen Rechtsprechung im „Romalpa-Fall" bereits dahingehend genutzt, dass einem importierten und dem englischen Recht zunächst völlig unbekannten (verlängerten) Eigentumsvorbehalt zur Wirkung im Inland verholfen wurde, indem das entscheidende Gericht unter Heranziehung von Prinzipien verschiedener englischer Sachenrechte die Grundlagen

---

716 Beispiele aus verschiedenen Rechtsordnungen bei *Ritterhoff*, S. 259ff.

717 Vgl. hierzu unter [E. II. 4.].

718 Zu diesem Problem mit unterschiedlichen Ergebnissen: *Benjamin's*; RN. 25-130 und *Zaphiriou*, S. 184f.

719 Hierzu schon unter [A. II. 2.] und [E. II. 1.]. Näher auch am Beispiel deutscher Sicherungsrechte: [F. II.].

720 Zu den Grundprinzipien des englischen Rechts unter [D. I. 1.].

des inzwischen auch in der englischen Rechtspraxis häufig angewendeten *retention of title* entwickelte.[721]

Will man nun ein theoretisches Gerüst für den Import dinglicher Altrechte unter die Geltung englischen Rechts entwickeln, wird man sich aufgrund der prominenten Entscheidungen der Rechtsprechung an der im deutschen Recht vertretenen Hinnahmetheorie orientieren können.[722]

Legt man die Feststellung der Rechtsprechung, die Wirkung eines importierten dinglichen Rechts müssten derart beschränkt werden, dass sie nicht weiter reichen, als die eines entsprechenden englischen Sachenrechts, dahingehend aus, dass entsprechende Wirkungen nicht in einem einheitlichen englischen Sachenrecht gefunden werden müssen, sondern unterschiedlichen Rechtsinstituten entnommen werden können – wie es letztlich das weitere Vorgehen des Gerichts in der *Romalpa-Entscheidung* nahelegt – so entspricht dies der Systematik der Hinnahmetheorie.

Die mangelnde theoretische Auseinandersetzung mit dem Thema im englischen Recht verbietet derzeit eine generelle Aussage, im englischen internationalen Sachenrecht wäre nach einem Statutenwechsel die Hinnahmetheorie für den Import dinglicher Altrechte heranzuziehen. Das Fehlen der entsprechenden Diskussion, obgleich die Problematik in der englischen Rechtspraxis nicht weniger relevant ist, ist jedoch auch als Hinweis dahingehend zu sehen, dass der Umgang mit dinglichen Altrechten nach den selbstverständlichen Prinzipien des englischen Rechts erfolgen kann.

Hiernach kommt den entscheidenden Richtern eben auch die Aufgabe zu, wenn es keine Regelungen gibt, die den jeweiligen Fall zu einer sachgerechten Lösung führen können, neues Recht zu schaffen. Orientieren können und müssen sie sich dabei einerseits an bereits bestehenden Rechtsnormen und andererseits an den zwingenden Grenzen des nationalen ordre publics.

Ergänzt man diese richterliche Kompetenz in Fällen eines Import eines Sachenrechts nach einem Statutenwechsel um die, insbesondere durch das Europarecht forcierte, Vorgabe, dass Altrechte auch unter einem neuen Statut fortbestehen müssen, verfügt ein englischer Richter über alle Werkzeuge, um – sofern keine zwingenden nationalen Regelungen dem entgegen stehen – zu einer wirkungserhaltenen Lösung zu gelangen, wie es auch die Vertreter der Hinnahmetheorie tun würden.

---

721 Näher zum „Romalpa-Fall“ [D. I. 2. d) bb) α)].

722 Zur Hinnahmetheorie im deutschen Recht: [D. II. 4. c), d)].

III. Wirkung des Statutenwechsels auf unvollendete Rechtsänderungen

Besondere Bedeutung erhält der Statutenwechsel in Fällen, in denen eine Sache in einen neuen Rechtskreis eintritt, bevor ein sachenrechtlicher Tatbestand nach dem Recht des ursprünglichen Lageortes vollendet werden konnte.[723]

Im englischen Schrifttum haben sich vornehmlich *Zaphiriou* und *Lalive* mit dieser Thematik beschäftigt.

Beide stimmen mit der allgemeinen Auffassung im englischen Recht überein, dass das Lageortrecht nur so lange zur Beurteilung einzelner sachenrechtlicher Vorgänge berufen ist, wie sich die Sache auch in dessen Geltungsbereich befindet. Überwiegend wird, von diesem Grundsatz ausgehend, die Sachenrechtslage aber in nur eine Richtung weiter betrachtet – in die Zukunft, denn klar ist, dass nach einer Rechtsordnung, in deren Geltungsbereich sich eine Sache nicht mehr befindet, keine zukünftigen sachenrechtlichen Vorgänge mehr bewertet werden dürfen.

Zaphiriou und *Lalive* hingegen betrachten die Lage aus einem anderen Blickwinkel und stellen zunächst fest, dass sachenrechtliche Vorgänge, die sich unter einem vorangegangenen Statut ereigneten, wiederum nicht nachträglich nach dem neuen Lageortrecht bewertet werden dürfen.[724]

Somit würde ein dingliches Recht auch gerade dann nicht begründet oder verändert werden, wenn Tatsachen, welche sich an einem vorangegangenen Lageort ereigneten, am neuen Lageort für die Vollendung eines sachenrechtlichen Tatbestands ausreichen würden.

Zaphiriou[725] will entgegen *Lalive*[726] jedoch dann eine Ausnahme von dieser Regel machen, wenn eine von vorneherein geplante, grenzüberschreitende Übereignung aufgrund eines schuldrechtlichen Vertrags stattfinden soll.

So sei bei einem grenzüberschreitenden Versendungskauf der ersichtliche Wille der Vertragsparteien zur Eigentumsübertragung ausreichend, um das Eigentum nach dem neuen Situsrecht übergehen zu lassen, sofern dieses das Eigentum schon allein aufgrund eines bestehenden Kaufvertrags übergehen lässt.[727]

---

723 Nach der Typisierung von Wendehorst ist dies im deutschen Kollisionsrecht sowohl bei Typ A als auch bei Typ B des qualifizierten Statutenwechsels der Fall, siehe [C. III. 1.] sowie [C. III. 2.]. Alternativ können diese Fälle auch zu den Berücksichtigungs-Fällen gruppiert werden [C. IV. 2.].

724 *Zaphiriou*, S. 110; *Lalive*, S. 147-150.

725 *Zaphiriou*, S. 168.

726 *Lalive*, S. 149.

727 *Zaphiriou*, S. 168, 173.

Eine weitere Ausnahme befürwortet *Zaphiriou* bei der Frage nach der Bewertung der Vollendung einer Ersitzung. Seiner Meinung nach soll die am vorherigen Lageort bereits verstrichene Ersitzungszeit auf die nach der Ersitzungsnorm des neuen Lageortes notwendige Zeit angerechnet werden.[728] Setzt das neue Lageortrecht eine kürzere Ersitzungszeit voraus als das Recht des vorangegangenen Lageortes, und ist diese dort bereits verstrichen, träte der Eigentumsübergang demnach, gesetzt den Fall, alle weiteren Voraussetzungen der Ersitzungsnorm des neuen Situsrechts sind ebenfalls erfüllt, mit dem Statutenwechsel automatisch ein.[729]

Die englische Rechtsprechung machte in ihren Entscheidungen immer wieder deutlich, dass die temporale Spaltung des Sachstatuts strikt einzuhalten ist. Selbst im systematisch fehlgeleiteten Urteil *Simpson v. Fogo*[730] wurde dieser Grundsatz hervorgehoben und mit der später folgenden Entscheidung *Liverpool Marine Credit Co. v. Hunter*[731], in welcher die widersprüchliche Schlussfolgerung aus *Simpson v. Fogo* korrigiert wurde, konnten die entscheidenden Richter letztlich eine belastbare Grundlage für kommende Urteile schaffen.[732]

Mit einem Abstand von fast einhundert Jahren betrachteten *Zaphiriou* und *Lalive* die zitierten Urteile und versuchten vor dem Hintergrund der rasanten Entwicklung des internationalen Warenverkehrs erstmals die Fragestellungen des englischen internationalen Sachenrechts losgelöst von Einzelfällen zu systematisieren. Überlegungen zu Möglichkeiten der Überwindung der temporalen Spaltung des Sachstatuts hatte die Rechtsprechung bis dahin mangels konkreter Fälle nicht angestellt. Dass der Umgang mit Abweichungen von der strengen temporalen Spaltung des Sachstatuts im internationalen Sachenrecht ein sehr schwieriger ist, zeigt die umstrittene Verortung des Art. 43 III EGBGB im System des deutschen internationalen Sachenrechts.[733] *Lalive* wählt insoweit den argumentativ nächstliegenden Weg, wenn er es im Einklang mit den bis dato ergangenen Entscheidungen aus Gründen der Rechtssicherheit ausnahmslos ablehnt, sachenrechtliche Vorgänge, die sich unter einem vorangegangenen Lageortrecht ereigneten, in die Betrachtung der Sachenrechtslage durch ein neues Situsrecht einzubeziehen.

Die von *Zaphiriou* vorgeschlagenen Ausnahmen zielen darauf ab, einen Eigentumserwerb im Falle eines Statutenwechsels zu erleichtern, was zwar aus der Sicht der unmittelbar Beteiligten wünschenswert sein mag, im Kontext des all-

728 *Zaphiriou*, S. 116f.
729 *Zaphiriou*, S. 116f.
730 Allgemein zum Fall unter [D. II. 3. a) dd)].
731 Hierzu unter [D. II. 3. a) ee)].
732 Zum Verlauf der Rechtsprechung zu diesem Punkt unter [E. II. 2.].
733 Hierzu der Exkurs unter [C. III. 1. a)].

gemeinen Rechtsverkehrs jedoch einer weiteren Begründung bedarf. Eine solche Begründung bleibt *Zaphiriou* schuldig.

So bleibt etwa unklar, ob im Falle eines Versendungskaufs einzig der Wille der Parteien zu einem Eigentumsübergang aufgrund des geschlossenen Kaufvertrags nach einem zukünftigen Lageortrecht ausreichen kann, ohne dass etwaige Verkehrsschutzinteressen des Ausgangsstatuts beachtet werden.

Dem wiederum ließe sich entgegnen, dass beim Versendungskauf tatsächlich Fälle denkbar sind, die keine Interessen Dritter berühren und die Rechtsordnung des Ziellandes regelmäßig dem Geschäft sachnäher ist,[734] als es die des Ausgangslandes ist.

Im Falle einer Ersitzung steht wiederum das Interesse des von ihr Begünstigten an einem schnellen Eigentumserwerb dem vermeintlich gegenteiligen Interesse des rechtmäßigen Eigentümers gegenüber. Oftmals wird die Interessenslage der Beteiligten jedoch im Sinne des Ersitzenden übereinstimmen, dann etwa, wenn in der Vergangenheit eine von beiden gewollte Übereignung aus unerkannten Gründen scheiterte, der rechtmäßige Eigentümer sich seiner Rechtsstellung also weder bewusst ist, noch den Eigentumserwerb durch den Ersitzenden verhindert sehen möchte.

Es lassen sich somit sowohl Argumente für als auch gegen die von *Zaphiriou* vorgeschlagenen Ausnahmen finden. Noch waren die entsprechenden Fragestellungen in keinem Fall entscheidungsrelevant, weshalb auf eine Stellungnahme der Rechtsprechung zu warten ist.

Es überwiegen aber die Anzeichen dahingehend, dass die englische Rechtsprechung die geschilderten Ausnahmen nicht wird zulassen – wenige Prinzipien werden von ihr so konsequent verfolgt, wie die temporale Spaltung des Sachstatuts. Eine endgültige Klärung wird jedoch nur ein entsprechendes Urteil bringen können.

Derweil muss es im englischen Recht beim Grundsatz bleiben, dass sachenrechtlich relevante Vorgänge, die sich unter einem vorangegangenen Statut ereigneten, vom aktuellen Situsrecht nicht rückwirkend im Rahmen der Vollendung eines sachenrechtlichen Tatbestands herangezogen werden können. Begonnene Sachenrechtsänderungen bleiben also auch nach einem Statutenwechsel unvollendet, selbst wenn die unter dem Ausgangsstatut gesetzten Tatsachen für eine Rechtsänderung nach dem neuen Situsrecht ausgereicht hätten.

---

734 In den Worten der deutschen Systematik würde man von einer „wesentlich engeren Verbindung“ im Sinne des Art. 46 EGBGB sprechen. Siehe hierzu [B. II. 3. a)].

IV. Zusammenfassung und Vergleich zum deutschen Recht

Die sachenrechtliche Anknüpfung an die lex rei sitae hat inzwischen fast weltweite Geltung. Der internationale Rechtsverkehr wird so vereinfacht und die Entscheidungsharmonie vor Gericht gefördert.

Trotz der elementaren Unterschiede zwischen der deutschen und der englischen Rechtsordnung besteht bezüglich der Anknüpfung von sachenrechtlichen Tatbeständen an die lex rei sitae im Kollisionsrecht Einigkeit.

Dennoch sieht sich der Rechtsanwender Unterschieden gegenübergestellt, welche letztlich das Ziel der internationalen Entscheidungsharmonie wieder ein Stück weit in die Ferne rücken lassen.

1. Die Anwendung der lex rei sitae auf sachenrechtliche Tatbestände

Das englische Kollisionsrecht differenziert im Unterschied zum nationalen Sachrecht bei der Betrachtung eines Sachverhalts in schuld- und sachenrechtliche Aspekte, wie es das deutsche Recht tut.[735]

Im deutschen Recht werden sachenrechtliche Tatbestände im Sinne des Art. 43 I EGBGB nach der funktionellen Qualifikation ermittelt, wohingegen das englische Recht grundsätzlich die lex rei sitae auch zur Qualifikation eines Tatbestands beruft.[736] In der Praxis dürften die Ergebnisse der funktionellen Qualifikation jedoch kaum von denen der Qualifikation nach der lex rei sitae abweichen.[737]

Damit sind die in beiden Ländern von der Situs-Regel erfassten Tatbestände vom Grundsatz her gleich. Zu beachten ist jedoch, dass im englischen Recht auch *intangible movables*, also „gegenstandslose bewegliche Sachen“, unter den Sachbegriff fallen, während diese vom deutschen Sachbegriff nicht erfasst werden.[738]

Während das deutsche Recht nun unbewegliche wie bewegliche Sachen einheitlich nach Art. 43 I EGBGB behandelt, unterscheidet das englische Recht systematisch nach Immobilien und Fahrnissen, kommt aber nur bei Immobilien zu zwei möglichen Ausnahmen von der Grundanknüpfung an die lex rei sitae, die dem deutschen Recht unbekannt sind – zum einen, wenn die zu betrachtende Immobilie Gegenstand eines *trusts* ist, und zum anderen, wenn Gründe der

735 Siehe [D. I. 3.].
736 Vgl. [B. II. 1.] und [D. II. 1. c)].
737 Hierzu unter [B. II. 1. c)].
738 Vgl. [B. II. 1. a)] und [D. II. 1. b)].

Equity die Anwendung eines anderen Rechts fordern.[739] Dabei sehen sich beide Ausnahmen zu Recht der Kritik der Rechtsliteratur ausgesetzt, und es darf bezweifelt werden, dass sie in der Zukunft Bestand haben werden.[740]

a) Sicherungsrechte

Im deutschen Recht werden Sicherungsrechte, sofern sie sich tatsächlich als beschränkt dingliche Rechte im Sinne des deutschen Sachenrechts darstellen und kein Fall des Art. 45 II EGBGB vorliegt, sachenrechtlich qualifiziert.[741] Dabei unterliegen selbst die Bestellung einer akzessorischen Sicherheit sowie die Reichweite der Akzessorietät dem Sachstatut.

Zwar ist auch im englischen Recht eine Tendenz dahingehend zu erkennen, Sicherungsrechte dann der lex rei sitae zu unterstellen, wenn sie aus der Sicht des englischen Rechts zumindest beschränkt dingliche Rechte darstellen, die Qualifikation von Sicherungsrechten ist jedoch stark geprägt von den Umständen des Einzelfalls und erfolgt nicht immer im Einklang mit dem Grundsatz des deutschen Rechts.[742]

Damit erfolgt im englischen Recht an dieser Stelle ausnahmsweise eine Art funktionelle Qualifikation,[743] wie sie im deutschen Recht generell erfolgt, um das Vorliegen eines dinglichen Rechts zu ermitteln[744].

In Anbetracht der Vielfalt an existierenden Sicherungsrechten ist vorauszusehen, dass die unterschiedlichen Qualifikationsmethoden im deutschen und englischen Kollisionsrecht nicht selten zu einer unterschiedlichen kollisionsrechtlichen Behandlung und damit zu gegenläufigen Entscheidungen führen.

b) Form und Geschäftsfähigkeit

Das deutsche Kollisionsrecht knüpft die Formfrage selbstständig an, wohingegen sie das englische Recht unselbstständig anknüpft.[745]

Im Kontext sachenrechtlicher Tatbestände ergeben sich hierdurch jedoch nach den beiden Rechtsordnungen keine unterschiedlichen Ergebnisse; so beruft der im deutschen Recht einschlägige Art. 11 IV EGBGB in diesem Fall gleichfalls

739 Vgl. zum deutschen Recht: [B. II. 3.] und zum englischen Recht: [D. II. 5.].

740 [D. II. 5. a)].

741 Siehe [B. II. 2. c)].

742 Siehe [D. II. 4. c)] und bei: *Ritterhoff*, S. 233ff.

743 Siehe [D. II. 4. c)] im Vergleich zu Grundregel der Qualifikation nach der lex rei sitae [D. II. 1. c)].

744 Siehe konkret für die Sicherungsrechte: [B. II. 2. c)] und allgemein: [B. II. 1. c)].

745 Unter [B. II. 2. e)] und [D. II. 4. e)].

die lex rei sitae zur Anwendung, wie es das englische Kollisionsrecht nach der unselbstständigen Anknüpfung tut.

Unterschiede ergeben sich jedoch bei der Betrachtung der Geschäftsfähigkeit. In Deutschland gilt wiederum eine selbstständige Anknüpfung, diesmal jedoch gemäß Art. 7 EGBGB an das Personalstatut, während in England auch die Geschäftsfähigkeit unselbstständig angeknüpft wird und somit unter das Sachstatut fällt.[746]

International sind die Voraussetzungen für die Geschäftsfähigkeit immer noch sehr unterschiedlich ausgeprägt, sodass unterschiedliche Entscheidungen deutscher und englischer Gerichte an diesem Punkt vorprogrammiert sind.

c) Rück- und Weiterverweisung

Im Gegensatz zum deutschen Kollisionsrecht, welches eine Rückverweisung nach Art. 4 I 2 EGBGB annimmt, akzeptiert das englische IPR den vollständigen renvoi.[747]

Das bedeutet, dass der deutsche Rechtsanwender bei der Bestimmung des anzuwendenden Rechts nach der ersten Verweisung zwar gegebenenfalls einer weiteren Verweisung an eine dritte Rechtsordnung folgen muss, im Falle einer Rückverweisung auf deutsches Recht aber inländisches Sachenrecht zur Anwendung berufen wird. Nach englischem Recht hingegen würde im Falle einer Rückverweisung eine Endlosschleife entstehen.

Englische Gerichte haben sich dieses Problems noch nicht angenommen. Der einfache Grund hierfür ist, dass sie dies noch nicht mussten, denn die Situs-Regel findet nahezu weltweit Anwendung, wodurch in der Praxis ein renvoi bei der kollisionsrechtlichen Betrachtung sachenrechtlicher Tatbestände fast ausgeschlossen ist.

Die unterschiedliche Behandlung des renvoi im internationalen Sachenrecht birgt damit im Vergleich der beiden Rechtsordnungen kein gesteigertes Konfliktpotenzial.

d) Ausnahmen von der Situs-Regel

Sowohl das deutsche als auch das englische Kollisionsrecht kennen Sonderanknüpfungen für Transportmittel und die res in transitu.[748]

---

746 Ebenfalls unter [B. II. 2. e)] und [D. II. 4. e)].

747 Vgl. [B. II. 4. c)] und [D. II. 6. b)].

748 Siehe [B. II. 3. a) aa), b)] und [D. II. 5. b)].

Im deutschen Recht bildet des Weiteren Art. 46 EGBGB ein Einfalltor für die Diskussion um sonstige mögliche Ausnahmen von der Anknüpfung an die lex rei sitae. So wird zuweilen für Fälle des Versendungskaufs bereits die Anerkennung der Parteiautonomie im deutschen internationalen Sachenrecht angedacht.[749]

Entsprechende Überlegungen gibt es im englischen Recht nicht. Die Situs-Regel ist insofern in England, zumindest bezüglich der Anwendung auf bewegliche Sachen, als gefestigter anzusehen, als dies trotz anscheinend eindeutiger Kodifikation in Deutschland der Fall ist. Dabei haben es die entsprechenden Vorschläge für Ausnahmen von der Situs-Regel im deutschen Recht noch nicht zu einer praktischen Bedeutung gebracht, womit abweichende Entscheidungen an dieser Stelle noch nicht zu erwarten sind.

Die Sonderanknüpfung aus *Equity*-Gründen im englischen internationalen Immobilienrecht ist dem deutschen Recht unbekannt. Zwar besteht auch im deutschen Kollisionsrecht gemäß Art. 46 EGBGB die Möglichkeit zu Ausnahmen von der Situs-Regel aufgrund einer wesentlich engeren Verbindung zu einer anderen Rechtsordnung, die Hürde der "wesentlich engeren Verbindung" ist im deutschen Recht bezogen auf Immobilien jedoch derart hoch, dass es praktisch nicht zur Annahme einer solchen Ausnahme kommen kann. Jedenfalls dürfte eine Anwendung des Art. 46 EGBGB in den Fällen, in denen im englischen Recht bereits ein *Equity*-Grund angenommen werden kann, ausgeschlossen sein.

An dieser Stelle besteht folglich eine Disharmonie zwischen englischem und deutschem Kollisionsrecht, wobei erneut darauf hingewiesen sein soll, dass die benannte Ausnahme im englischen Recht kaum mehr von praktischer Bedeutung sein dürfte.[750]

2. Die Folgen eines Statutenwechsels

a) „*Trägheitsprinzip*“

Sowohl nach deutschem als auch nach englischem Kollisionsrecht gilt bei einem Statutenwechsel das „Trägheitsprinzip“.[751]

Danach ändert ein Lageortwechsel so lange an der dinglichen Rechtslage nichts, wie nach der neuen lex rei sitae kein neuer sachenrechtlicher Tatbestand vollendet wurde.

749 Siehe [C. I. 3. c)].
750 Hierzu unter [D. II. 5. a) bb)].
751 Unter [C. I. 2.] und [E. I. 1.].

Nach einem vorausgegangenen Sachstatut wirksam begründete dingliche Rechte bleiben also grundsätzlich auch nach einem Statutenwechsel bestehen und werden anerkannt.

b) Umgang mit im Ausland erworbenen dinglichen Rechten

Nach der im deutschen Recht vorzugswürdigen Hinnahmetheorie wird ein Altrecht unter der Geltung deutschen Rechts seinem Bestand nach nicht angetastet, lediglich seine Wirkungen werden deutschen Sachenrechtsinstituten entnommen, um das Altrecht sinnvoll zur Geltung kommen zu lassen.[752]

Im englischen Kollisionsrecht gibt es keine umfassende theoretische Auseinandersetzung mit der Thematik.[753] Unmittelbar kann man der englischen Rechtsprechung entnehmen, dass ein dingliches Recht derart importiert wird, dass es einem weitestgehend funktionsäquivalenten englischen Recht gleichgestellt wird und seine Wirkungen dann diesem inländischen Recht entnommen werden.[754] Damit wäre ein Altrecht immer dann einzuschränken oder gar gänzlich zu negieren, wenn kein Funktionsäquivalent im englischen Recht gefunden werden kann.

Die englische Rechtsprechung und Literatur sind sich jedoch dahingehend einig, dass Altrechte so weit ohne den Verlust ihrer Wirkungen zu importieren sind, wie diese Wirkungen nicht dem englischen ordre public widersprechen. In der Praxis kommen dem englischen Richter hierzu seine weitreichenden Kompetenzen bei der Rechtsetzung zu Gute. So muss er ein zu importierendes dingliches Altrecht nicht in das Korsett eines bekannten englischen Rechts schnüren, sondern kann in den Grenzen des ordre publics mit dem Import auch neue dingliche Rechte schaffen.[755] Damit bieten schon die fundamentalen Grundsätze des englischen Rechts die Möglichkeit, dingliche Rechte ohne Wirkungsverlust zu importieren, wie sie im deutschen Recht erst durch die Konstruktion der Hinnahmetheorie geschaffen werden muss.

c) Unvollendete Rechtsänderungen

Ist der Erwerb eines Rechts an einer Sache nach ihrem Lageortrecht noch nicht vollendet worden und gelangt die Sache dann in einen neuen Rechtskreis, ist fraglich, wie dort mit Vorgängen, die unter dem alten Sachstatut stattfanden und einem sachenrechtlichen Tatbestand zuzurechnen sind, umgegangen werden soll.

---

752 Siehe [C. II. 4. c)].

753 Siehe hierzu [E. II. 5.].

754 Siehe hierzu [E. II. 5.].

755 Hierzu unter [A. II. 2.] und [E. II. 5.].

Das deutsche Recht beantwortet diese Frage in Art. 43 III EGBGB zunächst dahingehend, dass in Deutschland sachenrechtliche Vorgänge aus einem anderen Staat im Rahmen des Rechtserwerbs nach einer deutschen Sachnorm mit einbezogen werden.[756] Richtigerweise wird man Art. 43 III EGBGB zu einer allseitigen Kollisionsnorm ausbauen und sachenrechtliche Vorgänge auch dann weiter zur Tatbestandsvollendung heranziehen können, wenn die Sache nicht nach Deutschland, sondern in einen beliebigen anderen Staat, gelangt.[757]

Im englischen Kollisionsrecht wird demgegenüber streng an der temporalen Spaltung des Sachstatuts festgehalten – mit dem Ergebnis, dass Vorgänge, welche sich unter einer anderen Rechtsordnung ereigneten, bei der Vollendung eines sachenrechtlichen Tatbestands am neuen Lageort unbeachtet bleiben müssen.[758]

Dieser elementare Unterschied zum deutschen Recht findet insoweit eine marginale Abmilderung, dass zumindest in der englischen Rechtsliteratur diskutiert wird, bei grenzüberschreitenden Versendungskäufen und bei der Ersitzung vorausgegangene sachenrechtlich relevante Ereignisse zur Tatbestandsvollendung heranzuziehen.[759]

Dessen ungeachtet fallen deutsche und englische Gerichtsurteile an diesem Punkt noch verschieden aus. Ob sich die partielle Überwindung der temporalen Spaltung des Sachstatuts auch im englischen Kollisionsrecht durchsetzen kann, muss die Zeit zeigen, momentan ist nicht davon auszugehen.

756 Vgl. [C. III. 1. a)] und [C. III. 2.].

757 Hierzu [C. III. 3. b) dd)].

758 Vgl. [E. III.].

759 Vgl. [E. III.].

F. Sicherungsrechte als Gegenstand des Statutenwechsels im deutsch-englischen Rechtsverkehr

Betrachtet man den sachenrechtlichen Statutenwechsel vom englischen ins deutsche Recht und umgekehrt, so ist es nicht das Vollrecht Eigentum, das regelmäßig zu Unklarheiten und Konflikten führt, sondern es sind die sonstigen Rechte an einer Sache.

Streng genommen kennt das englische Recht zwar im Immobilienrecht kein Eigentum im Sinne des deutschen Rechts[760] – aufgrund der praktischen Bedeutungslosigkeit eines Statutenwechsels bei Immobilien kann dieser Punkt hier jedoch vernachlässigt werden.

Selbst wenn man näher auf diese Problematik eingehen wollte, würde man den Import eines englischen *estates* ins deutsche Recht bzw. des deutschen Grundstückseigentums ins englische Recht aufgrund der weitestgehenden Funktionsgleichheit für den Rechtsanwender als verhältnismäßig leicht überwindbare Hürde identifizieren.[761]

Praktisch bedeutsame Konflikte ergeben sich jedoch bei der Betrachtung beweglicher Sachen. Sie sind regelmäßig Gegenstand grenzüberschreitenden Handels und dabei oftmals, wie beim Versendungskauf schon fast üblich, mit Sicherungsrechten belegt.

Wie das deutsche Recht englische Sicherungsrechte aufnimmt und umgekehrt soll im Weiteren behandelt werden.

I. Import englischer Sicherungsrechte nach Deutschland

Nach der hier vertretenen Hinnahmetheorie[762] sind bestehende subjektive Rechte derart ins deutsche Recht zu importieren, dass sie in Form und Wirkung unberührt bleiben. Praktisch bedeutet dies, dass für jede einzelne Wirkung eines zu importierenden dinglichen Rechts eine funktionsäquivalente Wirkung eines deutschen Sachenrechts gesucht werden muss, um sie nach dem Statutenwechsel fortbestehen zu lassen. Eine Wirkung eines Rechts kann somit nur dann einge-

760 Siehe unter [D. I. 2. b)].

761 Näher zu den Formen des *estates* und der Vergleichbarkeit zum deutschen Grundeigentum: [D. I. 2. c) bb)].

762 Siehe unter [C. II. 4. c), d)].

schränkt werden oder gar entfallen, wenn sie nach deutschem Recht rein praktisch oder aufgrund eines Verstoßes gegen den ordre public nicht durchführbar ist.

Anhand der bereits dargestellten englischen Kreditsicherungsrechte[763] soll im Folgenden untersucht werden, inwieweit die Hinnahmetheorie zu in der Praxis anwendbaren Ergebnissen führt.

1. Retention of title

Der als Rechtsinstitut sehr junge *retention of title* bedeutet aus der Sicht des englischen Rechts eine Annäherung an den kontinentaleuropäischen Rechtskreis. Sowohl seine Voraussetzungen als auch seine Wirkungen entsprechen weitestgehend denen eines Eigentumsvorbehalts nach deutschem Recht.[764] Tritt eine Sache, an der ein englischer *retention of title* besteht, in den deutschen Rechtskreis ein, kann dieses Recht unter Anwendung der Grundsätze des Eigentumsvorbehalts ohne Einschränkung seiner Wirkung fortbestehen.[765] Insbesondere knüpft das deutsche Recht an keine besonderen Form- oder Publizitätsvorschriften für die Wirksamkeit eines Eigentumsvorbehalts an, womit formale Bedenken einer Anerkennung eines *retention of title* unter deutschem Recht gänzlich ausgeschlossen sind.[766]

2. Hire-purchase agreement und hire-purchase refinancing agreement

Die sachenrechtliche Wirkung eines *hire-purchase agreement* kann mithilfe des Eigentumsvorbehalts in den deutschen Rechtskreis überführt werden. Es muss lediglich dahingehend eine Anpassung vorgenommen werden, dass sich der (Miet-)Verkäufer das Eigentum an der Sache nicht allein bis zur Zahlung des vollen Kaufpreises vorbehält, sondern als zusätzliche Bedingung noch die Inanspruchnahme der Kaufoption durch den (Miet-)Käufer hinzukommen muss.[767]

Gleiches muss für das *hire-purchase refinancing agreement* gelten – der vorausgegangene Verkauf der Sache an den Vermieter durch den Mieter ist beim

---

763 Siehe unter [D. I. 2. c) ee)] und [D. I. 2. d) bb)].

764 Siehe unter [D. I. 2. d) bb) α)].

765 OLG Hamburg, RabelsZ 32 (1968), 535; *Drobnig*, RabelsZ 38 (1974), 468 (482); *Schilling*, I.C.L.Q. 1985 (34), 87 (107); *Schilling*, Besitzlose Mobiliarsicherheiten, S. 247; *Reithman/Martiny*, RN. 781ff.; *Bierle*, S. 189.

766 *Graham-Siegenthaler*, S. 183.

767 *Schilling*, Besitzlose Mobiliarsicherheiten, S. 248; *Bierle*, S. 190; *Graham-Siegenthaler*, S. 181.

Import unerheblich, das neue deutsche Sachstatut muss lediglich die Wirkungen des Mietkaufs beurteilen, dementsprechend gilt nichts anderes als beim schlichten *hire-purchase agreement.*

Da das deutsche Recht bei einem Lease-Back-Geschäft das Eigentum des (Miet-)Verkäufers anerkennt, als hätte der Eigentumsübergang nach deutschem Recht stattgefunden, ist es insbesondere auch gegenüber Dritten wirksam.[768] Damit ist das Eigentum an der Sache im Falle einer Insolvenz des (Miet-)Käufers konkursfest und nur vom Erwerb durch einen gutgläubigen Dritten bedroht.[769]

3. Chattel mortgage

Die funktionale Ähnlichkeit der *chattel mortgage* mit der Sicherungsübereignung nach deutschem Recht[770] lässt einen Import dieses Rechts in den deutschen Rechtskreis trotz Unterschieden in strukturellen Detailfragen, etwa im Insolvenzfall,[771] regelmäßig unproblematisch verlaufen. Jedenfalls sind die Wirkungen der *chattel mortgage* allesamt dem deutschen Recht bekannt, womit das Recht nach der Hinnahmetheorie unverändert fortbestehen kann.[772]

4. Pledge, hypothecation, lien

Pledge, hypothecation und *lien* sind Pfandrechte, deren verschiedene Ausformungen sich nicht immer vollumfänglich in einem deutschen Pfandrecht widerspiegeln.[773]

Ein *pledge* kann immer nur akzessorisch zum Besitz am Sicherungsgut bestehen, in dieser Voraussetzung entspricht es dem deutschen Faust- oder Besitzpfandrecht. Sonstige Voraussetzungen, die ein *pledge* von einem deut-

---

768 *Graham-Siegenthaler*, S. 181; *Schilling*, I.C.L.Q. 1985 (34), 87 (111).

769 *Schilling*, I.C.L.Q. 1985 (34), 87 (111).

770 Siehe unter [D. I. 2. d) bb) γ)].

771 Nach englischem Insolvenzrecht kann der Sicherungsgeber bei einer Insolvenz des Sicherungsnehmers die Herausgabe des Sicherungsguts an die Insolvenzmasse verweigern, während im deutschen Recht der Sicherungsnehmer in diesem Fall ein Recht auf abgesonderte Befriedigung hat.

772 Gleiches gilt auch bei Anwendung der Transpositionstheorie: *Bierle*, S. 191; *Schilling*, I.C.L.Q. 1985 (34), 87 (110); *Schilling*, Besitzlose Mobiliarsicherheiten, S. 281; *Graham-Siegenthaler*, S. 173.

773 Zu den einzelnen Rechten bereits unter [D. I. 2. d) bb) δ)].

schen Faustpfandrecht unterscheiden würden, bestehen zu seiner Begründung nicht.[774]

Jedoch ergibt sich im Sicherungsfall ein Unterschied in der Wirkung des *pledge* im Vergleich zum deutschen Faustpfandrecht. Während nach deutschem Recht die Befriedigung aus dem Pfand im Wege einer öffentlichen Versteigerung zu erfolgen hat, § 1235 I BGB, sieht das englische Recht den freihändigen Verkauf des Pfandgegenstands vor.

Fraglich ist, inwieweit diese Wirkung durch Anwendung der Hinnahmetheorie beim Import eines *pledge* erhalten werden kann. Das deutsche Sachenrecht lässt dem Wortlaut nach einen freihändigen Verkauf des Pfandgegenstands immer dann zu, wenn der Pfandgegenstand durch einen Börsen- oder Marktpreis taxiert ist, § 1235 II BGB i.V.m. § 1221 BGB. Dabei ist jedoch zu beachten, dass ein solcher freihändiger Verkauf nur durch einen zu solchen Verkäufen öffentlich ermächtigten Handelsmäkler oder durch eine zur öffentlichen Versteigerung befugte Person erfolgen darf. Damit kann der Pfandgläubiger zwar die Form der öffentlichen Versteigerung umgehen, er kann die Pfandsache aber nicht gänzlich „frei" verkaufen, sondern muss den Verkauf einer in § 1221 BGB benannten Person überlassen.

Nach englischem Recht ist diese dritte Person für den freihändigen Verkauf nicht erforderlich.

Tritt eine mit einem *pledge* belastete Sache in den deutschen Rechtskreis ein, muss unter Anwendung der Hinnahmetheorie zunächst festgestellt werden, dass die Wirkung dieses *pledge* im Sicherungsfall unter deutschem Recht nicht die zwingende öffentliche Versteigerung sein kann. Aufgrund der Tatsache, dass auch das deutsche Recht den freihändigen Verkauf einer Pfandsache kennt, wäre dies eine unzulässige Beschneidung der Wirkung des *pledge*.

Zugleich ergibt sich jedoch die Diskrepanz zwischen dem deutschen und dem englischen Verständnis des freihändigen Verkaufs. Den unbedingten freihändigen Verkauf kennt das BGB nicht. Nach den §§ 385, 1221, 1295 BGB verlangt das deutsche Recht immer das Einschalten eines Dritten für den freihändigen Verkauf.

Nun könnte man argumentieren, dass nach § 1245 BGB die Verwertung der Pfandsache sehr wohl auf anderem Wege, als in den §§ 1234-1240 BGB vorgeschrieben, erfolgen kann – womit der freihändige Verkauf im Sinne des englischen *pledge* nach einem Statutenwechsel auch unter Geltung deutschen Rechts möglich sein müsse.

Dabei würde man jedoch übergehen, dass gemäß § 1245 BGB von den gesetzlichen Formen des Pfandverkaufs nur abgewichen werden kann, wenn sich

---

774 *Bierle*, S. 185.

Eigentümer und Pfandgläubiger der Sache entsprechend geeinigt haben und gegebenenfalls Dritte, deren Rechte an der Sache durch die vereinbarte Weise der Verwertung erlöschen würden, dem zugestimmt haben. Allein die Tatsache, dass die Parteien unter englischem Recht ein *pledge* verabredeten, kann dabei noch keine Vereinbarung im Sinne des § 1245 BGB sein, so stünde ihnen im englischen Recht gar kein entsprechend dem deutschen Faustpfandrecht reglementiertes Pfandrecht zur Verfügung. Es wurde also nicht bewusst auf etwaige Schutzwirkungen, wie sie in den §§ 1234-1240 BGB enthalten sind, verzichtet, sondern diese hätten unter englischem Recht erst gar nicht herbeigeführt werden können. Damit könnte die Zulässigkeit des uneingeschränkten freihändigen Verkaufs mit Hinweis auf § 1245 BGB nur dann begründet werden, wenn sich die Beteiligten, den deutschen gesetzlichen Voraussetzungen entsprechend, explizit auf den freihändigen Verkauf ohne die nach deutschem Recht bestehenden Einschränkungen der §§ 385, 1221, 1295 BGB als Verwertungsform geeinigt haben. Eine entsprechende Vereinbarung wird nur in den allerseltensten Fällen vorliegen.

Sofern es sich bei den Einschränkungen der Möglichkeiten des Pfandverkaufs nun um Regelungen handelt, die unter den deutschen ordre public fallen, wäre auch nach der Hinnahmetheorie im Widerspruch zum englischen Recht beim Sicherungsfall unter deutschem Recht die Wirkung des *pledge* nur der freihändige Verkauf durch einen befugten Dritten, Art. 6 EGBGB.

Indem die Verwertung der Pfandsache im Wege des freihändigen Verkaufs durch einen entsprechend qualifizierten Dritten durchgeführt werden muss, soll gewährleistet werden, dass sie nicht zu ungünstigen Bedingungen verwertet wird.[775] Für einen Pfandgläubiger läge es nahe, die Sache auch deutlich unter Wert zu verkaufen, solange seine Forderung dadurch gedeckt wird. Im isolierten Verhältnis zwischen Pfandschuldner und Pfandgläubiger wäre das Ergebnis, dass dadurch das Vermögen des Pfandschuldners über die Summe der gesicherten Forderung hinaus verringert werden würde. Hierin läge sicherlich noch kein Verstoß gegen den deutschen ordre public, jedenfalls nicht, solange der Pfandschuldner nicht gänzlich insolvent ist. So ist in diesem Fall das Interesse des Gläubigers zunächst als schützenswerter anzusehen als der Vermögensbestand seines Schuldners.

Gleichfalls machen es dingliche Rechte Dritter an der Pfandsache nicht zwingend notwendig, den Verkauf unter Wert zu verhindern. Sie sind insoweit geschützt, dass ihnen ein Schadensersatzanspruch gegen den Pfandgläubiger entsteht, wenn die Sache für sie nachteilig verkauft wird, § 823 I BGB.[776]

775 *MüKo/Damrau*, § 1221 BGB RN. 1.
776 *MüKo/Damrau*, § 1221 BGB RN. 1.

Nun tritt der Sicherungsfall aber regelmäßig nicht deshalb ein, weil der Pfandschuldner zahlungsunwillig ist, sondern weil er vielmehr zahlungsunfähig wurde. Im Falle einer Zahlungsunfähigkeit besteht nicht nur das Interesse des Pfandgläubigers an der Befriedigung seiner Forderung, sondern es treten in der wahrscheinlichsten Konstellation weitere Gläubiger hinzu, deren Forderungen in Gefahr geraten. Damit erwächst dem Pfandschuldner ein elementares Interesse, sein Vermögen nicht weiter zu vermindern. Entweder um ein Insolvenzverfahren zu verhindern, oder um im Falle der Insolvenzeröffnung mit einer möglichst großen Insolvenzmasse das Verfahren rasch zu beenden. Damit schützen die Anforderungen an den freihändigen Verkauf nach deutschem Recht in erster Linie den Pfandgeber vor unverhältnismäßigen Folgen seiner Zahlungsunfähigkeit. Zugleich, wenn auch nur nachgeordnet, werden seine sonstigen Schuldner insoweit geschützt, dass die Ausfallwahrscheinlichkeit ihrer Forderungen verringert wird.

In der Abwägung der Interessen kann der Wunsch des Pfandnehmers nach schneller und unkomplizierter Verwertung nicht derart überwiegen, dass der Schuldner den benannten Risiken ausgesetzt wird. Dementsprechend legt das deutsche Pfandrecht notwendigerweise strenge Maßstäbe an die Verwertung von Pfandsachen.

Mithin ist die Reglementierung des freihändigen Verkaufs als Bestandteil des deutschen ordre public anzusehen, ein *pledge* kann somit nur derart ins deutsche Recht importiert werden, dass im Sicherungsfall zwar eine öffentliche Versteigerung nicht notwendig ist, wohl aber den Voraussetzungen der §§ 385, 1221, 1295 BGB Rechnung getragen werden muss.

Anders wäre die Sachlage nur zu beurteilen, wenn eine ausdrückliche Einigung i.S.d. § 1245 BGB vorliegt und gegebenenfalls betroffene Dritte dieser zugestimmt haben.[777]

Damit werden die Funktion des *pledge* und die daraus resultierenden Rechte des Sicherungsnehmers auch keinesfalls eingeschränkt, es wird lediglich die Durchsetzung unter deutschem Recht formalisiert.

Die Umsetzung einer *hypothecation* im deutschen Recht stellt für den Rechtsanwender eine ungleich größere Schwierigkeit dar, als dies das *pledge* tut. Schon im englischen Recht ist das von der Rechtsprechung entwickelte Institut der *hypothecation* kaum systematisch zu erfassen.[778] Bei einer *hypothecation* wird die Übergabe des Pfandgegenstands durch die Übergabe eines Kontroll- oder Besitznachweises ersetzt, insoweit könnte man die *hypothecation* als „Verpfändung mittels Besitzkonstitut" übersetzen. Eine solche Verpfändung ist nach deutschem Recht jedoch nicht möglich, § 1205 I BGB.

---

777 Hierzu weiter oben in diesem Absatz.

778 Siehe unter [D. I. 2. d) bb) δ)].

Damit kann die *hypothecation* nicht als deutsches Pfandrecht dargestellt werden, nach der Hinnahmetheorie muss folglich nach Wirkungen eines anderen deutschen Sachenrechts gesucht werden, um die *hypothecation* auch nach dem Statutenwechsel ins deutsche Recht zu erhalten.

Im Sicherungsfall ermöglicht es die *hypothecation* dem Gläubiger, seine Forderung aus dem Verkauf des Sicherungsguts zu befriedigen. Der Sicherungsgeber, in dessen Besitz sich die Sache weiterhin befindet, agiert ab Vereinbarung dieses Sicherungsinstruments als Treuhänder für den Sicherungsnehmer.

Um diese Wirkung zu erreichen, kann sich der deutsche Rechtsanwender entsprechender Elemente der Sicherungsübereignung bedienen.[779] Im Rechtsverkehr erfüllt die Sicherungsübereignung im Grunde die Funktion eines besitzlosen Pfandrechts und ist somit in ihren Wirkungen der englischen *hypothecation* sehr ähnlich. Das Sicherungsgut bleibt bis zum Sicherungsfall im Besitz des Sicherungsgebers – tritt der Sicherungsfall dann ein, kann der Sicherungsnehmer seine Forderung aus dem Sicherungsgut befriedigen.[780]

Damit sind alle Wirkungen der *hypothecation* auch dem deutschen Recht bekannt, ihr Import nach Deutschland hat somit mit Anwendung der Hinnahmetheorie keine Auswirkungen auf Bestand und Wirkungsweise.

Auch ohne die den Import ausländischer Rechte fördernde Anwendung der Hinnahmetheorie kam der BGH ebenfalls zum Ergebnis, dass ausländische besitzlose Sicherungsrechte unter deutschem Recht anerkennungsfähig sind.[781] In seiner Argumentation wies das Gericht insbesondere darauf hin, dass der Numerus clausus des deutschen Sachenrechts dem nicht entgegenstünde und die Gläubigerordnung durch eine Anerkennung nicht derart empfindlich gestört würde, dass der deutsche ordre public einen unveränderten Import des Rechts verhindern würde.[782]

Das *legal lien* ist ein Zurückbehaltungsrecht, auflösend bedingt durch den Ausgleich der gesicherten Forderung und als solches abhängig von seiner tatsächlichen Ausübbarkeit, also dem Besitz des Sicherungsguts durch den zur Zurückhaltung Berechtigten.[783]

In dieser Form entspricht die Funktion des englischen *lien* der eines gesetzlichen Besitzpfandrechts des deutschen Rechts.

Die Auffassung, das *legal lien* sei nur als einfaches Zurückbehaltungsrecht nach § 1000 BGB nach Deutschland zu importieren, um ihm nicht weitreichen-

779 Unter Anwendung der Transpositionstheorie auch: *Bierle*, S. 188; *Graham-Siegenthaler*, S. 169.

780 Zur Sicherungsübereignung im deutschen Recht: *Prütting*, RN. 409ff.

781 BGHZ 39, 173.

782 Zwar beschäftigte sich das Urteil mit dem französischen Registerpfandrecht, man wird diese Folgerung jedoch als allgemeingültig ansehen können.

783 Vgl. *Bierle*, S. 186. Dazu auch bereits unter [D. I. 2. d) bb) δ)].

dere Folgen zuzugestehen, als sie unter englischem Recht möglich gewesen wären,[784] kann als überkommen angesehen werden.

Nach inzwischen unstrittiger Auffassung gestattet die Anwendung der Situs-Regel im Falle eines Statutenwechsels eine Aufwertung eines bestehenden dinglichen Rechts.[785]

Damit ist sein Import nach Deutschland unter Anwendung der Grundsätze zum Besitzpfandrecht konfliktlos möglich.[786]

Die erweiterte Wirkung des *equitable lien*, die vom Besitz unabhängig ist und so dem Sicherungsnehmer beispielsweise das Recht gibt, das Sicherungsgut von einem Frachtführer zurückzuverlangen, bis es in den Besitz des Käufers gelangt ist, kann zwar keinem gesetzlichen Besitzpfandrecht des deutschen Rechts entnommen werden, jedoch kennt das deutsche Recht diese Funktionsweise im Rahmen des Eigentumsvorbehalts und so kann auch diese extensive Form des *lien* bei Anwendung der Hinnahmetheorie einen Import in den deutschen Rechtskreis inhaltlich unverändert überdauern.[787] Dagegen spricht auch nicht, dass ein *equitable lien* im Gegensatz zum Eigentumsvorbehalt nicht auf einer Parteivereinbarung, sondern auf Billigkeitsgrundsätzen beruht.[788] Die Funktionsweise der Hinnahmetheorie beim Import dinglicher Rechte ist es gerade nicht, ein ausländisches dingliches Recht gänzlich in ein deutsches zu überführen, sondern es werden lediglich die enthaltenen Wirkungen einem (oder mehreren) deutschen Rechtsinstitut(en) entnommen, um das Altrecht zur Wirksamkeit unter deutschem Recht zu bringen.[789]

5. Assignment

Die *assignment* birgt gegenüber der Forderungsabtretung im deutschen Recht keine unbekannten Voraussetzungen oder Wirkungen,[790] einen Statutenwechsel ins deutsche Recht überdauert sie dementsprechend unter Heranziehung der Wirkungen einer Forderungsabtretung unverändert.

---

784 So noch: *Fritzemeyer*, S. 60f.

785 Hierzu unter [C. II. 4. b)].

786 Mit einer Übersicht, in welche deutschen Besitzpfandrechte die einzelnen Formen des *lien* transponiert werden könnten: *Bierle*, S. 187.

787 *Schall*, Besitzlose Mobiliarsicherheiten, S. 283f.

788 So aber: *Bierle*, S. 187f.

789 Dazu unter [C. II. 4. c)].

790 Siehe unter [D. I. 2. d) bb) ε)].

6. Floating Charge

Anerkennungsfähigkeit und Umsetzung der englischen *floating charge* unter deutschem Recht waren und sind seit jeher Gegenstand intensiver Diskussionen in der Literatur.

Die wohl umfassendste und als standardsetzend zu bezeichnende Behandlung des Themas legte *Wenckstern* im Jahre 1992 vor.[791] Seither hat die *floating charge* jedoch insbesondere durch den Enterprise Act 2002 signifikante Änderungen erfahren.[792] In der jüngeren Literatur wird dementsprechend insbesondere von *Schall* zu Recht die Frage gestellt, inwieweit die unter der Geltung der alten Rechtslage aufgestellten Grundsätze Bestand haben können.[793]

a) Ablehnung der Anerkennungsfähigkeit

An dieser Stelle soll vorausgeschickt werden, dass die generelle Ablehnung der Anerkennungsfähigkeit der *floating charge* unter deutschem Recht keine Lösung sein kann. Das Argument, die *floating charge* sei wegen ihrer generellen Andersartigkeit nicht importierbar,[794] ist spätestens seit den Anpassungen durch den Enterprise Act 2002 nicht mehr stichhaltig, und selbst vor dessen Einführung waren die einzelnen Aspekte der *floating charge* dem deutschen Recht nicht derart fremd, dass eine Umsetzung nicht möglich gewesen wäre, wie die folgenden Ausführungen zeigen werden.

b) Behandlung der floating charge nach Wenckstern

Ausgangspunkt von *Wencksterns* Überlegungen war gerade die Andersartigkeit der *floating* charge durch ihre aus deutscher Sicht komplexe Grundstruktur.

Eine *floating charge* beinhaltet unstrittig nicht nur dingliche Aspekte, sondern zudem noch vertragliche, vertretungs- und liquidationsverfahrensrechtliche.[795] Schon eine sachenrechtliche Qualifikation der *floating charge* ist dementspre-

791 „Die englische Floating Charge im deutschen Internationalen Privatrecht" in: RabelsZ 56 (1992), 624-695.

792 Siehe hierzu unter [D. I. 2. d) bb) ζ)].

793 „Die neue englische floating charge im Internationalen Privat- und Verfahrensrecht", in: IPRax 2009, S. 209-217 und „Die floating charge im Wettbewerb der Insolvenzrechte" in: KTS 2009, S. 69-87.

794 So noch: *von Bar*, RN. 761.

795 Zur *floating charge* bereits unter [D. I. 2. d) bb) ζ)]. Ausführlich zu den Rechtswirkungen der *floating charge*: *Wenckstern*, RabelsZ 56 (1992), 624 (634-650).

chend nicht ohne Weiteres möglich.[796] Vielmehr ist es gar so, dass, obgleich es sich bei der *floating charge* um ein einheitliches englisches Rechtsinstitut handelt, es fraglich ist, ob überhaupt eine Gesamtqualifikation des Instituts stattfinden kann.

Will man die *floating charge* einheitlich qualifizieren, so ist es die Interpretation ihrer Wirkungen zum Zeitpunkt der *crystallisation*, die nach *Wenckstern* den Ausschlag gibt.

Für eine sachenrechtliche Qualifikation kann man zunächst recht naheliegend argumentieren, dass die *crystallisation* den Eintritt des Verwertungsfalls einer Kreditsicherheit markiert. Zugleich wäre jedoch aufgrund der Tatsache, dass die *floating charge* das gesamte Betriebsvermögen eines Unternehmens betrifft, auch denkbar, in der *crystallisation* den Zeitpunkt einer zuvor vereinbarten Gesamtrechtsnachfolge zu sehen. Einheitlich müsste die *floating charge* dann gesellschaftsrechtlich qualifiziert werden.

Um an dieser Stelle kurz auf die Tragweite dieser Entscheidung hinzuweisen, sei angemerkt, dass seit den EuGH-Entscheidungen „Überseering"[797] und „Inspire Art"[798] die Anwendung der Gründungstheorie auch im deutschen internationalen Privatrecht als zwingend angesehen werden muss.[799] Damit würden bei einer gesellschaftsrechtlichen Qualifikation aus heutiger Sicht Bestand und Wirkung der *floating charge* unabhängig von der Lage des betroffenen Vermögensgegenstands immer nach dem Recht des Landes zu beurteilen sein, in dem die Gesellschaft gegründet wurde, über deren Vermögen die *floating charge* bestellt wurde. Regelmäßig wäre also englisches Recht anzuwenden und ein Statutenwechsel wäre immer ausgeschlossen.

Wenckstern lehnt aus zwei Gründen eine gesellschaftsrechtliche Gesamtqualifikation ab. Zum einen seien die Wirkungen der *floating charge* nicht vollumfänglich mit dem deutschen Verständnis der Gesamtrechtsnachfolge in Einklang zu bringen – so müssten bei Bestellung einer *floating charge* nicht notwendigerweise alle Aktiva einer Gesellschaft mit einbezogen werden, und auf der Seite der Passiva würden ungesicherte Forderungen überhaupt nicht erfasst werden.

---

796 Näher hierzu: *Wenckstern*, RabelsZ 56 (1992), 624 (635ff., 651ff.).

797 EuGH, Urteil vom 5. November 2002 – Rs. C-208/00; NJW 2002, 3614 = NZG 2002, 1164 = EuZW 2002, 754.

798 EuGH, Urteil vom 30. September 2003 – Rs. C-167/01; NJW 2003, 2331 = DB 2003, 2219 = EuZW 2003, 687.

799 Ausführlich zum Streit Sitztheorie versus Gründungstheorie: *von Halen*, S. 29-40, 225-234 und im Überblick: *von Bar/Mankowski*, RN. 42ff. und *Mansel*, RabelsZ 70 (2006), 651 (671ff.). Allgemein zum Gesellschaftsstatut: *Kropholler*, (§ 55).

Zum anderen sähe schon das englische Recht in der *floating charge* keine Form der Gesamtrechtsnachfolge, sondern ein Kreditsicherungsinstitut.[800]

Konsequenterweise lehnt *Wenckstern* weiter aber auch eine sachenrechtliche Gesamtqualifikation ab. Die unterschiedlichen Wirkungen einer *floating charge* machen es seiner Meinung nach unmöglich, sie einheitlich unter das Sachenrecht zu subsumieren. Würde man dies trotzdem tun, bestünde die Gefahr, schützenswerte Interessen Dritter zu vernachlässigen, die sich aus den nicht sachenrechtlichen Aspekten der *floating charge*, wie etwa vertretungs- und liquidationsverfahrensrechtliche Wirkungen, ergeben.[801]

Um der *floating charge* beim Eintritt in den deutschen Rechtskreis habhaft zu werden, betrachtet *Wenckstern* ihre einzelnen Wirkungen, wie sie zum Zeitpunkt des Imports in den deutschen Rechtskreis theoretisch nach englischem Recht bestünden. Diese qualifiziert er dann wiederum einzeln, um schließlich ermitteln zu können, unter welchen Voraussetzungen sie fortbestehen können.

aa) Behandlung der floating charge bis zur crystallisation

Bis zum Zeitpunkt der *crystallisation* entfaltet eine *floating charge* hauptsächlich schuldvertragliche und nur wenige dingliche Wirkungen.[802]

Auf schuldvertraglicher Seite sind etwa Informationsrechte des Sicherungsnehmers zu nennen sowie das Recht auf Eintragung der *floating charge* in das Register und damit einhergehend auch das Recht auf Erstattung der Registrierungskosten.

Die dinglichen Wirkungen sind im Einzelnen:

Erstens – dem Sicherungsnehmer erwächst ein Anspruch auf Beteiligung am von Dritten betriebenen *foreclosure*-Verfahren über das Sicherungsgut.

Zweitens – die Bestellung nachträglicher vor- oder gleichrangiger *floating charges* wird ausgeschlossen.

Drittens – an der mit der *floating charge* belasteten Sache können auch keine sonstigen vor- oder gleichrangigen Sicherheiten erlangt werden, es sei denn, der jeweilige Sicherungsnehmer hatte keine Kenntnis über das Verbot der nachträglichen Belastung.

Viertens – auch wenn der potenzielle Sicherungsnehmer keine Kenntnis über das Verbot der nachträglichen Belastung hatte, kann er keine vor- oder gleichrangige *equitable charge* erwerben.

---

800 *Wenckstern*, RabelsZ 56 (1992), 624 (651f.).

801 *Wenckstern*, RabelsZ 56 (1992), 624 (652f.).

802 Die vertraglichen und dinglichen Wirkungen im Einzelnen zusammengefasst: *Goode*, Legal Problems, RN. 4-03 und *Wenckstern*, RabelsZ 56 (1992), 624 (653ff.; 635-637).

Einzeln betrachtet unterliegen die schuldvertraglichen Rechte des Sicherungsnehmers keinem Statutenwechsel, abhängig vom konkreten Fall wäre entweder nach Art. 27 I EGBGB oder Art. 28 I EGBGB regelmäßig englisches Recht auf die schuldrechtlichen Aspekte der *floating charge* anzuwenden. Da im englischen Recht bei der Betrachtung der Wirksamkeit einer *floating charge* die Lage des Sicherungsguts unerheblich ist, würden ihre schuldrechtlichen Aspekte als wirksam angesehen werden, auch wenn sich das Sicherungsgut bei der Bestellung der *floating charge* in Deutschland befand bzw. nach Bestellung dorthin transportiert wurde. Bei der Betrachtung durch ein deutsches Gericht würde deshalb festgestellt werden können, dass mangels eines Verstoßes gegen den deutschen ordre public die schuldrechtlichen Wirkungen Bestand haben müssen.[803]

Betreffend der dinglichen Rechte, die sich aus einer *floating charge* vor der *crystallisation* ergeben, könnte man an dieser Stelle argumentieren, sie seien lediglich ein Annex zu den schuldvertraglichen Rechten und damit gleichfalls dem Vertragsstatut zu unterstellen. Auf diesem Wege ergäbe sich zumindest vor der *crystallisation* doch die Möglichkeit einer Gesamtqualifikation. Nachvollziehbar verneint *Wenckstern* aber diese Möglichkeit mit dem Hinweis darauf, dass die schon vor der *crystallisation* entstandenen dinglichen Rechte gerade die Funktion erfüllen, die Durchsetzbarkeit der eigentlichen Sicherungsabrede zu sichern. Um diese Funktion nun gewährleisten zu können, dürfen die dinglichen Wirkungen einer unkristallisierten *floating charge* gerade nicht in Abhängigkeit von ihren schuldrechtlichen Wirkungen angeknüpft werden.[804]

Zur weiteren Behandlung der sachenrechtlichen Wirkungen einer *floating charge* differenziert *Wenckstern* bezüglich beweglicher Sachen zwei aus englischer Sicht denkbare Fälle.

Da eine *floating charge* nach englischem Recht alle Vermögensteile einer Gesellschaft unabhängig von ihrer Lage erfassen kann, ergibt sich zum einen der Fall, dass sich eine bewegliche Sache des Sicherungsgebers in Deutschland befindet und die *floating charge* in England vereinbart wird sowie zum anderen der Fall, dass sich die Sache bei Bestellung der *floating charge* noch in England befand, später dann aber unter die Geltung deutschen Rechts gelangte.

Der erste Fall ist kein Fall des Statutenwechsels, sondern betrifft bei der Bewertung der Rechtslage durch ein deutsches Gericht vielmehr die Frage, ob die *floating charge* an den streitgegenständlichen Sachen überhaupt wirksam begründet werden konnte. Nach den Grundprinzipien des deutschen internationalen Privatrechts ist dies als Vorfrage zur Durchsetzbarkeit etwaiger Rechte aus der *floating charge* zu klären. Dabei ergibt sich, dass nach der Situs-Regel deutsches

803 *Wenckstern*, RabelsZ 56 (1992), 624 (655).

804 *Wenckstern*, RabelsZ 56 (1992), 624 (655f.).

Recht anwendbar gewesen wäre, die Begründung der *floating charge* müsste also im Einklang mit deutschem Recht stattgefunden haben.[805]

Wenckstern weist an dieser Stelle auf das maßgebliche Problem hin, dass im deutschen Sachenrecht der Bestimmtheitsgrundsatz gilt, wonach Sachen, an denen ein dingliches Recht bestellt werden soll, konkret bezeichnet werden müssen.[806] Handelt es sich beim fraglichen Recht um ein Sicherungsrecht, tritt neben den Bestimmtheitsgrundsatz noch das Spezialitätsprinzip. Hiernach müssen die Gegenstände der zu bestellenden Sicherheit nicht nur für Sicherungsgeber und -nehmer, sondern auch objektiv für jeden Dritten klar zu identifizieren sein.[807] Dabei sind als Unterscheidungsmerkmale äußerlich erkennbare Kriterien zu wählen.[808]

Damit verstößt die *floating charge* klar gegen das Spezialitätsprinzip des deutschen Sachenrechts. Die Eigentümerschaft des Sicherungsgebers ist gerade kein objektiv erkennbares äußerliches Unterscheidungsmerkmal. Über eine in Deutschland belegene Sache eines englischen Eigentümers kann folglich keine unter deutschem Recht wirksame *floating charge* nach englischem Recht vereinbart werden.[809] *Wenckstern* bezeichnet eine solche *floating charge* dementsprechend als ein dinglich-rechtliches „*Nullum*".[810]

Tatsächlich liegt ein Statutenwechsel in der zweiten von *Wenckstern* behandelten Konstellation vor – dann nämlich, wenn sich die fragliche bewegliche Sache noch in England befand, während sie dort Gegenstand einer *floating charge* wurde, und sie erst danach nach Deutschland gelangte.

Wenckstern verfolgt in diesem Fall den Ansatz, beim Import der *floating charge* diese in eine bis zur *crystallisation* aufschiebend bedingte Sicherungsübereignung umzusetzen.[811] Dies ist deshalb möglich, weil nach deutschem Recht eine einmal entstandene sachenrechtliche Prägung, unabhängig davon, ob sie entsprechend den deutschen Sachnormen entstanden ist, anzuerkennen ist, solange sie nicht gegen den deutschen ordre public verstößt.[812] Damit dem Sicherungsnehmer nun aber wirksam ein Anwartschaftsrecht auf die Sicherungsübereignung entstehen kann, muss mangels Eigentumsverschaffung nach deutschem

805 Es sei denn es handelt sich um in England registrierte Transportmittel oder res in transitu. Vergleiche [B. II. 3. b)] und [B. II. 3. a) aa)].

806 Mit ausführlicher Hinleitung: *Wenckstern*, RabelsZ 56 (1992), 624 (662f.). Näher zum Bestimmtheitsgrundsatz: *Prütting*, RN. 27.

807 Näher: *Prütting*, RN. 24-26.

808 BGH, WM 1992, 398.

809 *Wenckstern*, RabelsZ 56 (1992), 624 (664).

810 *Wenckstern*, RabelsZ 56 (1992), 624 (664).

811 *Wenckstern*, RabelsZ 56 (1992), 624 (664).

812 Hierzu [C. I. 1.] und [B. II. 5.].

Recht noch ein Übergabesurrogat antizipiert werden. Entsprechend der Funktionsweise der *floating charge* würde dieses Besitzkonstitut nach *Wenckstern* wiederum nur so lange Bestand haben müssen, bis nach der *crystallisation* der bestellte *receiver*[813] das Sicherungsgut in Besitz genommen hat. *Wenckstern* sieht den in der Sicherungsabrede enthaltenen Herausgabeanspruch des *receivers* gegen den Sicherungsgeber als ausreichend konkretisiertes Besitzkonstitut an.[814]

Im Ergebnis setzt *Wenckstern* die in diesem Fall an der nach Deutschland importierten Sache durch eine noch vor der *crystallisation* stehenden *floating charge* entstandenen dinglichen Rechte in ein wirksames Anwartschaftsrecht auf Sicherungsübereignung um.[815]

bb) Behandlung der floating charge nach der crystallisation (fixed charge)

Mit der *crystallisation*, also dem Sicherungsfall, wandelt sich die *floating charge* in eine *fixed charge*. Damit entstehen nach englischem Recht neben liquidations-, verfahrens- und vertretungsrechtlichen Wirkungen umfassende dingliche Rechte am Sicherungsgut.[816]

Auch nach der *crystallisation* verfolgt *Wenckstern* weiter den Ansatz, die einzelnen Wirkungen der *floating charge* getrennt voneinander zu behandeln.

Dabei müssen die verfahrensrechtlichen Aspekte unstrittig nach der lex fori, also nach deutschem Recht beurteilt werden.[817] Die Vollstreckung müsste damit nach den §§ 803ff. ZPO im Wege der Einzelzwangsvollstreckung erfolgen.[818]

Vertretungsrechtliche Aspekte behandelt *Wenckstern* noch nach alter englischer Rechtslage für den *administrative receiver* und den *court appointed receiver*. Zudem behandelt er in diesem Fragenkomplex aufkommende gesellschaftsrechtliche Elemente nach der nicht mehr vertretbaren Sitztheorie[819].[820] Entsprechend muss schon an dieser Stelle darauf hingewiesen werden, dass seine Überlegungen zu diesem Punkt überkommen sind und an die neue Rechtslage angepasst werden müssen. Aufgrund dieser Tatsache, sowie der geringen Bedeutung dieser Thematik für den Fortgang dieser Arbeit, soll hier auf eine weite-

---

813 Nach dem Enterprise Act 2002 ist es regelmäßig nicht ein *receiver*, sondern der vom Gericht bestellte *administrator*, da *Wencksterns* Abhandlung jedoch bereits 1992 entstand, spricht er noch ausschließlich vom *receiver*.

814 *Wenckstern*, RabelsZ 56 (1992), 624 (665).

815 *Wenckstern*, RabelsZ 56 (1992), 624 (665).

816 Dazu unter [D. I. 2. d) bb) ζ)].

817 *Wenckstern*, RabelsZ 56 (1992), 624 (667).

818 *Wenckstern*, RabelsZ 56 (1992), 624 (671).

819 Siehe hierzu weiter oben in diesem Abschnitt unter [F. I. 6. b)].

820 *Wenckstern*, RabelsZ 56 (1992), 624 (687-690).

re Auseinandersetzung mit *Wencksterns* Ausführungen zur Anknüpfung der vertretungsrechtlichen Wirkungen der kristallisierten *floating charge* verzichtet werden.

Von der Rechtsentwicklung nicht überholt wurden *Wencksterns* Überlegungen zu den dinglichen Aspekten der *floating charge* nach der *crystallisation*. Er betrachtet sie, wie vor der *crystallisation*, abhängig von der Lage der fraglichen Sache.

Befand sich das Sicherungsgut bereits in Deutschland, belässt es *Wenckstern* konsequent bei oben Gesagtem[821] – aufgrund des Verstoßes gegen den deutschen ordre public konnte die *floating charge* als in diesem Fall notwendige Vorstufe zur *fixed charge* nicht wirksam begründet werden und es entstehen dem Sicherungsnehmer im Sicherungsfall unter deutschem Recht keine dinglichen Rechte.[822]

Befand sich die streitgegenständliche Sache zum Zeitpunkt der *crystallisation* in England und gelangte sie erst danach nach Deutschland, gilt wiederum, dass die einmal begründete sachenrechtliche Prägung auch nach dem Statutenwechsel Bestand haben muss.

Sieht *Wenckstern* die dingliche Wirkung einer *floating charge* vor der *crystallisation* darin, dass dem Sicherungsnehmer ein Anwartschaftsrecht auf eine Sicherungsübereignung erwächst, so stellt er die Frage, ob danach die Anwartschaft auch zum Vollrecht erstarkt, oder ob zur Umsetzung der *floating charge* nicht ein anderes deutsches Rechtsinstitut herangezogen werden muss.

Als Hauptargument für die Umsetzung in eine Sicherungsübereignung sieht er die funktionale Übereinstimmung der beiden Rechtsinstitute für Fahrnisse. Unterschiede ergeben sich jedoch im Hinblick auf die Stellung des Sicherungsnehmers. Durch eine Umsetzung in eine Sicherungsübereignung würde der Sicherungsnehmer nach deutschem Recht in eine stärkere Position kommen, als sie ihm unter der Geltung englischen Rechts zustünde. Konkret würden im Falle der Insolvenz des Sicherungsgebers bevorrechtigte deutsche Gläubiger nicht vorab befriedigt werden müssen, sodass dem Sicherungsnehmer ein deutlich geringeres Konkursrisiko zufallen würde.[823] Mangels der Möglichkeit, die deutsche Sicherungsübereignung entsprechend anzupassen, lehnt *Wenckstern* schließlich eine Umsetzung in eine Sicherungsübereignung ab und sieht die *floating charge* vielmehr als dinglich begrenztes Liquidationsvorrecht an, um die sich aus der *floating charge* ergebende Rangfolge der Gesellschaftsgläubiger unter deut-

821 Unter [F. I. 6. b) aa)]. *Wenckstern*, RabelsZ 56 (1992), 624 (672).

822 Zu beachten sind wiederum mögliche Ausnahmen bei res in transitu und Transportmitteln, bei denen die Situs-Regel nicht gilt. Siehe hierzu [B. II. 3. a) aa)] und [B. II. 3. b)].

823 *Wenckstern*, RabelsZ 56 (1992), 624 (672).

schem Recht abbilden zu können.[824] Als solches ist die *floating charge* nach der *crystallisation* dann unter deutschem Recht nach den Regelungen des Insolvenzrechts sowohl als wirksam als auch durchsetzbar anzusehen.[825]

c) Behandlung der floating charge nach Schall

Schalls Überlegungen rühren nicht von einer grundsätzlichen Kritik an *Wencksterns* Schlussfolgerungen her, sondern fußen vielmehr auf der Tatsache, dass sich seit dessen Abhandlung die rechtlichen Rahmenbedingungen wesentlich geändert haben, was zumindest eine Überprüfung der gefundenen Ergebnisse notwendig macht.[826]

Prominent zu nennen ist der Enterprise Act 2002. Mit ihm erfuhr die *floating charge* eine Annäherung an das deutsche Recht, indem der *receiver* für den Großteil aller Fälle durch den *administrator* ersetzt wurde, der in Bestellung und Funktion weitestgehend dem deutschen Insolvenzverwalter entspricht.[827] Damit wurde der aus deutscher Sicht befremdliche Aspekt der Privatvollstreckung der *floating charge* für den Regelfall abgeschafft, was nahelegt, dass bei ihrem Import in den Geltungsbereich deutschen Rechts seither weniger Hürden überwunden werden müssen.

Weiter weist *Schall* auf die gesteigerte Bedeutung der EG-Grundfreiheiten hin, die zwar nach seiner Auffassung nicht gegen den Bestand der Situs-Regel sprechen,[828] in der Folge der durch sie zwingend gewordenen Anwendung der Gründungstheorie jedoch gerade bei der Betrachtung eines Instituts aus dem Kontext des Gesellschaftsrechts – wie die *floating charge* eines ist – nicht außer Acht gelassen werden dürfen.[829]

Auch *Schall* macht klar, dass der *floating charge* die Anerkennung unter deutschem Recht nicht generell versagt werden kann. Er verweist dabei auf die beschriebene Angleichung an das deutsche Recht, die der Enterprise Act 2002 durch die Etablierung des *administrators* mit sich brachte. Alle weiteren Eigenheiten der *floating charge* sind in seinen Augen Detailunterschiede, die eine generelle Ablehnung ihrer Anerkennungsfähigkeit nicht weiter rechtfertigen können.[830]

---

824 Ausführliche Herleitung: *Wenckstern*, RabelsZ 56 (1992), 624 (672-678).

825 *Wenckstern*, RabelsZ 56 (1992), 624 (676).

826 *Schall*, IPRax 2009, 209 (211).

827 Hierzu schon unter [D. I. 2. d) bb) ζ)].

828 Entsprechend bereits unter [A. II. 1.] ausgeführt.

829 *Schall*, IPRax 2009, 209 (211).

830 *Schall*, IPRax 2009, 209 (211). Unterschiede im Detail sind etwa die Möglichkeit der insolvenzunabhängigen Verfahrenseinleitung sowie die Nachrangigkeit der *floating charge* gegenüber den *preferential creditors* nach Sec. 175 (2) (a) Insolvency Act 1986.

Obgleich auch *Schall* betont, dass der *floating charge* mehrere Aspekte innewohnen, die jeweils verschiedene Qualifikationen rechtfertigen, ist er bestrebt, schon aus Gründen der Praktikabilität, eine einheitliche Lösung der Qualifikation zu erreichen.[831]

Eine insolvenzrechtliche Qualifikation lehnt er dabei ab und widerspricht damit *Wenckstern*, der zumindest nach der *crystallisation* die vollstreckungsrechtlichen Aspekte der *floating charge* insolvenzrechtlich qualifiziert[832]. Als Argument führt *Schall* an, dass die Durchsetzung der *floating charge* allein dem Sicherungsnehmer dient und gerade nicht der Gesamtheit der Gläubiger, wie es das Insolvenzverfahren tut.[833] Zudem könne eine insolvenzrechtliche Qualifikation keinesfalls alle Aspekte der *floating charge* erfassen.[834]

Aufgrund der Tatsache, dass die *floating charge* einzig *companies* vorbehalten ist und seit jeher eine zentrale Rolle im Handelsverkehr spielt, liegt für ihn vielmehr eine gesellschaftsrechtliche Qualifikation am nächsten.[835] Seiner Auffassung nach sprechen für diese Qualifikation weiterhin die Tatsachen, dass die *floating charge* gerade auch im Ausland belegenes Vermögen einbeziehen kann und in der Verwertung den Rechten der *preferential creditors* nachrangig ist, was jeweils nicht aus den Instituten des Sachenrechts zu erklären sei.[836]

Um die *floating charge* nun insolvenzrechtlich erfassen zu können, konstruiert sie *Schall* als Minus zur Ausgliederung, die als solches zwar nicht die Gesamtrechtsnachfolge eines neuen Rechtsträgers bedeutet, jedoch innerhalb des Vermögens des alten Rechtsträgers zum Übergang aller erfassten Vermögensgegenstände in ein reserviertes Sondervermögen führt.[837]

Die Bildung dieses Sondervermögens müsse der Gründungstheorie folgend auch unter dem Lageortrecht der betroffen Sachen anerkannt werden, erst die Umsetzung der Wirkung der *floating charge* unter diesem Recht sei dann dem Sachstatut zu unterstellen.[838]

Schall räumt ein, mit dieser Konstruktion zum Erhalt der Wirksamkeit der *floating charge* trotz ihrer nicht zu verleugnenden sachenrechtlichen Auswirkungen die Situs-Regel „*weggezaubert*" zu haben,[839] letztlich bleibt seiner Auffas-

---

831 *Schall*, IPRax 2009, 209 (212).

832 Hierzu unter [F. I. 6. b) bb)].

833 *Schall*, IPRax 2009, 209 (213).

834 *Schall*, IPRax 2009, 209 (213).

835 *Schall*, IPRax 2009, 209 (212f.).

836 *Schall*, IPRax 2009, 209 (213). Zur Nachrangigkeit der *floating charge*: *Gower/Davies*, RN. 32-7, 32-10-13 und *Goode*, Commercial Law, S. 686ff.

837 *Schall*, IPRax 2009, 209 (213).

838 *Schall*, IPRax 2009, 209 (213).

839 *Schall*, IPRax 2009, 209 (213).

sung nach jedoch im Hinblick auf die Wahrung der europäischen Grundfreiheiten aufgrund der wachsenden Mobilität von Gesellschaften in Europa nur die wirkungserhaltende Lösung über eine gesellschaftsrechtliche Gesamtqualifikation.[840]

Wichtigste Konsequenz hieraus wäre, dass entgegen den Überlegungen von *Wenckstern* nach *Schall* eine englische *floating charge* auch wirksam an in Deutschland belegenen Sachen bestellt werden könnte.[841]

d) Eigene Überlegungen

Sicherlich hat *Schall* recht, dass nach dem Enterprise Act 2002 und den neuen Entwicklungen im europäischen internationalen Gesellschaftsrecht die Überlegungen von *Wenckstern* einer Überprüfung bedurften, fraglich ist jedoch, ob sein Ansatz der Gesamtqualifikation der *floating charge* gangbar ist und von ihm auch konsequent umgesetzt wurde.

Zunächst ist festzuhalten, dass *Schall* selbst ausführt, dass die *floating charge* derartig viele Aspekte aufweist, dass zwingende Argumente für die eine oder die andere Qualifikation nicht auszumachen sind.[842] So muss auch *Schall* in seiner Argumentationskette stetig zwischen den Argumenten für oder wider seinen Ansatz hin und her springen und die letztendliche Festlegung auf eine gesellschaftsrechtliche Gesamtqualifikation kann zwar als rechtspolitisch wünschenswertes Ergebnis angesehen werden, Tatsache bleibt jedoch, dass über die dominanten sachenrechtlichen Aspekte der *floating charge* nicht einfach hinweggesehen werden kann.

Schall ist sich dessen ebenfalls bewusst und obwohl er eine einheitliche Lösung sucht und scheinbar auch präsentiert, kommt er gleichfalls nicht um eine „Aufdröselung“ der *floating charge* herum. So qualifiziert er zwar das Institut an sich gesellschaftsrechtlich und knüpft seine Wirksamkeit damit an das Recht des Gründungsorts der Gesellschaft an, für die Frage, welche Wirkungen die *floating charge* für im Inland belegene Sachen entfalten kann, befragt er dann jedoch wiederum das Sachstatut. Tatsächlich bewertet er die Wirkungen nach dem jeweiligen Einzelstatut für jeden von der *floating charge* umfassten Vermögenswert – Sachen, Forderungen und sonstige Rechte.[843]

Damit steht der Rechtsanwender nach *Schalls* Lösung im Falle der Wirksamkeit der *floating charge* genauso vor der Aufgabe des „Aufdröselns“, wie er es

840 *Schall*, IPRax 2009, 209 (215).
841 *Schall*, IPRax 2009, 209 (215).
842 *Schall*, IPRax 2009, 209 (212).
843 Siehe *Schall*, IPRax 2009, 209 (213f.).

nach *Wencksterns* Lösung täte. Eine wirkliche Vereinfachung wäre also durch die Gesamtqualifikation nicht zu erreichen.

Es stellt sich daher die Frage, ob *Schalls* Lösung tatsächlich die einzige ist, die den Entwicklungen seit 1992 gerecht wird, oder ob *Wencksterns* Vorschlag nicht auf anderem Wege angepasst werden kann.

Ausgangspunkt muss das Verständnis der Rechtsnatur der *floating charge* aus der Sicht des englischen Rechts sein. Richtig ist zwar, dass die *floating charge* aufgrund ihrer Funktion und der Tatsache, dass sie nur von *companies* bestellt werden kann, eine zentrale Rolle im Rechtsverkehr englischer Gesellschaften spielt, das kann aber kein Argument für eine rein gesellschaftsrechtliche Qualifikation sein. So könnte das Institut ohne Weiteres auf natürliche Personen übertragen werden, ohne dadurch seine Identität zu verlieren. Was die große praktische Bedeutung betrifft, so spielt beispielsweise auch der Eigentumsvorbehalt eine tragende Rolle im Wirtschaftsverkehr, trotzdem würde niemand dessen sachenrechtliche Qualifikation zugunsten einer gesellschaftsrechtlichen Qualifikation infrage stellen.

Eine sehr klare Aussage gegen eine gesellschaftsrechtliche Qualifikation macht *Collins*:

> *„A floating charge, even when it has crystallised, is no more than a peculiarly sophisticated form of mortgage, and should not be regarded as a universal assignment.“*.[844]

Da kann es auch nicht helfen, dass *Schall* nur von einem Minus zur Ausgliederung und nicht von der Gesamtrechtsnachfolge spricht. Fakt bleibt, dass aus englischer Sicht die *floating charge* (lediglich) eine Kreditsicherheit ist.[845] Dabei wird auch in der englischen Rechtsliteratur nicht übergangen, dass die *floating charge* nicht nur sachenrechtliche Wirkungen entfaltet, sondern weitere Aspekte enthält – die wiederum jeweils einzeln betrachtet werden.[846]

Insoweit geht *Wencksterns* kollisionsrechtliche Einzelbetrachtung der Aspekte der *floating charge* mit der Behandlung des Instituts unter englischem Recht einher.

Aus systematischer wie praktischer Sicht ergeben sich damit an dieser Stelle keine zwingenden Argumente für eine Gesamtqualifikation, die getrennte Qualifikation der verschiedenen Aspekte der *floating charge* bleibt weiterhin angezeigt.

---

844 *Collins*, I.C.L.Q. 1978 (27), 691 (698f.).

845 Stellvertretend für viele: *Gower/Davies*, RN. 32-5: *„A charge is an equitable proprietary security interest.“*.

846 *Collins*, I.C.L.Q. 1978 (27), 691 (699).

Durch die Änderung der Wirkungen der *floating charge* nach der *crystallisation*, bietet sich ebenfalls unverändert die von *Wenckstern* vorgenommene getrennte Betrachtung der Rechtslage vor und nach diesem Zeitpunkt an.

aa) Behandlung der floating charge bis zur crystallisation

Die Neuerungen durch den Enterprise Act 2002 betreffen die Rechtslage nach der *crystallisation* – aus der Sicht des englischen materiellen Rechts haben sich dementsprechend für die *floating charge* im Stadium vor der *crystallisation* keine Änderungen ergeben.

Wencksterns Analyse der Wirkungen der *floating charge* vor der *crystallisation* kann insofern weiterhin gefolgt werden.[847]

Damit ergibt sich zunächst, dass die schuldvertraglichen Rechte des Sicherungsnehmers der *floating charge* unabhängig von der Lage der betroffenen Sache nach Art. 27 I EGBGB oder Art. 28 I EGBGB regelmäßig nach englischem Recht zu beurteilen sind.

Was die dinglichen Rechte betrifft, so ist zu differenzieren, wo sich die fragliche Sache zum Zeitpunkt der Bestellung der *floating charge* befand.

Lag die Sache in Deutschland, kann nur *Wencksterns* Ausführungen gefolgt werden[848] – unter dem nach Art. 43 I EGBGB zur Anwendung berufenen deutschen Recht hätte die *floating charge* aufgrund eines offensichtlichen Verstoßes gegen das Spezialitätsprinzip nicht mit sachenrechtlicher Wirkung begründet werden können. Folgerichtig muss deshalb festgestellt werden, dass der deutsche ordre public zu diesem Zeitpunkt der *floating charge* jede dingliche Wirkung verwehrt, Art. 6 EGBGB. Ein Aspekt, den *Schall* im Übrigen überhaupt nicht anspricht.

Anders ist die Rechtslage zu beurteilen, befand sich die Sache bei Bestellung der *floating charge* noch in England und gelangte erst danach in den Geltungsbereich deutschen Rechts. Die Hinnahmetheorie fordert, dass eine einmal entstandene sachenrechtliche Prägung einen Statutenwechsel überdauert und ihre Wirkungen entsprechend den Regelungen des Ursprungsstatuts erhalten bleiben. Auch hier kann unverändert auf die Ausführungen von *Wenckstern* verwiesen werden, der die dinglichen Wirkungen der *floating charge* unter den genannten Umständen einem Anwartschaftsrecht auf Sicherungsübereignung entnimmt.[849] Zu erwähnen, wenn auch ohne Konsequenzen für das Ergebnis, ist lediglich die Tatsache, dass sich das zu antizipierende Übergabesurrogat nach neuer Rechtsla-

847 Siehe [F. I. 6. b) aa)].
848 Siehe [F. I. 6. b) aa)].
849 Siehe [F. I. 6. b) aa)].

ge regelmäßig durch den Herausgabeanspruch an einen *administrator* und nicht an einen *receiver* ergibt.

bb) Behandlung der floating charge nach der crystallisation (fixed charge)

Wie bereits angedeutet, hat die Rechtsentwicklung der letzten Jahre maßgebliche Auswirkungen auf die Wirkungen der *floating charge* nach der *crystallisation.*

Bevor auf diese Auswirkungen näher eingegangen werden soll, muss zunächst wiederum festgehalten werden, dass *Wencksterns* Analyse der Wirkungen der *floating charge* nach der *crystallisation* unverändert Bestand haben kann.[850]

Gleichfalls Bestand haben kann die Feststellung, dass die vollstreckungsrechtlichen Aspekte der *floating charge* bei Beurteilung durch ein deutsches Gericht den Regelungen der §§ 803ff. ZPO zu folgen haben.[851]

Mit der weitestgehenden Abschaffung des *receivers* zugunsten des *administrators* sind *Wencksterns* Ausführungen zur Anknüpfung der Bestellung und Vertretungsmacht des *receivers* obsolet geworden. Im Rahmen dieser Arbeit ist diese Frage jedoch von untergeordneter Bedeutung und kann auch aufgrund ihres Umfangs nicht erschöpfend behandelt werden.[852] Betrachtet man die Funktion des *administrators*, die mit der eines deutschen Insolvenzverwalters vergleichbar ist, so erscheint eine insolvenzrechtliche Qualifikation jedoch als vorzugswürdig.[853]

Was nun die dinglichen Wirkungen der *floating charge* nach der *crystallisation* anbelangt, so sind abhängig vom Lageort der fraglichen Fahrnis zu diesem Zeitpunkt unterschiedliche Überlegungen anzustellen.

α) Crystallisation unter der Geltung englischen Rechts

Befand sich die streitgegenständliche Sache zum Zeitpunkt der *crystallisation* in England und gelangte sie erst danach nach Deutschland, gilt, dass die damit begründete sachenrechtliche Prägung auch nach dem Statutenwechsel Bestand haben muss. Nach der Hinnahmetheorie werden die dinglichen Wirkungen also unter deutschem Recht umzusetzen sein – dazu weiter unten.[854]

850 Dazu [F. I. 6. b) bb)].

851 Siehe [F. I. 6. b) bb)].

852 Ausführlich zu diesem Punkt: *Schall*, IPRax 2009, 209 (215ff.).

853 Für eine gesellschaftsrechtliche Qualifikation hingegen: *Schall*, IPRax 2009, 209 (216).

854 Siehe [F. I. 6. d) bb) γ)].

β) Crystallisation unter der Geltung deutschen Rechts

Ob durch die *crystallisation* dingliche Rechte an der Sache entstehen können, während sich diese im Geltungsbereich deutschen Rechts befindet, hängt maßgeblich von der Vorfrage ab, ob die *floating charge* wirksam begründet wurde.

Befand sich die Sache schon zum Zeitpunkt der Begründung der *floating charge* in Deutschland, ist festzustellen, dass sie aufgrund des beschriebenen Verstoßes gegen den deutschen ordre public nicht mit dinglicher Wirkung begründet werden konnte.[855] Folglich können dem Sicherungsnehmer auch im Sicherungsfall unter deutschem Recht, also im Zeitpunkt der *crystallisation*, keine dinglichen Rechte entstehen.

War der Belegenheitsort der Sache zum Zeitpunkt der Begründung der *floating charge* jedoch England, so wurde sie bereits mit dieser wirksamen sachenrechtlichen Prägung unter die Geltung deutschen Rechts importiert und es stellt sich die Frage, wie sich diese sachenrechtliche Prägung durch die *crystallisation* unter der Geltung deutschen Rechts ändert.

γ) Umsetzung unter deutschem Recht

Für die identifizierten Fälle, in denen die *floating charge* nach der *crystallisation* auch unter der Geltung deutschen Rechts sachenrechtliche Wirkungen entfalten kann, ist nun zu klären, wie diese sachgerecht importiert werden können.

Wenckstern bedient sich eines dinglich beschränkten Liquidationsvorrechts, um die Wirkungen unter deutschem Recht abzubilden, hebt zugleich aber hervor, dass eine große funktionale Übereinstimmung mit der Sicherungsübereignung besteht.[856] Sein Hauptargument gegen die Umsetzung entsprechend einer Sicherungsübereignung ist die sich dadurch im Vergleich zum englischen Recht verbessernde Rechtsstellung des Sicherungsnehmers.[857]

Tatsächlich kann dieses Argument aber nicht entscheidend sein. Wie bereits dargestellt, hat der BGH klar gemacht, dass einer Aufwertung eines ausländischen Sachenrechts beim Import desselbigen keineswegs ablehnend entgegenzustehen ist, wenn diese aus einer funktionalen Umsetzung dieses Rechts in deutsches Sachenrecht resultiert.[858]

So ist es letztlich die konsequentere und praktikablere Lösung, die sachenrechtlichen Wirkungen der kristallisierten *floating charge* einer deutschen Sicherungsübereignung zu entnehmen.

855 Hierzu unter [F. I. 6. b) aa)].
856 Siehe [F. I. 6. b) bb)].
857 Hierzu unter [F. I. 6. b) bb)].
858 BGHZ 45, 95. Hierzu bereits ausführlicher unter [C. II. 4. b)].

Konsequent deshalb, weil zuvor die dingliche Wirkung vor der *crystallisation* als Anwartschaftsrecht auf Sicherungsübereignung importiert wurde,[859] und praktikabel, weil die kristallisierte *floating charge* und die Sicherungsübereignung abgesehen von ihrem Rang in der Verwertungsreihenfolge in ihrer Funktionsweise keine Unterschiede aufweisen.

Im Ergebnis sind bei einem Import in den Geltungsbereich deutschen Rechts die dinglichen Wirkungen einer wirksamen *floating charge* nach der *crystallisation* einer Sicherungsübereignung zu entnehmen.[860]

7. Originäre fixed charge (equitable charge)

Die originäre *fixed charge* gewährt dem Sicherungsnehmer im Sicherungsfall ein Verwertungsrecht am Sicherungsgut, ohne dass das Eigentum an der Sache auf den Sicherungsnehmer übergeht.[861] Als sogenannte *equitable charge* kann sie alle Objekte erfassen, die auch in den Anwendungsbereich einer *legal mortgage* fallen,[862] wobei das genaue Sicherungsgut immer anhand objektiver Kriterien bestimmbar sein muss.[863]

Somit werden bei ihrer Bestellung im Gegensatz zu der der *floating charge* das Spezialitätsprinzip und der Bestimmtheitsgrundsatz gewahrt. Damit ergibt sich aus den Voraussetzungen der *equitable charge* auch kein Verstoß gegen den deutschen ordre public. Eine unter englischem Recht wirksam bestellte *equitable charge* behält somit unter deutschem Recht immer ihre Wirkung. Die Belastung des Sicherungsguts durch eine *fixed charge* geht so weit, dass sich der Sicherungsnehmer im Sicherungsfall nicht nur aus der Verwertung des Sicherungsguts selbst befriedigen kann, sondern hierzu auch durch Verbindung oder Verarbeitung entstandene neue Sachen sowie gegebenenfalls den Erlös aus einem Verkauf des Sicherungsguts durch den Sicherungsgeber heranziehen kann.[864]

Abhängig davon, ob die *charge* im Rahmen eines Verkaufs des Sicherungsguts vom Sicherungsnehmer an den Sicherungsgeber vereinbart wurde oder sich

---

859 Siehe [F. I. 6. b) aa)].

860 So auch *Schall*, IPRax 2009, 209 (215f.), der trotz gesellschaftsrechtlicher Gesamtqualifikation für die einzelnen sachenrechtlichen Wirkungen das Sachstatut befragt. Gleichfalls *Graham-Siegenthaler*, S. 179, die jedoch die *floating charge* ohne Einbeziehung der Änderungen durch den Enterprise Act 2002 behandelt.

861 *Goode*, Legal Problems, RN. 1-51, 2-04.

862 *Winter v. Lord Anson* (1827) 38 ER 658, 660.

863 *Tailby v. The Official Receiver* [1886-1890] All ER Rep. 486, 496 (H.L.). Siehe auch [D. I. 2. d) bb) α)].

864 *Hicks*, J.B.L. 1992, 398 (399). Zur Zielsetzung der *charge* insbesondere im Vergleich zum *retention of title* auch unter [D. I. 2. d) bb) α)].

die Sache bei Bestellung der *charge* schon im Eigentum des Sicherungsgebers befand, können die Wirkungen der *charge* beim Import unter die Geltung deutschen Rechts entweder dem verlängerten Eigentumsvorbehalt oder der Sicherungsübereignung entnommen werden.[865]

8. Nicht oder nur teilweise wirksam zustande gekommene Sicherungsrechte

Art. 43 III EGBGB ermöglicht es, sachenrechtliche Vorgänge, die vor einem Statutenwechsel unter englischem Recht stattfanden, als Tatbestandsvoraussetzungen für die Vollendung eines deutschen Sachenrechts heranzuziehen.[866] Im Kontext der Sicherungsrechte ist dies insofern von Belang, als dass das deutsche Rechte geringere Form- und Registervorschriften an die Bestellung von Sicherungsrechten knüpft, als dies das englische Recht tut.[867]

a) Nachträglicher retention of title

Nach englischem Recht muss ein *retention of title* immer vor oder spätestens bei Abschluss des Kaufvertrags vereinbart werden.[868]

Nach deutschem Recht hingegen ist, sofern beide Parteien damit einverstanden sind, auch ein nachträglich vereinbarter Eigentumsvorbehalt zulässig.[869]

Wurde nun noch unter der Geltung englischen Rechts erst nach Abschluss des eigentlichen Kaufvertrags über die betreffende Sache einvernehmlich ein Eigentumsvorbehalt vereinbart und gelangt die Sache anschließend nach Deutschland, ist zu überlegen, ob ein solcher Eigentumsvorbehalt unter deutschem Recht wirksam wird.

Mit dem „Strickmaschinenfall“ etablierte der BGH schon vor der Kodifizierung des internationalen Sachenrechts die Möglichkeit, auch dann einen nach deutschem Recht wirksamen Eigentumsvorbehalt anzunehmen, wenn dieser zunächst unter dem Ausgangsstatut nicht, oder zumindest nicht vollumfänglich, zustande gekommen ist.[870] Heute regelt Art. 43 III EGBGB diesen Fall – zwar bedarf die Norm einer teleologischen Reduktion, um Fälle, die einen Eigentums-

---

865 Zur Vergleichbarkeit mit dem verlängerten Eigentumsvorbehalt schon unter [D. I. 2. d) bb) α)] und zu der zur Sicherungsübereignung im Rahmen der kristallisierten *floating charge* im vorausgegangenen Abschnitt [F. I. 6. d) bb) γ)].

866 Ausführlicher zu Art. 43 III EGBGB unter [C. III.].

867 Besonders deutlich wird dies beim Sicherungseigentum. Dazu später mehr unter [F. II. 2.].

868 Siehe unter [D. I. 2. d) bb) α)].

869 BGHZ 64, 395 (397).

870 Hierzu unter [C. III. 3. b) bb)].

vorbehalt zum Gegenstand haben, wirklich vollumfänglich erfassen zu können,[871] letztlich wird man jedoch feststellen können, dass damit ein zunächst unter englischem Recht unwirksamer nachträglicher Eigentumsvorbehalt nach einem Statutenwechsel ins deutsche Recht zur Wirkung gelangt.[872]

b) Fehlende Registrierung oder fehlerhafte Form der chattel mortgage

Sowohl natürliche Personen als auch Personengesellschaften müssen nach englischem Recht eine *chattel mortgage* registrieren, damit diese auch gegenüber Dritten wirksam wird.[873]

Aus der Sicht des englischen Rechts dient die Registrierungspflicht dabei vornehmlich dem Schutz des nationalen Rechtsverkehrs.[874] Wird das Sicherungsgut ins Ausland verbracht, ist dieser Schutzzweck nicht nur praktisch schwer zu erreichen,[875] sondern gerade wenn das neue Sachstatut keine Registrierung verlangt, auch nicht erforderlich.

Gelangt eine unter englischem Recht begründete, jedoch nicht registrierte *chattel mortgage* also in den Geltungsbereich deutschen Rechts, entfaltet sie ebenso wie ein vollwirksames deutsches Sicherungseigentum Drittwirkung.[876]

Die Formvorschriften der Section 9 Bills of Sale Act 1878 in der Fassung von 1882 sind anders als die Registervorschriften allgemeine Wirksamkeitsvoraussetzungen – wurden sie nicht eingehalten, ist die *chattel mortgage* nach englischem Recht als nichtig anzusehen. Schutzzweck der Formerfordernisse ist die Bewahrung des Sicherungsgebers vor Übervorteilung und einem unüberlegten Vertragsabschluss.[877]

Behandelte man eine nach englischem Recht formnichtige *chattel mortgage* unter deutschem Recht als wirksam, würde dies dem gesetzlichen Schutzzweck zuwiderlaufen und einen unzulässigen Verstoß gegen den Grundsatz „*Nein bleibt Nein*“ darstellen. Hieran ändert insbesondere Art. 43 III EGBGB nichts, denn dieser muss in seiner Anwendung gerade derart angepasst werden, dass er dem Grundsatz „*Nein bleibt Nein*“ entspricht.[878]

---

871 Ausführlich zur Umsetzung des „Strickmaschinenfalls“ in Art. 43 III EGBGB und der notwendigen teleologischen Reduktion unter [C. III. 3. b) cc)].

872 *Huber*, FS Weber, 253 (258).

873 Hierzu schon unter [D. I. 2. d) bb) γ)].

874 Dazu später unter [F. II. 2.] mehr.

875 Noch sind frei einsehbare Online-Register nicht etabliert.

876 *Graham-Siegenthalter*, S. 176; *Schilling*, Besitzlose Mobiliarsicherheiten, S. 283.

877 Hierzu auch unter [F. II. 2.].

878 Ausführlicher bereits unter [C. III. 3. b) cc)] dargestellt.

Im Ergebnis bleibt eine nach englischem Recht formnichtige *chattel mortgage* auch nach einem Statutenwechsel nach Deutschland wirkungslos.[879]

II. Import deutscher Sicherungsrechte nach England

Wurde ein sachenrechtlicher Tatbestand vor einem Statutenwechsel in den Geltungsbereich englischen Rechts abgeschlossen, lässt das englische Kollisionsrecht allein das ursprüngliche Lageortrecht maßgeblich für das Bestehen oder Nichtbestehen eines dinglichen Rechts sein.[880]

Damit stellt sich auch im englischen Recht die Frage, wie mit bestehenden subjektiven Rechten an einer Sache umgegangen werden muss, wenn diese in den Geltungsbereich englischen Rechts eingebracht werden.

Grundsätzlich gilt, dass die Wirkung eines importierten ausländischen dinglichen Rechts unter der Geltung englischen Rechts immer nur so weit gehen darf, wie die eines funktionsäquivalenten englischen dinglichen Rechts, wobei nach der hier vertretenen Auffassung einzelne Wirkungen eines unbekannten dinglichen Rechts auch unterschiedlichen englischen Rechtsinstituten entnommen werden können.[881]

Damit wird ein deutsches Sicherungsrecht beim Import nach England in ein englisches Sicherungsrecht gleicher bzw. weitestgehend übereinstimmender Funktion überführt und dann nach den entsprechenden nationalen Regelungen behandelt.

1. Eigentumsvorbehalt

a) Einfacher Eigentumsvorbehalt

Der einfache deutsche Eigentumsvorbehalt hat mitunter für die Neuentwicklung des englischen *retention of title* Pate gestanden.[882]

Demnach kennt das englische Recht dieses Rechtsinstitut in seinen Grundstrukturen und eine Anerkennung des deutschen Eigentumsvorbehalts nach ei-

---

879 *Graham-Siegenthalter*, S. 176; *Schilling*, Besitzlose Mobiliarsicherheiten, S. 283.

880 *Cammell v. Sewell* (1860) 5 H & N 727, 744f.; *Dicey/Morris/Collins*, RN. 24R-020ff.; *Cheshire/North*, S. 800; *Collier*, S. 247-250; *Benjamin's*, RN. 25-129.

881 *Aluminium Industrie Vaassen B.V. v. Romalpa Aluminium Ltd.* [1976] 2 All ER 552, 553. Siehe hierzu auch [E. II. 5.].

882 Hierzu unter [D. I. 2. d) bb) α)].

nem Statutenwechsel der betroffenen beweglichen Sache in den englischen Rechtskreis kann in der Praxis unproblematisch erfolgen.[883]

Insbesondere knüpft das englische Sachenrecht die Wirksamkeit eines *retention of title* nicht an spezifische Formerfordernisse, sodass das formlos zu bestellende Vorbehaltseigentum in seinen Entstehungsvoraussetzungen nicht geringere Anforderungen stellt, als dies der englische *retention of title* tut.

Was die Durchsetzbarkeit des Eigentumsvorbehalts betrifft, so krankte diese in der Vergangenheit jedoch an der sogenannten „*reputed ownership clause*" – diese besagte, dass im Konkursfall auch all diejenigen Sachen zur Befriedigung der Gläubiger herangezogen werden konnten, die zwar nicht dem Schuldner gehörten, ihm aber derart überlassen wurden, dass er Dritten gegenüber als Eigentümer erschien.[884] Diese Klausel machte den Eigentumsvorbehalt nach englischem Recht so weit nicht konkursfest, wie der Vorbehaltseigentümer die entsprechende Sache nicht explizit kennzeichnete, damit Dritten gegenüber gerade nicht der Eindruck entstehen konnte, der Sicherungsgeber sei Eigentümer der Sache.

Mit dem Insolvency Act von 1985 wurde diese Regelung jedoch aufgehoben, womit ein in Deutschland an einer Sache entstandenes Vorbehaltseigentum auch nach einem Statutenwechsel unter englischem Recht trotz Insolvenz des Sicherungsgebers uneingeschränkt durchsetzbar bleibt.

Vereinzelt wird darauf hingewiesen, dass ein deutscher Eigentumsvorbehalt in Ausnahmefällen auch als *hire-purchase agreement* ins englische Recht überführt werden kann – immer dann nämlich, wenn die Parteien vereinbart haben, dass dem Käufer ein Rückgaberecht eingeräumt wird.[885]

Dieser Überlegung kann nicht widersprochen werden, praktisch wird eine solche Rückgabemöglichkeit aber in den seltensten Fällen vertraglich vereinbart werden, so ist es trotz Eigentumsvorbehalt gerade das erklärte Ziel der Parteien, dass das Eigentum an der Sache sicher auf den Käufer übergeht.

Denkbar wäre zwar, dass ein Eigentumsvorbehalt vertraglich vereinbart wird und dieser zugleich von einem gesetzlichen Widerrufsrecht, etwa bei Haustürgeschäften nach §§ 312, 355 BGB, begleitet wird, dann käme bei einem Import der betreffenden Sache nach England aber auch nur bis zum Ablauf der Widerrufsfrist überhaupt ein *hire-purchase agreement* in Betracht. Es wird sich zeigen, ob ein entsprechender Fall in der Zukunft von einem englischen Gericht zu ent-

---

883 *Aluminium Industrie Vaassen B.V. v. Romalpa Aluminium Ltd.* [1976] 2 All ER 552. *Graham-Siegenthalter*, S. 489f.; *Bierle*, S. 205f.; *Fritzemeyer*, S. 86f.; *Schilling*, Besitzlose Mobiliarsicherheiten, S. 260.

884 Näher hierzu: *von Wilmowsky*, S. 168f. und *Schilling*, Besitzlose Mobiliarsicherheiten, S. 260f.

885 *Schilling*, Besitzlose Mobiliarsicherheiten, S. 261. Zum *hire-purchase agreement*: [D. I. 2. d) bb) β)].

scheiden sein wird, und ob die Richterschaft dann aus vertraglichem Vorbehaltseigentum und gesetzlichem Widerrufsrecht ein *hire-purchase agreement* konstruieren wird.

Die Annahme liegt jedoch nahe, dass dem nicht so sein wird und das englische Gericht beide Aspekte getrennt voneinander betrachten und auch anknüpfen wird.

b) Verlängerter Eigentumsvorbehalt

Wie gezeigt, kennt das englische Recht seit dem „*Romalpa-Fall*“ den verlängerten Eigentumsvorbehalt zumindest seiner Funktion nach.[886] Im Fortgang der englischen Rechtsentwicklung wurden Elemente der *Romalpa-Entscheidung* jedoch dahingehend revidiert, dass nur durch eine *charge* Verkaufserlöse und Verbindungs- oder Verarbeitungsprodukte eines Sicherungsobjekts ebenso als Sicherheit herangezogen werden können. Damit weist der verlängerte Eigentumsvorbehalt des deutschen Rechts heute die größte inhaltliche Vergleichbarkeit zu einer solchen *charge* auf. Ein Unterschied besteht jedoch darin, dass das englische Recht die Drittwirksamkeit der *charge* von der Einhaltung strenger Registervorschriften abhängig macht wohingegen ein Eigentumsvorbehalt nach deutschem Recht auch ohne Registrierung inter omnes wirkt.[887]

In der Praxis bedeutet dies, dass wenn eine Sache unter verlängertem Eigentumsvorbehalt von Deutschland nach England verkauft wird, der Vorbehaltseigentümer bei einem Weiterverkauf der Sache in England sein Eigentum verliert, ohne dafür die Kaufpreisforderung als Ersatzsicherheit zu erhalten, wenn die Belastung der Sache in der Form des deutschen verlängerten Eigentumsvorbehalts nicht in England registriert wurde.[888]

Eindeutig machte dies das Gericht in der Entscheidung *Re Weldtech Equipment Ltd.* klar – zwar spräche inhaltlich nichts gegen die Umsetzung eines deutschen verlängerten Eigentumsvorbehalts unter englischem Recht, jedoch müssten dazu die entsprechenden englischen Registervorschriften erfüllt werden.[889]

An dieser Stelle ist das englische Recht beim Import ausländischer Sicherungsrechte restriktiver als das deutsche.

---

886 Vgl. [D. I. 2. d) bb) α)].

887 Näher hierzu: [D. I. 2. d) bb) α)].

888 *Kieninger*, S. 120.

889 *Re Weldtech Equipment Ltd.* [1991] BCC 16.

c) Erweiterter Eigentumsvorbehalt

Was den Import des erweiterten Eigentumsvorbehalts betrifft, so gibt es hierzu noch keine auf originär englisches Recht bezogene gerichtliche Entscheidung.

Jedoch können Rückschlüsse aus einer Entscheidung des House of Lords zum schottischen Recht gezogen werden. Der Sale of Goods Act von 1979, welcher die zu den unterschiedlichen Formen des Eigentumsvorbehalts einschlägigen Regelungen enthält, erstreckt sich in seiner Wirkung nicht nur auf England, sondern gilt auch für Schottland, wodurch man dem entsprechenden Urteil auch Auswirkungen auf die englische Rechtsentwicklung zusprechen muss.

In *Armour v. Thyssen Edelstahlwerke AG* lieferte die Thyssen Edelstahlwerke AG Waren an eine schottische Käuferin, wobei in den Formularbestimmungen der Verkäuferin ein erweiterter Eigentumsvorbehalt vereinbart wurde.[890] Nachdem die Käuferin den Kaufpreis für die Waren nicht zahlte, forderte die Verkäuferin den noch unverarbeiteten Teil ihrer Warenlieferung zurück. Das Gericht entsprach der Forderung und führte aus, dass keine registrierungspflichtige *charge* vorläge, da die Käuferin keine Sicherheit an ihr gehörenden Sachen einräumte, sondern lediglich das Eigentum der Verkäuferin rechtswirksam vorbehalten wurde, woran insbesondere die Tatsache nichts ändere, dass der Eigentumsübergang zusätzlich an die Erfüllung von Verbindlichkeiten geknüpft wurde, die über die Kaufpreisforderung hinausgingen.[891] Das Gericht erkannte unter Geltung schottischen Rechts als lex rei sitae den erweiterten Kontokorrentvorbehalt als wirksam an.

Es mag zwar fraglich sein, ob die Konzernklausel, durch die der erweiterte Eigentumsvorbehalt vereinbart wurde, auch bei Beurteilung des Falls nach englischem Recht hätte Wirkung entfalten können,[892] unabhängig davon wird man jedoch festhalten können, dass auch ein deutscher erweiterter Eigentumsvorbehalt ohne Wirkungseinbußen ins englische Recht importiert werden kann.

---

890 *Armour v. Thyssen Edelstahlwerke AG* [1990] 3 All ER 481 (H.L.). Näher zum Fall: *Wilmowsky*, S. 98f.

891 *Armour v. Thyssen Edelstahlwerke AG* [1990] 3 All ER 481, 485 (H.L.).

892 Es liegt nahe, aufgrund der Tatsache, dass sich das Gericht in *Armour v. Thyssen Edelstahlwerke AG* nicht zur Konzernklausel geäußert hat, davon auszugehen, dass die englische Rechtsprechung keine Einwände gegen die Anerkennung hat. *Hicks*, J.B.L. 1992, 398 (404f.); *Kessel*, RIW 1991, 812 (813, 817). Zu diesem Problem: *Kieninger*, S. 116.

2. Sicherungseigentum

Beim Import des deutschen Sicherungseigentums nach England steht der Rechtsanwender vornehmlich dem Problem gegenüber, dass das englische Recht an das inländische Wirkungs-Äquivalent, die (*chattel*) *mortgage*, unabdingbare Form- und Registervorschriften knüpft.[893]

Gelangt nun eine Sache, an der nach deutschem Recht ein Sicherungseigentum vereinbart wurde, nach England, fehlt es für die direkte Übertragung in eine *chattel mortgage* regelmäßig an der Publizität der Vereinbarung.

Die Möglichkeit, die Form- und Registervorschriften nach englischem Recht nachträglich zu erfüllen, besteht für die Parteien theoretisch betrachtet regelmäßig nicht, so muss die Registrierung binnen einer bestimmten Frist nach Vereinbarung der *chattel mortgage* erfolgen.[894]

Rein praktisch können die Parteien trotzdem die Form- und Registervorschriften unter englischem Recht erfüllen, was dann im Endeffekt aber der Bestellung einer neuen *chattel mortgage* gleichkäme und gerade keine echte Anerkennung des in Deutschland vereinbarten Sicherungseigentums darstellen würde.

Dabei kann man an dieser Stelle durchaus die Frage stellen, ob die englischen Publizitätserfordernisse ihrem Sinn und Zweck nach tatsächlich auch als zwingend anzusehen sind, wenn eine mit einem ausländischen Sicherungseigentum belastete Sache nach England importiert wird.

Einen entsprechenden Fall hatte die englische Rechtsprechung noch nicht zu entscheiden und in der Rechtsliteratur wird bis dato hierzu unterschiedlich Stellung bezogen.

Sinn und Zweck der englischen Form- und Publizitätserfordernisse ist neben der Bewahrung des Sicherungsgebers vor unüberlegten Vertragsabschlüssen vorrangig der Schutz des allgemeinen Rechtsverkehrs – die tatsächlichen Eigentumsverhältnisse und Belastungen an einer Sache sollen sich einem Dritten durch den Blick in das Register zweifelsfrei erschließen können.[895] Somit spielt die Registrierung eine maßgebliche Rolle bei der Frage nach der Gutgläubigkeit beim Erwerb vom Nichtberechtigten und der Verwertung einer Sache im Insolvenzfall des Besitzers.[896]

---

893 Näher zur Äquivalenz der *chattel mortgage*: *Bierle*, S. 206f.; *Schilling*, Besitzlose Mobiliarsicherheiten, S. 294ff.; *Fritzemeyer*, S. 94; *Kessel*, RIW 1991, 812 (813). Zu den einzelnen Voraussetzungen der *chattel mortgage* bereits unter: [D. I. 2. d) bb) γ)].

894 Zu diesem Problem allgemein: *Drobnig*, RabelsZ 38 (1974), 468 (485). Zu den Eintragungs-Fristen einer *chattel mortgage* unter: [D. I. 2. d) bb) γ)].

895 *Gower/Davies*, RN. 32-22; *Graham-Siegenthaler*, S. 182, 488; *Fritzemeyer*, S. 97.

896 Allgemein zu den Wirkungen einer Registrierung: *Gower/Davies*, RN. 32-25ff. und *Drobnig*, RabelsZ 38 (1974), 468 (476f.).

Nun mag man einwenden, Dritte würden gar nicht erwarten, eine aus dem Ausland importierte Sache zur Befriedigung ihrer Forderung verwerten zu können, weil sie entgegen des äußeren Anscheins gar nicht gutgläubig davon ausgingen, dass sich die Sache auch im Eigentum ihres Schuldners befindet.[897] Wäre dies der Fall, wären zumindest die Registervorschriften, ihrem Sinn und Zweck entsprechend, nicht zwingend auf ein importiertes Sicherungseigentum anzuwenden.

Diese Herangehensweise entspricht aber keinesfalls einer lebensnahen Betrachtung der Situation – für einen Dritten macht es bei der Einschätzung der dinglichen Rechtslage regelmäßig keinen Unterschied, ob eine Sache aus dem In- oder aus dem Ausland stammt.

Dementsprechend verwehren auch einige Autoren dem deutschen Sicherungseigentümer eine Sonderstellung, indem sie seinem Sicherungseigentum unter englischem Recht mangels erfüllter Form- und Publizitätserfordernissen jegliche Wirkung absprechen.[898]

Die Vertreter dieser Ansicht irren sicherlich nicht in der Betrachtung der tatsächlichen Situation, es stellt sich jedoch die Frage, ob sie die Reichweite der Form- und Registervorschriften korrekt auslegen.

Die anzuwendenden Vorschriften ergeben sich aus dem Bills of Sale Act 1878 in seiner Version von 1882 – seinem Titel entsprechend, sind sie nur auf einen „*bill of sale*“[899] anzuwenden.

In *Coote v. Jecks*[900] hob das entscheidende Gericht hervor, dass die Definition des *bill of sale* aus Section 4 Bills of Sale Act 1878 und Section 3(2) Bills of Sale Act 1882 gerade solche *bills of sale* nicht umfasst, die im Ausland oder auf hoher See bestellt werden. Schon hieraus ergeben sich Zweifel, ob die englischen Form- und Registervorschriften überhaupt auf ein im Ausland begründetes Sicherungseigentum angewendet werden können.

Hinzu kommt die Tatsache, dass im Bills of Sale Act Rechtsdokumente und nicht die eigentlichen Rechtsübertragungen geregelt werden.[901]

Damit kommt es für die Frage, ob die Form- und Registervorschriften des Bills of Sale Act anzuwenden sind, nicht auf die Wirkung eines Rechtsinstituts an, sondern darauf, ob es nach dem für seine Begründung maßgeblichen Recht

---

897 Ohne Wertung als Idee vorgebracht von *Graham-Siegenthaler*, S. 488.

898 *Zaphiriou*, S. 184; *Fritzemeyer*, S. 97; *Hübner*, ZIP 1980, 825 (830f.). Solange der Dritte tatsächlich im guten Glauben ist auch: *Grodecki*, S. II B 1/4.

899 Frei übersetzt: „Übereignungsurkunde“, insbesondere also ein Kaufvertrag.

900 (1872) LR 13 Eq 597.

901 *Manchester, Sheffield & Linconshire Rail Co. v. North Central Wagon Co.* [1888] 13 AC 554, 560 (H.L.).

aufgrund eines *bill of sale* oder eines zumindest vergleichbaren Dokuments entstanden ist.

Die Vereinbarung einer Sicherungsübereignung – auch wenn sie schriftlich geschieht – ist nach dem maßgeblichen deutschen Recht nicht als ein *bill of sale* ausgelegt, die tatsächliche Niederschrift in ein Dokument ist nach deutschem Recht nämlich gerade nicht Voraussetzung für die Begründung des Sicherungseigentums. Und selbst wenn dem so wäre, wäre, wie soeben festgestellt, der Bills of Sale Act auf das unter deutschem Recht aufgesetzte Dokument nicht anwendbar. Die Behandlung der vereinbarten Sicherungsübereignung als *bill of sale* bei einem Import der betreffenden Sache nach England würde damit der Situs-Regel widersprechen, die im englischen Kollisionsrecht auch für Formfragen im Rahmen von Rechten an Sachen anzuwenden ist.[902]

Im Ergebnis spricht Vieles dafür, dass das deutsche Sicherungseigentum auch ohne Beachtung der Form- und Registervorschriften des Bills of Sale Act unter englischem Recht volle Wirksamkeit – auch gegenüber Dritten – entfalten kann.[903]

Im Hinblick auf den Drittschutz bezeichnet *Grodecki* dieses Ergebnis als „[...] *quite clearly illogical* [...] *since there is here an even greater need to protect innocent purchasers than in the case of purely domestic transactions*[...]".[904]

Dieser Kritik muss jedoch entgegengehalten werden, dass die englische Rechtsprechung trotz entsprechender Konfliktlage bereits mündlich vereinbarte *chattel mortgages* von den Form- und Registervorschriften freigestellt hat.[905] Damit kann eine formfreie und nicht registrierte Sicherungsübereignung nicht gegen den englischen *ordre public* verstoßen[906] und wird im Sinne der europäischen Grundfreiheiten auch unter der Geltung englischen Rechts anzuerkennen sein.

Final entscheiden können diesen Streit in Zukunft nur die englische Judikative und Legislative. Es wird abzuwarten sein, welche Meinung sie bestätigen werden.

---

902 So aber wohl: *Drobnig*, RabelsZ 38 (1974), 468 (472). Zur Anknüpfung von Formfragen im englischen internationalen Sachenrecht: [D. II. 4. e)].

903 So auch: *Schilling*, I.C.L.Q. 1985 (34), 87 (114); *Bierle*, S. 207.

904 *Grodecki*, S. II B 1/4.

905 *Morsden v. Meadows* (1881) 7 QBD 80, 86; *Newlove v. Shrewsbury* (1888) 21 QBD 41. Hierzu auch: *Diamond*, Security, 23 (33).

906 So jedoch: *Fritzemeyer*, S. 96.

3. Pfandrechte

a) Vertragliche Pfandrechte

Das deutsche und englische Fahrnispfandrecht gleichen weitestgehend einander. Deutsches Faustpfand und englisches *pledge* folgen den gleichen Wirksamkeitsvoraussetzungen,[907] womit ein Import eines unter deutschem Recht vereinbarten Faustpfandes nach England unproblematisch erfolgen kann.[908]

Die Unterschiede bei der Verwertung sind dabei aus der Sicht des englischen Rechts unschädlich. Dem Sicherungsnehmer erwächst durch die Überführung des deutschen Besitzpfandrechtes in die Form des englischen *pledge* im Sicherungsfall die Möglichkeit, das Sicherungsgut im Wege des freihändigen Verkaufs zur Befriedigung seiner Forderung zu verwerten.[909]

b) Gesetzliche Pfandrechte

Gesetzliche Pfandrechte des deutschen Rechts, wie beispielsweise das Werkunternehmerpfandrecht nach § 647 BGB oder auch das Frachtführerpfandrecht nach § 441 HGB dienen der Sicherung einer schuldrechtlichen Forderung des Sicherungsnehmers und gleichen damit funktional dem englischen *lien*.[910] Entsprechend können sie bei einem Import unter die Geltung englischen Rechts regelmäßig wie ein (*equitable*) *lien* behandelt werden.[911]

4. Nicht oder nur teilweise wirksam zustande gekommene Sicherungsrechte

Unabhängig von der Tatsache, dass das deutsche Recht für die Wirksamkeit von Sicherungsrechten durchweg geringere Anforderungen an Form und Publizität stellt und entsprechend kaum ein Fall vorkommen dürfte, in dem nach englischem Recht ein wirksames Sicherungsrecht vorliegen könnte, obgleich dieses nach deutschem Recht nicht oder nur teilweise wirksam zustande kam, geht das englische Recht mit der temporalen Spaltung des Sachstatuts generell restriktiver um.

Es gibt keine mit Art. 43 III EGBGB vergleichbare Regelung und unter dem Ausgangsstatut nicht wirksam zustande gekommene dingliche Rechte werden

907 Siehe schon unter [D. I. 2. d) bb) δ)].

908 *Bierle*, S. 205; *Graham-Siegenthaler*, S. 486.

909 Zum *pledge* [D. I. 2. d) bb) δ)].

910 Zum *lien* siehe gleichfalls [D. I. 2. d) bb) δ)].

911 *Bierle*, S. 205.

immer auch unter englischem Recht als nichtig angesehen.[912] Ausnahmen werden zwar in der englischen Rechtsliteratur dann diskutiert, wenn das jeweilige Recht erkennbar unter dem Folgestatut Wirkungen entfalten sollte,[913] noch hat die englische Rechtsprechung eine solche Ausnahme jedoch nicht bestätigt, weshalb derzeit weiterhin daran festgehalten werden muss, dass ein nach dem Ursprungsstatut nicht oder nur teilweise zustande gekommenes Sicherungsrecht grundsätzlich nicht allein durch einen Statutenwechsel in englisches Recht zur vollständigen Wirksamkeit gelangen kann.[914]

III. Zusammenfassender Vergleich der gegenseitigen Anerkennung von Sicherungsrechten

Sowohl das deutsche als auch das englische Recht sind bemüht, Sicherungsrechte nach einem Statutenwechsel in die eigene Rechtsordnung möglichst verlustfrei zu importieren.

Nichtsdestoweniger ergeben sich in der Praxis des internationalen Rechtsverkehrs Unterschiede im Detail, die weiterhin Konfliktpotenzial bergen.

1. Import wirksam zustande gekommener Sicherungsrechte

Im deutschen wie im englischen internationalen Sachenrecht gilt das „Trägheitsprinzip“, wonach beim Import einer Sache in den Geltungsbereich des eigenen Rechts die dingliche Rechtslage so lange unverändert bestehen bleibt, wie am neuen Lageort kein neuer sachenrechtlicher Tatbestand vollendet wird.[915]

Unter Anwendung der Hinnahmetheorie können ausländische dingliche Rechte so weit ohne eine inhaltliche Veränderung unter die Geltung deutschen Rechts importiert werden, wie ihre Wirkungen dem deutschen Recht nicht gänzlich fremd sind und dem nationalen ordre public nicht widersprechen.[916] Praktisch umgesetzt werden importierte dingliche Rechte dann, indem ihre einzelnen Wirkungen behandelt werden, wie funktionsäquivalente Wirkungen aus dem deutschen Sachenrecht. Dabei müssen die Wirkungen eines ganzheitlichen im-

912 Zu beachten ist jedoch, dass unvollkommene Sicherungsrechte als solche zunächst als wirksam entstanden anzusehen sind und dementsprechend bei einem Import wie vollkommene Sicherungsrechte zu behandeln sind. Hierzu schon unter [E. II. 4.].

913 *Zaphiriou*, S. 168. Hierzu schon unter [E. III.].

914 Hierzu schon unter [E. III.].

915 Zum deutschen Recht unter [C. I. 2.] und zum englischen Recht unter [E. I. 1.].

916 [C. II. 4. c)].

portierten dinglichen Rechts nicht insgesamt einem Institut des deutschen Sachenrechts entnommen werden, sondern können aus unterschiedlichen Instituten zusammengetragen werden oder durch die Anpassung eines deutschen dinglichen Rechts konstruiert werden.

Im Hinblick auf die behandelten englischen Sicherungsrechte bedeutet dies im Einzelnen:

Bei einem Import des *retention of title*,[917] der *chattel mortgage*,[918] der englischen Pfandrechte, *hypothecation* und *lien*,[919] sowie der *assignment*[920] und der originären *fixed charge*,[921] kann jeweils ein einheitliches unverändertes deutsches Sicherungsrecht herangezogen werden, um die Wirkungen des jeweiligen englischen Sicherungsrechts auch unter der Geltung deutschen Sachenrechts fortbestehen zu lassen.

Der nur von Hinnahmetheorie als Importmethode gebotene Vorzug, dass dingliche Wirkungen aus verschiedenen deutschen Sachenrechtsinstituten herausgelöst werden können, um nach einem Statutenwechsel in deutsches Recht alle Wirkungen eines Altrechts erhalten zu können,[922] ist damit beim Import dieser Sicherungsrechte nicht von praktischer Bedeutung.

Für den Rechtsanwender entscheidend wird dieser Vorteil jedoch bei der Betrachtung des *hire-purchase agreement* und des *hire-purchase-refinancing agreement*,[923] des *pledge*,[924] sowie insbesondere der *floating charge*.[925]

Während das *hire-purchase-agreement* und das *hire-purchase-refinancing agreement* durch die Kombination von Wirkungen verschiedener deutscher Sachenrechtsinstitute dabei gleichfalls ohne Einschränkungen nach Deutschland importiert werden können,[926] müssen die Wirkungen von *pledge* und *floating charge* zumindest in Teilen eingeschränkt werden.

Im Falle des *pledge* ergibt sich dabei lediglich, dass aufgrund eines sonst drohenden Verstoßes gegen den deutschen ordre public im Sicherungsfall die Verwertung des Sicherungsguts formalisiert werden muss.[927] Die Rechtstellung des Sicherungsnehmers wird dadurch keineswegs gefährdet, er muss bei deren Um-

917 [F. I. 1.].
918 [F. I. 3.].
919 [F. I. 4.].
920 [F. I. 5.].
921 [F. I. 7.].
922 [C. II. 4. c), d)].
923 [F. I. 2.].
924 [F. I. 4.].
925 [F. I. 6.].
926 [F. I. 2.].
927 [F. I. 4.].

setzung jedoch die formalen Voraussetzungen der §§ 385, 1221, 1295 BGB beachten.

Der größeren Herausforderung sieht sich der deutsche Rechtsanwender beim Import einer englischen *floating charge* gegenübergestellt.

Dabei muss der unkristallisierten *floating charge* für den Fall, dass sie über eine sich in Deutschland befindliche Sache bestellt wurde, selbst unter Anwendung der Hinnahmetheorie aufgrund der Nichtbeachtung des Spezialitätsprinzips als Bestandteil des deutschen ordre public jegliche dingliche Wirkung abgesprochen werden.[928]

Wurde die *floating charge* hingegen über in England lagernde Sachen bestellt und gelangten diese erst im Anschluss an die Bestellung in den Geltungsbereich deutschen Rechts, gelingt es gerade durch Anwendung der Hinnahmetheorie, die *floating charge* ohne Wirkungseinbußen ins deutsche Recht zu importieren.[929] Zwar stellt die *floating charge* ein einheitliches englisches Sicherungsrecht dar, eine Behandlung analog eines einzelnen deutschen Sachenrechts ist jedoch, aufgrund der Vielfalt ihrer Wirkungen, nicht möglich, so muss sie in ihre einzelnen Aspekte aufgeteilt werden und kann dann unter Heranziehung verschiedener deutscher Rechtsinstitute vollständig wirkungserhaltend importiert werden.

In der Rechtsprechung zum englischen Kollisionsrecht wird ein weniger erhaltungsfreundlicher Ansatz des Imports von Altrechten verfolgt. Die Wirkungen eines importierten dinglichen Rechts können ausweislich der entsprechenden Urteile immer nur so weit zur Geltung kommen, wie die eines funktionsäquivalenten englischen Sachenrechts.[930] Bei genauerer Betrachtung der entsprechenden Entscheidungen kann man davon ausgehen, dass dabei Wirkungen eines unbekannten dinglichen Rechts auch unterschiedlichen englischen Rechtsinstituten entnommen werden können, im Rahmen des Imports deutscher Sicherungsrechte muss von dieser Möglichkeit jedoch nicht Gebrauch gemacht werden.[931]

Dabei finden sich für den einfachen und den erweiterten Eigentumsvorbehalt[932] sowie die vertraglichen und gesetzlichen Pfandrechte[933] des deutschen Rechts jeweils Institute des englischen Sachenrechts, die einen Import ohne Wirkungseinbußen ermöglichen.

Einschränkungen erfährt jedoch ein unter deutschem Recht vereinbarter verlängerter Eigentumsvorbehalt – ohne eine Eintragung in ein englisches Register entfaltet er unter der Geltung englischen Rechts entsprechend einer nicht regi-

928 [F. I. 6. d) aa)].

929 Insgesamt zum hier vertretenen Weg des Imports der *floating charge* unter [F. I. 6. d)].

930 Generell: [E. II. 5.] und für dingliche Sicherungsrechte: [F. II.].

931 Grundsätzlich hierzu unter [E. II. 5.].

932 Hierzu unter [F. II. 1. a)] und [F. II. 1. c)].

933 [F. II. 3.].

strierten englischen *charge* keine Drittwirkung.[934] Damit läuft der Sicherungsnehmer im Falle des Verkaufs des Sicherungsguts in England Gefahr, sein Eigentum an der Sache zu verlieren, ohne dafür einen Anspruch auf die Kaufpreisforderung als Ersatzsicherheit zu erhalten.

Noch unklar ist, wie mit einem deutschen Sicherungseigentum in England umzugehen ist.[935]

Eine funktionsäquivalente *chattel mortgage* unterliegt im englischen Recht strengen Form- und Registervorschriften, die bei der Vereinbarung eines deutschen Sicherungseigentums regelmäßig nicht erfüllt werden. Dies scheint zunächst zu bedeuten, dass einem deutschen Sicherungseigentum die Anerkennung unter englischem Recht verwehrt werden muss. Die Tatsache jedoch, dass die englische Rechtsprechung schon eine unter englischem Recht mündlich vereinbarte *chattel mortgage* als wirksam erachtete, legt es nahe, dass auch eine deutsche Sicherungsübereignung ohne Erfüllung der englischen Form- und Registervorschriften unter englischem Recht Wirkung entfalten kann. Ob die englische Rechtsprechung in einem entsprechend gelagerten Fall dem formlos vereinbarten und nicht registrierten Sicherungseigentum tatsächlich zur Wirkung unter englischem Recht verhelfen wird, bleibt abzuwarten, jedenfalls wäre dies schon im Hinblick auf die Wahrung der europäischen Grundfreiheiten wünschenswert.

2. Import nicht oder nur teilweise wirksam zustande gekommener Sicherungsrechte

Die Frage nach der Beachtlichkeit von sachenrechtlichen Vorgängen, die im Ausland stattfanden, im Rahmen der Vollendung eines inländischen sachenrechtlichen Tatbestands beantworten das deutsche und das englische Kollisionsrecht gegenläufig.

Im deutschen Kollisionsrecht ermöglicht es Art. 43 III EGBGB uneingeschränkt, im Ausland stattgefundene sachenrechtliche Vorgänge im Rahmen der Tatbestandsvollendung eines deutschen Sachenrechts heranzuziehen.[936]

In Verbindung mit der Tatsache, dass das deutsche Zivilrecht dem Abstraktionsprinzip folgt, eröffnet sich hierdurch die Möglichkeit, dass ein zunächst unter englischem Recht nicht wirksam zu vereinbarender nachträglicher *retention*

934 [F. II. 1. b)].

935 Zu den verschiedenen Auffassungen hierzu unter [F. II. 2.].

936 Hierzu ausführlich unter [C. III.].

of title, nach einer Verbringung der entsprechenden Sache nach Deutschland, zur Wirkung gelangt.[937]

Des Weiteren ermöglicht es die fehlende Registrierungspflicht deutscher Sicherungsrechte, dass eine unter englischem Recht nicht registrierte *chattel mortgage* unter deutschem Recht auch Drittwirkungen entfalten kann.[938] Hingegen kann auch die grundsätzliche Formfreiheit im deutschen Recht einer mangels Einhaltung der englischen Formvorschriften nicht wirksam zustande gekommene *chattel mortgage* nach einem Statutenwechsel ins deutsche Recht nicht zur Wirksamkeit verhelfen. Hiergegen spricht neben dem Schutzzweck der englischen Formvorschriften insbesondere auch der kollisionsrechtliche Grundsatz „*Nein bleibt Nein*".[939]

Das englische Kollisionsrecht kennt keine mit Art. 43 III EGBGB vergleichbare Regelung.[940] Generell wird die Spaltung des Sachstatuts im englischen Recht derart ausgelegt, dass Vorgänge, die unter der Geltung eines vorausgegangenen Sachstatuts nicht zur Vollendung eines sachenrechtlichen Tatbestands ausreichten, nicht zur Vollendung eines sachenrechtlichen Tatbestands unter englischem Recht herangezogen werden können.

Davon abgesehen dürfte in der Praxis aufgrund der Tatsache, dass das deutsche Recht durchgängig geringere Anforderungen an die Begründung von Sicherungsrechten stellt, der Fall, dass nach englischem Sachenrecht ein Sicherungsrecht als wirksam anzusehen wäre, wohingegen es nach deutschem Recht nicht zustande kam, nicht vorkommen.

3. Fazit

Beim Import von Sicherungsrechten wird die grundsätzliche Andersartigkeit des deutschen und englischen Rechts besonders deutlich.

Zwar ist dem Kollisionsrecht beider Rechtsordnungen der Grundsatz gemein, dass bestehende dingliche Rechte auch nach einem Import fortbestehen sollen, nur das deutsche Recht stellt jedoch mit der Hinnahmetheorie ein Instrument zur Verfügung, das einen Import von Altrechten so lange ohne Wirkungseinbußen ermöglicht, wie sich hieraus keinen Verstoß gegen den nationalen ordre public ergibt. Dabei machen es die wenigen zwingenden Form- und Registervorschrif-

937 [F. I. 8. a)].
938 [F. I. 8. b)].
939 Auch hierzu unter [F. I. 8. b)].
940 [E. III.] und [F. II. 4.].

ten des deutschen Rechts zusätzlich einfacher, ausländische Sicherungsrechte zu importieren.

Dass die Hinnahmetheorie in Deutschland entwickelt wurde, ist insbesondere der ausführlichen Diskussion zum Einfluss des Europarechts auf das Kollisionsrecht zu verdanken.[941] Unter Anwendung der Hinnahmetheorie gelingt es gerade, Altrechte verlustfrei unter die Geltung deutschen Rechts zu importieren, ohne hierbei die elementaren Grundsätze der nationalen Rechtsordnung zu gefährden.

Die Diskussion im englischen Rechtskreis ist hingegen weniger weit fortgeschritten. Exemplarisch soll erneut *Collier* zitiert werden, der zwar sehr deutlich Stellung dahingehend bezieht, dass ein importiertes Altrecht nur dann nicht vom englischen Recht anzuerkennen ist, wenn es besonders „*outrageous*“ – also „unerhört“ – ist, sich gleichzeitig aber nicht dazu äußert, wie ein wirkungserhaltender Import rein praktisch vonstattengehen soll.[942] So ergeben sich nach dem derzeitigen Diskussionsstand aufgrund vermeintlich entgegenstehender englischer Form- und Registervorschriften insbesondere Einschränkungen des deutschen verlängerten Eigentumsvorbehalts[943] und des unter deutschem Recht vereinbarten Sicherungseigentums[944] – sicherlich beides keine Rechtsinstitute, die im internationalen Vergleich als besonders „unerhört“ bezeichnet werden können.

Im Bewusstsein, dass hierin eine Verletzung der europäischen Grundfreiheiten liegt, diskutieren einzelne Vertreter der englischen Rechtsliteratur, wann zugunsten des vollständigen Erhalts von Altrechten auf die Einhaltung englischer Form- und Registervorschriften verzichtet werden kann.[945] Eine belastbare Rechtsprechung gibt es zu diesem Punkt jedoch noch nicht. Im Sinne der Wahrung der europäischen Grundfreiheiten sowie des internationalen Entscheidungseinklangs wäre es wünschenswert, dass auch im englischen Kollisionsrecht eine verlässliche Methode entwickelt wird, die den Import ausländischer dinglicher Rechte, die nicht im Widerspruch zum englischen ordre public stehen, ohne Wirkungseinbußen ermöglicht.

---

941 Hierzu unter [A. II. 1.].

942 Hierzu unter [A. II. 2.].

943 [F. II. 1. b)].

944 [F. II. 2.].

945 Zu dieser systematisch problematischen Diskussion unter [E. II. 4.] und [F. II. 2.].

G. Thesenüberblick

I. Einfluss des Europarechts auf das internationale Sachenrecht

1. Thesen

Die Anwendung der Situs-Regel im internationalen Sachenrecht begründet keinen Verstoß gegen die EG-Grundfreiheiten.[946]

Nach einem Statutenwechsel in deutsches oder englisches Sachenrecht muss der Import von dinglichen Altrechten derart vonstattengehen, dass die Grundfreiheiten der Europäischen Gemeinschaft nicht verletzt werden.[947]

Eine Verletzung der EG-Grundfreiheiten kann nicht durch eine Verweisung entstehen, sondern nur durch das „empfangende" Sachstatut, welches aufgrund des sachenrechtlichen Typenzwangs unbekannte dingliche Altrechte ganz oder teilweise negieren kann.[948]
Zugleich fällt der nationale sachenrechtliche Typenzwang unter den Schutz des Art. 295 EGV, weshalb es, bei einem Statutenwechsel in das Recht eines EG-Staates, die Aufgabe des neuen Sachstatuts ist, das Altrecht derart zu importieren, dass keine EG-Grundfreiheiten verletzt werden.[949]

II. Grundprinzipien des deutschen internationalen Sachenrechts

1. These zur Möglichkeit der Rechtswahl

Eine Unzulässigkeit der Rechtswahl im internationalen Sachenrecht ist immer dann unbegründet, wenn ein Sachverhalt Rechte an einer beweglichen Sache zum Gegenstand hat und keine Verkehrsinteressen berührt werden.[950]

Sind keine schützenswerten Interessen Dritter gefährdet, führt die Möglichkeit zur Wahl des anwendbaren Rechts durch die Parteien zu einer Vereinfachung des Rechtsverkehrs, wie sie auch der Gesetzgeber nicht ausschließen wollte.[951] *Eine auf Mobiliargeschäfte ohne Drittbe-*

---

946 [A. II.].
947 [A. II.]. [C. II. 4.] für das deutsche Recht und [D. II. 3.] für das englische Recht.
948 [A. II.].
949 [A. II.]. Zum deutschen Recht: [C. II. 4.] und zum englischen Recht: [E. II., III.].
950 [B. II. 3. c)].
951 [B. II. 3. c)].

zug beschränkte Parteiautonomie würde insbesondere dann den Rechtsverkehr erleichtern, wenn, wie etwa beim internationalen Versendungskauf, ein Statutenwechsel und eine damit verbundene Unsicherheit bezüglich des anzuwendenden Rechts vorprogrammiert sind.[952]

III. Der Statutenwechsel im deutschen internationalen Sachenrecht

1. These zum Umgang mit im Ausland erworbenen dinglichen Rechten

Beim Import dinglicher Altrechte ist die Hinnahmetheorie anzuwenden.[953]

Andere angebotene Lösungsansätze – die Theorie vom „Reinigungseffekt" und die Transpositionstheorie – ermöglichen eine Einschränkung bestehender Altrechte bis hin zur vollständigen Negierung. Hierdurch stehen sie im Konflikt mit den EG-Grundfreiheiten.[954]
Indem die Hinnahmetheorie zu jeder einzelnen Rechtswirkung eines importierten Rechts eine funktionsäquivalente Wirkung im deutschen Recht sucht, bleiben Altrechte nach einem Statutenwechsel in deutsches Recht unverändert bestehen. Einschränkungen ergeben sich nur, wenn ein Vorgang rein tatsächlich nicht durchführbar bzw. eine Wirkung nicht erzielbar ist, eine Rechtswirkung dem deutschen ordre public widerspricht oder entsprechend der „Gebhard-Formel" aufgrund überragender Verkehrsinteressen einzuschränken ist.
Die Hinnahmetheorie steht damit im Einklang mit den europäischen Grundfreiheiten, ohne dass der Schutz des inländischen Rechtsverkehrs außer Acht gelassen werden muss.[955]

2. These zur Anpassung des Art. 43 III EGBGB

Art. 43 III EGBGB muss einer teleologischen Reduktion unterworfen werden:
„Ist ein sachenrechtlicher Tatbestand mit der [auch für Dritte] erkennbaren Bestimmung verwirklicht worden, Wirkungen im Inland hervorzubringen, so sind für die Beurteilung des Tatbestands im Inland Vorgänge in einem anderen Staat nach deutschen Sachvorschriften zu berücksichtigen. Die Rechtsstellung Dritter bleibt unberührt.".[956]

Die wortlautgetreue Anwendung des Art. 43 III EGBGB würde dem Prinzip „Nein bleibt Nein" [957] *des deutschen internationalen Sachenrechts widersprechen, indem negativ abgeschlossene Tatbestände immer dann „wiedereröffnet" werden könnten, wenn das deutsche*

952 [C. I. 3. c)].
953 [C. II. 4.].
954 [C. II. 4. d) aa), bb)].
955 [C. II. 4. d) aa), cc)].
956 [C. III. 3. b) cc)].
957 [C. II. 3.].

Sachenrecht geringere Anforderungen an die positive Vollendung des jeweiligen sachenrechtlichen Tatbestands stellt.[958]

Zudem war es die Intention des Gesetzgebers, Fälle, die einen Eigentumsvorbehalt zum Gegenstand haben, gleichfalls in den Anwendungsbereich des Art. 43 III EGBGB fallen zu lassen.[959] *Aufgrund der Tatsache, dass es sich beim Eigentumsvorbehalt um kein dingliches Recht im Sinne des Art. 43 III EGBGB handelt, kann diesem Ziel aber bei einer wörtlichen Anwendung der Norm gleichfalls nicht gerecht werden.*[960]

IV. Grundprinzipien des englischen internationalen Sachenrechts

1. These zum Verhältnis zwischen Schuld- und Sachenrecht

Die im englischen Kollisionsrecht vorgenommene Unterteilung eines Sachverhalts in schuld- und sachenrechtliche Aspekte kann nicht auf das englische Sachrecht übertragen werden.[961]

Entscheidungen der englischen Rechtsprechung, die Züge des Abstraktionsprinzips tragen, bleiben Randerscheinungen und sind letztlich nicht auf eine Trennung von Verpflichtungs- und Verfügungsgeschäft zurückzuführen, sondern auf die Anwendung von Equity-Grundsätzen.[962] *Die Trennung im Kollisionsrecht wurde aus rein praktischen Überlegungen etabliert, um eine vereinfachende Angleichung an umliegende Rechtsordnungen zu erreichen.*

2. These zu den Ausnahmen von der Situs-Regel im Immobiliarsachenrecht

Ausnahmen von der Anwendung der Situs-Regel zugunsten einer Beurteilung der Rechte an einer Immobilie nach englischem Recht, wenn das Grundstück Gegenstand eines englischen *trusts* ist bzw. wenn *Equity*-Gründe dies scheinbar verlangen, sind abzulehnen.[963]

Die Anwendung der Situs-Regel ist bei der Betrachtung von Rechten an Immobilien international anerkannt. Befindet sich das Grundstück im Ausland, sind englische Gerichte für die Beurteilung der Rechtslage schon nicht zuständig, eine Abweichung von den Zuständigkeitsregeln und der Regelanknüpfung, aufgrund von für Dritte nicht objektiv erkennbaren Fakto-

---

958 [C. III. 3. b) aa)].

959 [C. III. 3. b) bb)].

960 [C. III. 3. b) bb) α)].

961 [D. II. 2. e)] und [D. II. 3.].

962 Es gilt als getan, was zu tun ist. [D. II. 2. e)].

963 [D. II. 5. a)].

ren, ist den übergeordneten Zielen des Schutzes des allgemeinen Rechtsverkehrs und des internationalen Entscheidungseinklangs hinderlich.[964]

3. These zur Reichweite der Verweisung

Das englische internationale Sachenrecht nimmt eine Gesamtnormverweisung vor und lässt gegebenenfalls eine Rück- oder Weiterverweisung zu.[965]

Die Kritik, eine Gesamtnormverweisung sei aufgrund der Ungewissheit, wann eine Weiterverweisungskette abzubrechen sei, abzulehnen, ist unbegründet. Es wäre widersinnig, ein Lageortrecht zur Bewertung eines Sachverhalts zu berufen, wenn das Kollisionsrecht des Lageortes die Bewertung gerade von sich weist. Dabei ist es im Sinne des internationalen Rechtsverkehrs hinzunehmen, dass im englischen Recht eine Regelung für den Umgang mit einem renvoi gefunden werden muss, als Beispiel könnte etwa Art. 4 I 2 EGBGB dienen.[966]

V. Der Statutenwechsel im englischen Internationalen Sachenrecht

1. These zum Trägheitsprinzip

Auch im englischen Kollisionsrecht kommt das „Trägheitsprinzip" zur Anwendung.[967]

Ein einmal nach der lex rei sitae begründetes dingliches Recht hat unter der Geltung englischen Rechts so lange Bestand, wie kein neuer sachenrechtlicher Tatbestand wirksam vollendet wurde, auch wenn es dem Katalog des englischen Sachenrechts unbekannt ist. Damit wird das englische Kollisionsrecht, ungeachtet des Mangels einer entsprechenden Begrifflichkeit, dem „Trägheitsprinzip" gerecht.[968]

2. These zur Wirkung des Statutenwechsels auf dingliche Rechte im Rahmen einer Vollstreckungsmaßnahme

Subjektive Rechte, welche aus einer ausländischen Vollstreckungsmaßnahme resultieren, werden nach englischem Kollisionsrecht anerkannt, selbst wenn sie nur

---

964 [D. II. 5. a) aa)].
965 [D. II. 6. b)].
966 [D. II. 6. b)].
967 [E. I. 1.].
968 [E. I. 1.].

aufgrund einer Nichtanerkennung zuvor bestehender subjektiver Rechte durch die ausländische Rechtsordnung zustande kommen konnten.[969]

Die Entscheidung Simpson v. Fogo, in der das Gericht eine Nichtanerkennung bestehender dinglicher Rechte durch ein ausländisches Lageortrecht aufgrund eines Verstoßes gegen elementare Grundsätze englischen Rechts als nicht bindend ansah, ist in sich widersprüchlich – so muss der Grundsatz, dass ein bestehendes dingliches Recht anerkannt wird, auch gelten, wenn dieses Recht unter Geltung englischen Rechts nicht hätte begründet werden können. Mit dem Urteil zu Liverpool Marine Credit Co. v. Hunter ist der dem widersprechende Leitsatz aus Simpson v. Fogo als hinfällig anzusehen.[970]

3. These zur Anwendung von englischen Form- und Registervorschriften auf dingliche Altrechte

Form- und Registervorschriften des englischen Sachenrechts sind nach einem Statutenwechsel auf dingliche Altrechte nur dann ausnahmsweise anzuwenden, wenn im Einzelfall der englische Rechtsverkehr schutzwürdig ist.[971]

Ein gutgläubiger Dritte soll sich darauf verlassen können, dass die bekannten englischen Form- und Registervorschriften für das Bestehen oder Nichtbestehen eines dinglichen Rechts ausschlaggebend sind. Eine über diese Fälle hinausgehende Anwendung englischer Form- und Registervorschriften widerspräche dem Grundsatz, dass Formfragen gleichfalls dem Sachstatut unterstehen und damit nach einem Statutenwechsel die Formwirksamkeit eines bestehenden dinglichen Rechts nicht nach dem neuen sondern ausschließlich nach dem ursprünglichen Lageortrecht zu bewerten ist.[972]

4. These zur Wirkung des Statutenwechsels auf unvollendete Rechtsänderungen

Das Heranziehen von Vorgängen, die die sich unter der Geltung eines vorausgegangenen Lageortrechts ereigneten, zur Begründung eines dinglichen Rechts unter der Geltung englischen Rechts, kommt grundsätzlich nicht in Frage. Ausnahmen, wenn eine geplante, grenzüberschreitende Übereignung aufgrund Vertrags stattfinden soll oder es um den Fall einer Ersitzung geht, werden zwar diskutiert, eine Bestätigung durch die englische Rechtsprechung muss jedoch angezweifelt werden.[973]

---

969 [E. II. 2.].
970 [E. II. 2.].
971 [E. II 4.].
972 [E. II 4.].
973 [E. III.].

Grundsätzlich gilt im englischen Kollisionsrecht die strikte temporale Spaltung des Sachstatuts. Damit sind Tatsachen, die sich an einem vorausgegangenen Lageort ereigneten, außerhalb der Reichweite des neuen Lageortrechts und können nicht zur Vollendung eines sachenrechtlichen Tatbestands herangezogen werden.
Denkbar, aber noch keineswegs von der englischen Rechtsprechung bestätigt, wäre die Ausnahme, beim Versendungskauf das Eigentum nach englischem Recht übergehen zu lassen, wenn der ersichtliche Wille der Vertragsparteien zur Übereignung in Form eines Schuldvertrags bestand, auch wenn dies nach dem ursprünglichen Lageortrecht nicht zum Eigentumsübergang ausreichen würde. Ebenso erscheint es sachgerecht, die unter einem früheren Lageortrecht verstrichene Zeit zu einem Eigentumserwerb durch Ersitzung hinzuzurechnen, wenn alle weiteren Tatbestands-Voraussetzungen erfüllt sind. Wenngleich starke Argumente für diese Ausnahmen sprechen, lässt es der strikte Umgang der englischen Rechtsprechung mit der temporalen Spaltung des Sachstatuts zweifelhaft erscheinen, dass sie praktische Bedeutung erlangen werden.[974]

VI. Sicherungsrechte als Gegenstand des Statutenwechsels im deutsch-englischen Rechtsverkehr

1. Thesen zu den einheitlich in deutsches Recht importierbaren englischen Sicherungsrechten

Ein *retention of title* kann als Eigentumsvorbehalt in deutsches Recht überführt werden.[975] Eine *chattel mortgage* findet unter deutschem Recht als Sicherungsübereignung zur vollen Wirkung.[976] Gleiches gilt für die *hypothecation*.[977] Das *legal lien* findet seine Entsprechung im Besitzpfandrecht[978] und die *assignment* in der Forderungsabtretung[979]. Abhängig davon, ob eine *fixed charge* im Rahmen eines Verkaufs des Sicherungsguts vom Sicherungsnehmer an den Sicherungsgeber vereinbart wurde, oder sich die Sache bei Bestellung der *charge* schon im Eigentum des Sicherungsgebers befand, können die Wirkungen der *charge* beim Import unter die Geltung deutschen Rechts entweder dem verlängerten Eigentumsvorbehalt oder der Sicherungsübereignung entnommen werden.[980]

In den benannten Fällen stimmen Voraussetzungen und Wirkungen des englischen Sicherungsrechts mit denen eines deutschen Sicherungsrechts überein. Ein Import findet demnach faktisch durch eine Überführung in das jeweilige deutsche Sicherungsrecht statt. Der Vorzug

974 [E. III.].
975 [F. I. 1.].
976 [F. I. 3.].
977 [F. I. 4.].
978 [F. I. 4.].
979 [F. I. 5.].
980 [F. I. 7.]; [D. I. 2. d) bb) α)] und [F. I. 6. d) bb) γ)].

der Hinnahmetheorie, Wirkungen verschiedenen Rechtsinstituten entnehmen zu können, kommt in diesen Fällen nicht zur Geltung.[981]

2. Thesen zu den nicht einheitlich in deutsches Recht importierbaren englischen Sicherungsrechten

Das *hire-purchase agreement* und das *hire-purchase refinancing agreement* können als Eigentumsvorbehalt unter die Geltung deutschen Rechts überführt werden, jedoch muss eine Anpassung dahingehend vorgenommen werden, dass der Eigentumsübergang nicht nur von der vollständigen Zahlung des Kaufpreises, sondern zusätzlich von der Inanspruchnahme der Kaufoption durch den (Miet-)Käufer abhängig ist.[982]

Ein *pledge* kann nach den Grundsätzen des deutschen Faust- oder Besitzpfandrechtes importiert werden. Es muss jedoch dergestalt eingeschränkt werden, dass im Sicherungsfall die formalen Voraussetzungen der §§ 385, 1221, 1295 BGB beachtet werden müssen.[983]

Die Hinnahmetheorie ermöglicht es, Wirkungen verschiedener deutscher Rechtsinstitute heranzuziehen, um ein zu importierendes dingliches Recht vollumfänglich zu erhalten. Gleichzeitig kann ein dingliches Altrecht nur so weit erhalten bleiben, wie seine Wirkungen keinen Verstoß gegen den deutschen ordre public darstellen.[984]
Für das hire-purchase agreement bedeutet dies, dass es einen Statutenwechsel in deutsches Recht durch die Heranziehung der Grundsätze des deutschen Eigentumsvorbehalts, ergänzt um eine weitere Bedingung für den Eigentumsübergang (Inanspruchnahme der Kaufoption), überdauert. Gleiches gilt für das hire-purchase refinancing agreement – der vorausgegangene Verkauf der Sache an den Vermieter durch den Mieter ist beim Import unerheblich, das neue deutsche Sachstatut muss lediglich die Wirkungen des Mietkaufs beurteilen, dementsprechend gilt nichts anderes, als beim schlichten hire-purchase agreement.[985]
Zwar entspricht das pledge in seinen Voraussetzungen einem deutschen Faust- oder Besitzpfandrecht und kann als solches zunächst unter die Geltung deutschen Rechts importiert werden. Jedoch stellt die Möglichkeit des freihändigen Verkaufs ohne Hinzuziehung einer dritten Person nach englischem Recht einen Verstoß gegen den deutschen ordre public dar. Um einen solchen Verstoß zu verhindern, müssen nach einem Import im Sicherungsfall die formalen Voraussetzungen der §§ 385, 1221, 1295 BGB beachtet werden. Diese Formalisierung der Verwertung schränkt die Funktion des pledge und die Stellung des Sicherungsnehmers keineswegs ein, womit auch kein Konflikt mit den EG-Grundfreiheiten entsteht.[986]

---

981 [F. III. 1.].
982 [F. I. 2.].
983 [F. I. 4.].
984 [C. II. 4.].
985 [F. I. 2.].
986 [F. I. 4.].

3. Thesen zum Import einer floating charge in deutsches Recht

Einer unkristallisierten *floating charge* muss, für den Fall, dass sie über sich in Deutschland befindliche Sachen bestellt wurde, jegliche dingliche Wirkung abgesprochen werden.[987]

Wurde die *floating charge* hingegen über in England lagernde Sachen bestellt und gelangten diese erst im Anschluss an die Bestellung in den Geltungsbereich deutschen Rechts, kann sie ohne Wirkungseinbußen ins deutsche Recht importiert werden. Zwar stellt die *floating charge* ein einheitliches englisches Sicherungsrecht dar, eine Behandlung analog eines einzelnen deutschen Sachenrechts ist jedoch, aufgrund der Vielfalt ihrer Wirkungen, nicht möglich. So muss sie in ihre einzelnen Aspekte aufgeteilt werden und kann dann unter Heranziehung verschiedener deutscher Rechtsinstitute vollständig wirkungserhaltend importiert werden.[988]

Spätestens seit der Reform durch den Enterprise Act 2002 ist die floating charge nicht mehr derart fremdartig, dass ihr die Anerkennungsfähigkeit generell verwehrt werden könnte.[989]
Nach englischem Rechtsverständnis ist die floating charge ein Kreditsicherungsrecht, sie beinhaltet dabei jedoch nicht nur dingliche Aspekte, sondern zudem noch vertragliche, vertretungs- und liquidationsverfahrensrechtliche. Diese Tatsache erfordert es, dass die floating charge nicht einer einheitlichen sachenrechtlichen Qualifikation unterworfen, sondern in ihre Teilaspekte aufgeteilt wird.[990] *Dabei bietet es sich an, die floating charge getrennt nach ihren Wirkungen vor und nach dem Sicherungsfall, der sogenannten crystallisation, zu betrachten.*
Schuldvertragliche Rechte des Sicherungsnehmers einer floating charge werden vor der crystallisation – ungeachtet der Lage der betroffenen Sache – nach Art. 27 I EGBGB oder Art. 28 I EGBGB regelmäßig nach englischem Recht zu beurteilen sein.
Wurde eine floating charge über in Deutschland lagernde Sachen bestellt, stellt dies einen Verstoß gegen das deutsche Spezialitätsprinzip und damit den ordre public dar, was auch unter Anwendung der Hinnahmetheorie dazu führen muss, dass eine solche floating charge in Deutschland zumindest vor der crystallisation keine dingliche Wirkung entfalten kann.[991]
Befand sich die Sache bei Bestellung der floating charge noch in England und gelangte erst danach in den Geltungsbereich deutschen Rechts, fordert die Hinnahmetheorie, dass die entstandene sachenrechtliche Prägung den Statutenwechsel überdauert. Unter diesen Umständen können die dinglichen Wirkungen der floating charge vor der crystallisation einem Anwartschaftsrecht auf Sicherungsübereignung entnommen werden.[992]
Nach der crystallisation sind verfahrensrechtliche Aspekte einer unter die Geltung deutschen Rechts importierten floating charge nach der lex fori, also den §§ 803ff. ZPO, zu beurteilen.[993]

---

987 [F. I. 6. d) aa)].
988 [F. I. 6. d)].
989 [F. I. 6. a)].
990 [F. I. 6. d)].
991 [F. I. 6. d) aa)].
992 [F. I. 6. d) aa)] und [F. I. 6. b) aa)].
993 [F. I. 6. d) bb)] und [F. I. 6. b) bb)].

Die mit einem deutschen Insolvenzverwalter vergleichbare Funktion des administrators legt es nahe, seine Vertretungsmacht insolvenzrechtlich zu qualifizieren.[994]

Die dinglichen Wirkungen der floating charge nach der crystallisation sind wiederum vom Lageort der Sache zum entsprechenden Zeitpunkt abhängig

Befand sich die streitgegenständliche Sache zum Zeitpunkt der crystallisation in England und gelangte sie erst danach nach Deutschland, gilt, dass die damit begründete sachenrechtliche Prägung auch nach dem Statutenwechsel Bestand haben muss.

Ob durch die crystallisation dingliche Rechte an der Sache entstehen können, während sich diese im Geltungsbereich deutschen Rechts befindet, hängt wiederum von der Vorfrage ab, ob die floating charge wirksam bestellt wurde. – Befand sich die Sache schon zum Zeitpunkt der Begründung der floating charge in Deutschland, konnte sie aufgrund des Verstoßes gegen den deutschen ordre public nicht mit dinglicher Wirkung begründet werden. Folglich können dem Sicherungsnehmer auch im Sicherungsfall keine dinglichen Rechte entstehen.

War der Belegenheitsort der Sache bei Begründung der floating charge jedoch England, so wurde sie bereits mit dieser wirksamen sachenrechtlichen Prägung unter die Geltung deutschen Rechts importiert und das deutsche Recht muss nach der Hinnahmetheorie auch der durch die crystallisation geänderten sachenrechtliche Prägung zur Wirkung verhelfen.

In den Fällen, in denen die floating charge nach der crystallisation auch unter der Geltung deutschen Rechts sachenrechtliche Wirkungen entfalten kann, sind ihre Wirkungen der Sicherungsübereignung zu entnehmen. Diese Lösung ist im Kontext der floating charge zum einen konsequent, weil zuvor die dingliche Wirkung vor der crystallisation als Anwartschaftsrecht auf Sicherungsübereignung importiert wurde[995]*, und zum anderen auch praktikabel, weil die kristallisierte floating charge und die Sicherungsübereignung abgesehen von ihrem Rang in der Verwertungsreihenfolge in ihrer Funktionsweise keine Unterschiede aufweisen.*[996]

4. Thesen zum Import von nicht oder nur teilweise wirksam zustande gekommenen Sicherungsrechten in deutsches Recht

Ein unter englischem Recht unzulässiger nachträglicher *retention of title* kann nach einem Statutenwechsel in deutsches Recht als wirksamer nachträglicher Eigentumsvorbehalt behandelt werden.[997]

Eine unter englischem Recht nicht registrierte und damit nicht drittwirksame *chattel mortgage* entfaltet nach einem Statutenwechsel in deutsches Recht ebenso wie ein vollwirksames deutsches Sicherungseigentum Drittwirkung.[998] Eine nach englischem Recht formnichtige *chattel mortgage* bleibt hingegen auch unter deutschem Recht ohne Wirkung.[999]

994 [F. I. 6. d) bb)].
995 [F. I. 6. d) aa)].
996 [F. I. 6. d) bb) γ)].
997 [F. I. 8. a)].
998 [F. I. 8. a)].
999 [F. I. 8. a)].

Art. 43 III EGBGB ermöglicht es, sachenrechtliche Vorgänge, die vor einem Statutenwechsel unter englischem Recht stattfanden, als Tatbestandsvoraussetzungen für die Vollendung eines deutschen Sachenrechts heranzuziehen.
Im Gegensatz zum englischen Recht ist im deutschen Recht, sofern sich die Parteien darauf einvernehmlich einigen, ein nachträglich vereinbarter Eigentumsvorbehalt zulässig. Eine entsprechende Einigung, die stattfand während sich das potenzielle Sicherungsgut noch in England befand, kann nach einem Statutenwechsel in deutsches Recht nach der teleologisch reduzierten Lesart des Art. 43 III EGBGB[1000] *zur Begründung eines nachträglichen Eigentumsvorbehalts herangezogen werden.*[1001]
Die Registrierungspflicht der chattel mortgage dient aus der Sicht des englischen Rechts vornehmlich dem Schutz des nationalen Rechtsverkehrs. Wird das Sicherungsgut ins Ausland verbracht, ist dieser Schutzzweck, wenn das neue Sachstatut keine Registrierung verlangt, nicht erforderlich. Demnach kann eine nicht registrierte chattel mortgage unter der Geltung deutschen Rechts, wo eine Registrierung des funktionsäquivalenten Sicherungseigentums nicht notwendig ist, als solches auch Drittwirkung entfalten.[1002] *Die Formvorschriften des englischen Rechts stellen im Gegensatz hierzu allgemeine Wirksamkeitsvoraussetzungen dar – wurden sie nicht eingehalten, ist die chattel mortgage nach englischem Recht als nichtig anzusehen. Nach dem Grundsatz „Nein bleibt Nein" muss eine nach englischem Recht nicht formwirksam begründete chattel mortgage auch nach einem Import unter deutsches Recht wirkungslos bleiben.*[1003]

5. Thesen zum Import der Formen des Eigentumsvorbehalts in englisches Recht

Der einfache deutsche Eigentumsvorbehalt kann genauso wie der erweiterte Eigentumsvorbehalt als *retention of title* in englisches Recht überführt werden.[1004]

Funktional kann ein verlängerter Eigentumsvorbehalt nach deutschem Recht in eine englische *charge* umgesetzt werden, jedoch bedürfte es zur vollen Wirksamkeit nach einem Statutenwechsel in englisches Recht der Erfüllung der einschlägigen Registervorschriften.[1005]

Der einfache deutsche Eigentumsvorbehalt war für den retention of title ein maßgebliches Vorbild,[1006] *dementsprechend unproblematisch kann er auch unter die Geltung englischen Rechts importiert werden.*[1007] *Einen Fall zum erweiterten Eigentumsvorbehalt musste noch kein englisches Gericht entscheiden, unter Anwendung der gleichsam in England wie Schottland anzuwendenden Normen stellte jedoch ein schottisches Gericht fest, dass die zusätzliche*

1000 [C. III. 3. b) cc)].
1001 [F. I. 8. a)].
1002 [F. I. 8. b)].
1003 [F. I. 8. b)].
1004 [F. II. 1. a), c)].
1005 [F. II. 1. b)].
1006 [D. I. 2. d) bb) α)].
1007 [F. II. 1. a)].

Bedingung der Erfüllung aller Verbindlichkeiten des Sicherungsgebers gegenüber dem Sicherungsnehmer am wirkungsgleichen Import des erweiterten Eigentumsvorbehalts nichts ändern könne.[1008]

Der verlängerte Eigentumsvorbehalt ist dem englischen Recht zwar seit dem „Romalpa-Fall" zumindest seiner Funktion nach bekannt.[1009] *Im Fortgang der englischen Rechtsentwicklung wurden Elemente der Romalpa-Entscheidung jedoch dahingehend revidiert, dass nur durch eine charge Verkaufserlöse und Verbindungs- oder Verarbeitungsprodukte eines Sicherungsobjekts ebenso als Sicherheit herangezogen werden können. Anders als der verlängerte Eigentumsvorbehalt nach deutschem Recht muss die charge jedoch registriert werden, um Drittwirkung zu entfalten.*[1010]

6. These zum Import des Sicherungseigentums in englisches Recht

Es ist vorzugswürdig, dem deutschen Sicherungseigentum unter englischem Recht auch ohne Beachtung der Registervorschriften des Bills of Sale Act seine volle Wirksamkeit – auch gegenüber Dritten – zuzusprechen.[1011]

Die dem Sicherungseigentum funktionsäquivalente chattel mortgage unterliegt strengen Form- und Registervorschriften.[1012] *Einem deutschen Sicherungseigentum fehlt es beim Import unter die Geltung englischen Rechts an der Publizität, ein nachträgliches Erfüllen der Registervorschriften ist aufgrund der kurzen Frist, in der die Voraussetzungen erfüllt werden müssen,*[1013] *regelmäßig nicht möglich.*

Obgleich noch kein englisches Gericht einen entsprechenden Fall zu entscheiden hatte, spricht einiges für den Erhalt der Wirkung des deutschen Sicherungseigentums auch ohne Einhaltung der Form- und Registervorschriften. Zum einen haben englische Gerichte trotz entsprechender Konfliktlage bereits mündlich vereinbarte chattel mortgages von den Form- und Registervorschriften freigestellt.[1014] *Zum anderen existieren Entscheidungen englischer Gerichte, aus denen hervorgeht, dass die einschlägigen Registervorschriften des Bills of Sale Acts auf ausländische bills of sale nicht anwendbar sind. Hinzu kommt der berechtigte Zweifel daran, ob die Vereinbarung eines Sicherungseigentums überhaupt als bill of sale qualifiziert werden kann.*[1015]

1008 [F. II. 1. c)].
1009 [D. I. 2. d) bb) α)].
1010 [D. I. 2. d) bb) α)].
1011 [F. II. 2.].
1012 [D. I. 2. d) bb) γ)].
1013 [D. I. 2. d) bb) γ)].
1014 [F. II. 2.].
1015 [F. II. 2.].

7. Thesen zum Import von Pfandrechten in englisches Recht

Ein deutsches Faustpfandrecht besteht nach einem Statutenwechsel in englisches Recht als *pledge* weiter.[1016]

Gesetzliche Pfandrechte des deutschen Rechts, wie das Werkunternehmerpfandrecht nach § 647 BGB oder auch das Frachtführerpfandrecht nach § 441 HGB, bestehen nach einem Import unter die Geltung englischen Rechts als (*equitable*) *lien* fort.[1017]

Die jeweiligen Pfandrechte entsprechen einander genauso in ihrer Funktion wie in ihren Wirksamkeitsvoraussetzungen,[1018] *weshalb ein Import unproblematisch erfolgen kann.*[1019] *Die Unterschiede bei der Verwertung von Faustpfand und pledge sind dabei aus der Sicht des englischen Rechts unschädlich, dem Sicherungsnehmer erwächst durch den Statutenwechsel in englisches Recht im Sicherungsfall die Möglichkeit des freihändigen Verkaufs.*[1020]

8. These zum Import von nicht oder nur teilweise wirksam zustande gekommenen Sicherungsrechten in englisches Recht

Unter deutschem Recht nicht oder nur teilweise wirksam zustande gekommene Sicherungsrechte können unter englischem Recht nicht zur vollen Wirksamkeit gelangen.[1021]

Das englische Kollisionsrecht handhabt die temporale Spaltung des Sachstatuts restriktiver, als es das deutsche Kollisionsrecht tut. Sachenrechtlich relevante Vorgänge, die unter der Geltung eines vorausgegangenen Sachstatuts stattfanden, können zur Vollendung eines sachenrechtlichen Tatbestands nach englischem Recht nicht herangezogen werden.[1022]

1016 [F. II. 3. a)].
1017 [F. II. 3. b)].
1018 [D. I. 2. d) bb) δ)].
1019 [F. II. 3.].
1020 [F. II. 3. a)] und [D. I. 2. d) bb) δ)].
1021 [F. II. 4.].
1022 [F. II. 4.].

H. Abschließende Gesamtwertung

Sowohl das deutsche als auch das englische Kollisionsrecht ermitteln das Sachstatut nach der Situs-Regel und kennen dabei überwiegend vergleichbare Ausnahmen.[1023]

Obschon beide Rechtsordnungen auf sachrechtlicher wie auch auf kollisionsrechtlicher Ebene erhebliche Unterschiede aufweisen, geht der mögliche sachenrechtliche Statutenwechsel von der einen in die andere Rechtsordnung weitestgehend konfliktfrei vonstatten.[1024]

Dabei sind beide Rechtsordnungen ganz im Sinne des Europarechts[1025] bemüht, dingliche Altrechte ohne Wirkungseinbußen zu importieren. Die besondere Herausforderung dabei ist der Import von unbekannten Sachenrechtsinstituten. Im deutschen Recht gelingt dies durch Anwendung der Hinnahmetheorie, im englischen Recht wiederum aufgrund der weitreichenden Möglichkeiten der Richter zur Entwicklung neuer Rechtsnormen.[1026] Begrenzt wird der Wirkungsumfang von importierten Altrechten dabei jeweils vom nationalen ordre public.

Die Anwendung der Situs-Regel führt zu einer temporalen Spaltung des Sachstatuts, welche im deutschen Recht durch Art. 43 III EGBGB partiell aufgebrochen wird,[1027] eine entsprechende Regelung ist dem englischen Recht nicht bekannt.[1028] Hierdurch kann beispielsweise ein unter englischem Recht nicht wirksam zustande gekommenes Sicherungsrecht nach einem Statutenwechsel unter deutschem Recht zur vollen Wirkung gelangen, wohingegen der umgekehrte Fall nicht möglich ist.[1029]

Zusammengefasst kann festgehalten werden, dass im Rechtsverkehr zwischen Deutschland und England auf sachenrechtlicher Ebene die Risiken eines Verlusts subjektiver Rechte gering sind.

Beide Rechtsordnungen ermöglichen unter ihrer Geltung auch die Ausübung ihnen unbekannter Sachenrechte.

1023 [B. II.] und [D. II.].

1024 [C.], [E.], [F.].

1025 Hierzu [A. II.].

1026 [C. II.] und [E. II.].

1027 [C. III. 1. a)] und [C. III. 2.].

1028 [E. III.].

1029 [F. I. 8.] und [F. II. 4.].

An dieser Stelle muss einschränkend darauf hingewiesen werden, dass im Sicherungsfall unter deutschem Recht die Verwertung des Sicherungsguts eines englischen *pledges* nach den formalen Voraussetzungen der §§ 385, 1221, 1295 BGB zu erfolgen hat und ein deutscher verlängerter Eigentumsvorbehalt bei einem Statutenwechsel in englisches Recht ohne Registrierung seine Wirkung inter omnes einbüßt.[1030] Von diesen Ausnahmen abgesehen, werden jedoch insbesondere die im Wirtschaftsverkehr zwischen Deutschland und England so bedeutsamen dinglichen Sicherungsrechte wechselseitig weder in ihrem Bestand noch in ihrer Wirkung gefährdet.

Nichtsdestominder birgt ein sachenrechtlicher Statutenwechsel zwischen zwei so unterschiedlichen Rechtsordnungen wie der deutschen und der englischen immer Konfliktpotenziale, die in der Diskussion im englischen Recht bei weitem nicht so tief durchdrungen sind, wie es im deutschen Recht der Fall ist.

Zwar gelang der englischen Rechtsprechung in der Vergangenheit auch bei Anwendung deutscher Maßstäbe weitestgehend eine sachgerechte Auflösung der Konfliktlage nach einem sachenrechtlichen Statutenwechsel, in Teilen systematisch nicht nachvollziehbare Entscheidungen wie etwa *Simpson v. Fogo* zeigen aber, dass der Flexibilität des englischen *Case Law* auch ein Maß an Willkür innewohnen kann. Zwar kann der derzeitige Stand der englischen Rechtsprechung zum sachenrechtlichen Statutenwechsel mit einem theoretisch schlüssigen Gerüst unterbaut werden,[1031] es bedarf jedoch nur einer richterlichen Entscheidung, die eine neue Richtung einschlägt, um dieses Gerüst ins Wanken zu bringen. Im Sinne des internationalen Entscheidungseinklangs wäre es wünschenswert, würde sich der englische Gesetzgeber dazu entschließen, den sachenrechtlichen Statutenwechsel im sicherer zu handhabenden *Statute Law* zu regeln.

Dass aber auch eine entsprechende Kodifikation ihre Tücken aufweist, zeigt die vielschichtige Diskussion im deutschen Recht.[1032] Zwar kann mit der Hinnahmetheorie der Situation nach einem Statutenwechsel im internationalen Sachenrecht wirksam begegnet werden, ihre konsequente Umsetzung fordert dem Rechtsanwender jedoch erhebliche Anstrengungen ab, die – wie der Umgang mit der englischen *floating charge* eindrücklich zeigt –[1033] nicht immer zu eindeutigen Ergebnissen führen.

Unabhängig der Intensität der theoretischen Auseinandersetzung mit dem Thema werden es sich weder deutsche noch englische Rechtspraxis und Rechtswissenschaft im Zuge der weiter voranschreitenden Globalisierung gestatten

1030 Generell zum gegenseitigen Import von Sicherungsrechten: [F.]. Konkret zum *pledge* [F. I. 4.] und zum verlängerten Eigentumsvorbehalt: [F. II. 1. b)].

1031 Hierzu insbesondere unter [E. II. 5.].

1032 [C. II. 4.].

1033 [F. I. 6.].

können, sich auf den gefundenen Ergebnissen auszuruhen. So überkommen ein Teil des einleitenden Zitats von *Drobnig* heute klingen mag,[1034] so überkommen werden viele der Voraussetzungen und Schlussfolgerungen dieser Arbeit in 25 Jahren sein.

1034 [A.].

Literaturverzeichnis

Abbott, Keith; Pendlebury, Norman; Wardman, Kevin — „Business Law“, 8. Auflage, London, Thomson Learning, 2007 (*zitiert: Abbott/Pendlebury/Wardman*).

Armour, John; Hsu, Audrey; Walters, Adrian — „Corporate Insolvency in the United Kingdom: The Impact of the Enterprise Act 2002“, in: European Company and Financial Law Review (ECFR) 2008, S. 148-177.

Bamberger, Heinz Georg; Roth, Herbert — „Kommentar zum Bürgerlichen Gesetzbuch – Band 3: §§ 1297-2385, EGBGB“, 2. Auflage, München, C.H. Beck, 2008 (*zitiert: Bamberger/Roth/-Bearbeiter-*).

Bar, Christian von — „Internationales Privatrecht II: Besonderer Teil“, 1. Auflage, München, C.H. Beck, 1991 (*zitiert: von Bar*).

Bar, Christian von; Mankowski, Peter — „Internationales Privatrecht I: Allgemeine Lehren“, 2. Auflage, München, C.H. Beck, 2003 (*zitiert: von Bar/Mankowski*).

Basedow, Jürgen — „Der kollisionsrechtliche Gehalt der Produktfreiheiten im europäischen Binnenmarkt: favor offerentis“, in: Rabels Zeitschrift für ausländisches und internationales Privatrecht (RabelsZ) 59 (1995), S. 1-55.

„Die Neuregelung des Internationalen Privat- und Prozessrechts“, in: Neue Juristische Wochenschrift (NJW) 1986, S. 2971-2979.

Batiffol, Henri; Lagarde, Paul — „Droit international privé II“, 7. Auflage, Paris, Librairie générale de droit et de jurisprudence, 1983 (*zitiert: Batiffol/Lagarde*).

Benjamin, Judah P.; Guest, A.G. — „Benjamin's Sale of Goods“, 7. Auflage, London, Sweet & Maxwell, 2006 (*zitiert: Benjamin's*).

Bernstorff, Christoph Graf von — „Einführung in das englische Recht“, 3. Auflage, München, C.H. Beck, 2006 (*zitiert: Graf von Bernstorff, Einführung*).

„Rechtsprobleme im Auslandsgeschäft“, 5. Auflage, Frankfurt a.M., Fritz Knapp, 2006 (*zitiert: Graf von Bernstorff, Rechtsprobleme*).

Bierle, Michael — „Pfandrechte an beweglichen Sachen im internationalen Privatrecht unter besonderer Berücksichtigung der Rechte der USA, Englands, Frankreich und der Bundesrepublik Deutschland“, Darmstadt, Dissertationsdruck, 1993 (*zitiert: Bierle*).

Birks, Peter — „English Private Law – Band 2: Law of Obligations, Litigation“, Oxford, Oxford University Press, 2000 (*zitiert: Birks*).

Blumenwitz, Dieter — „Einführung in das Anglo-Amerikanische Recht“, München, C.H. Beck, 1971 (*zitiert: Blumenwitz*).

Bowstead William; Reynolds, Francis M.B.; Graziadei, Michele — „Bowstead & Reynolds on Agency“, 17. Auflage, London, Sweet & Maxwell, 2001 (*zitiert: Bowstead & Reynolds*).

Bridge, Michael — „Sale of Goods“, 2. Auflage, Oxford, Oxford University Press, 2009 (*zitiert: Bridge*).

Bruinier, Stefan — „Der Einfluss der Grundfreiheiten auf das internationale Privatrecht“, Frankfurt a.M., Peter Lang, 2003 (*zitiert: Bruinier*).

Burn, E.H.; Cartwright J. „Cheshire and Burn's Modern Law of Real Property“, 17. Auflage, Oxford, Oxford University Press, 2006 (*zitiert: Cheshire/Burn*).

Calliess, Gralf-Peter „Grenzüberschreitende Verbraucherverträge“, Tübingen, Mohr Siebeck, 2006 (*zitiert: Calliess*).

Carl, Michael H. „Die Forderungsabtretung, insbesondere zur Kreditsicherung, in England“, in: Die Forderungsabtretung, insbesondere zur Kreditsicherung, in ausländischen Rechtsordnungen, Berlin, Duncker & Humblot, 1999, S. 197-212 (*zitiert: Carl, Forderungsabtretung*).

Chesterman, M.R. „Choice of Law Aspect of Liens and similar Claims in International Sale of Goods“, in: The International and Comparative Law Quarterly (I.C.L.Q.) 1973 (22), S. 213-253.

Clarke, Alison; Kohler, Paul „Property Law: Commentary and Materials“, 2. Auflage, Cambridge, Cambridge University Press, 2005 (*zitiert: Clarke/Kohler*).

Coester-Waltjen, Dagmar „Das Anerkennungsprinzip im Dornröschenschlaf?“, in: Festschrift für Erik Jayme, München, Sellier, 2004, S. 121-129 (*zitiert: Coester-Waltjen, FS Jayme*).

Collier, John G. „Conflict of Laws“, 3. Auflage, Cambridge, Cambridge University Press, 2004 (*zitiert: Collier*).

Collins, Lawrence „Floating Charges, Receivers and Managers and the Conflict of Laws“, in: The International and Comparative Law Quarterly (I.C.L.Q.) 1978 (27), S. 691-710.

Cooke, Elizabeth J. „The New Law of Land Registration“, Oxford, Hart Publishing, 2003 (*zitiert: Cooke*).

Dauner-Lieb, Barbara; Heidel, Thomas; Ring, Gerhard (Hrsg.) „BGB – Anwaltkommentar. Band 1: Allgemeiner Teil mit EGBGB“, Bonn, Deutscher Anwaltverlag, 2005 (*zitiert: Anwaltkommentar/-Bearbeiter-*).

Diamond, Aubrey L. „Security over Corporeal Movables – The Law of England and Wales“, in: Security over Corporeal Movables, Leiden, Sijthoff, 1974, S. 23-42 (*zitiert: Diamond, Security*).

„Hire-purchase Agreements as Bills of Sale (I)“, in: Modern Law Review (Mod. L. Rev.) 23 (1960), S. 399-409.

„Hire-purchase Agreements as Bills of Sale (II)“, in: Modern Law Review (Mod. L. Rev.) 23 (1960), S. 516-536.

Dicey, Albert Venn; Morris, J.H.C.; Collins, Lawrence „The Conflict of Laws – Volume 2“, 14. Auflage, London, Sweet & Maxwell, 2006 (*zitiert: Dicey/Morris/Collins*).

Di Fabio, Udo „Der Verfassungsstaat in der Weltgesellschaft“, Tübingen, Mohr Siebeck, 2001 (*zitiert: Di Fabio*).

Drasch, Wolfgang „Das Herkunftslandprinzip im internationalen Privatrecht“, Baden-Baden, Nomos, 1997 (*zitiert: Drasch*).

Drobnig, Ulrich „Mobiliarsicherheiten im internationalen Wirtschaftsverkehr“, in: Rabels Zeitschrift für ausländisches und internationales Privatrecht (RabelsZ) 38 (1974), S. 468-489.

„Entwicklungstendenzen des deutschen internationalen Sachenrechts“, in: Internationales Privatrecht und Rechtsvergleichung im Ausgang des 20. Jahrhunderts. Bewahrung oder Wende? – Festschrift für Gerhard Kegel, Frankfurt a.M., Metzner, 1977, S. 141-151 (*zitiert: Drobnig, FS Kegel*).

El-Bitar, Julia

„Der deutsche und der französische Kulturgüterschutz nach der Umsetzung der Kulturgüterrückgaberichtlinie: Eine materiellrechtliche und kollisionsrechtliche Untersuchung“, Frankfurt a.M., Peter Lang, 2007 (*zitiert: El-Bitar*).

Erman, Walter; Westermann, Harm Peter (Hrsg.)

„BGB – Handkommentar. Band 2“, 11. Auflage, Köln, Aschendorff, 2004 (*zitiert: Erman/-Bearbeiter-*).

Fitzpatrick, P.G.

„Hire-Purchase Agreements and the Bills of Sale Acts“, in: Journal of Business Law (J.B.L.) 1969, S. 211-219.

Freitag, Robert

„Der Einfluss des Europäischen Gemeinschaftsrechts auf das Internationale Produkthaftungsrecht“, Tübingen, Mohr Siebeck 2000 (*zitiert: Freitag*).

Fritzemeyer, Verena

„Internationalprivatrechtliche Anerkennungs- und Substitutionsprobleme bei Mobiliarsicherheiten“, Konstanz, Hartung-Gorre, 1983 (*zitiert: Fritzemeyer*).

Goldt, Arnd

„Sachenrechtliche Fragen des grenzüberschreitenden Versendungskaufs aus internationalprivatrechtlicher Sicht“, Berlin, Duncker & Humblot, 2002 (*zitiert: Goldt*).

Goode, R.M.

„Commercial Law“, 3. Auflage, London, Penguin Books Ltd & LexisNexis, 2004 (*zitiert: Goode, Commercial Law*).

„Legal Problems Of Credit And Security“, 3. Auflage, London, Sweet & Maxwell, 2003 (*zitiert: Goode, Legal Problems*).

„The Modernisation of Personal Property Security Law“, in: Law Quarterly Review (LQR) 1984 (100), S. 234-264.

Goode, R.M.; Ziegel, Jacob S. „Hire-Purchase and Conditional Sale – A comparative Survey of Commonwealth and American Law“, London, British Institute of International and Comparative Law, 1965 (*zitiert: Goode/Ziegel*).

Gower, Laurence Cecil Bartlett; Davies, Paul „Principles of Modern Company Law“, 8. Auflage, London, Sweet & Maxwell, 2008 (*zitiert: Gower/Davies*).

Graham-Siegenthaler, Barbara „Kreditsicherungsrechte im internationalen Rechtsverkehr“, Bern, Stämpfli, 2005 (*zitiert: Graham-Siegenthaler*).

Grodecki, J.K. „The Recognition of Non-Possessory Interests in English Private International Law“, in: United Kindom National Reports submitted to the Xth International Congress on Comparative Law, Budapest, 1978, S. II B1/1-8 (*zitiert: Grodecki*).

Guest, A.G.; Tyler, J.C. „The law of hire-purchase“, London, Sweet & Maxwell, 1966 (*zitiert: Guest/Tyler*).

Halen, Curt Christian von „Das Gesellschaftsstatut nach der Centros-Entscheidung des EuGH“, Heidelberg, Recht und Wirtschaft, 2001 (*zitiert: von Halen*).

Hartwieg, Oskar; Korkisch, Friedrich „Die geheimen Materialien zur Kodifikation des deutschen internationalen Privatrechts 1881-1896“, Tübingen, Mohr Siebeck, 1973 (*zitiert: Hartwieg/Korkisch*).

Heister, Andrea „Harmonisierung des Rechts der vergleichenden Werbung durch die Richtlinie 97/55/EG?“, Frankfurt a.M., Peter Lang, 2004 (*zitiert: Heister*).

Hellendall, F. „The Res in Transitu and similar Problems in the Conflict of Laws“, in: Canadian Bar Review (CanBarRev) 1939 (17), S. 7-36.

Henrich, Dieter; Huber, Peter	„Einführung in das englische Privatrecht“, 3. Auflage, Darmstadt, Wissenschaftliche Buchgesellschaft, 2003 (*zitiert: Henrich/Huber*).
Hicks, Andrew	„Retention of Title – Latest Developments“, in: Journal of Business Law (J.B.L.) 1992, S. 398-415.
Hoffmann, Bernd von; Thorn, Karsten	„Internationales Privatrecht“, 9. Auflage, München, C.H. Beck, 2007 (*zitiert: von Hoffmann/Thorn*).
Holden, J.M.	„The Law and Practice of Banking – Band 2: Securities for bankers' advances“, 7. Auflage, London, Financial Times/Prentice Hall, 1971 (*zitiert: Holden*).
Holdsworth, William Searle	„A History of English Law – Vol. VII“, 2. Auflage, London, Methuen, 1966 (*zitiert: Holdsworth*).
Honoré, A.M. (Tony)	„Ownership“, in: Making Law Bind, Oxford, Oxford University Press, 1987, S. 161-192 (*zitiert: Honoré, Making Law Bind*).
Hood, Kirsty J.	„Conflict of Laws within the UK“, Oxford, Oxford University Press, 2007 (*zitiert: Hood*).
Huber, Ulrich	„Right of Stoppage in Transitu und deutsches Konkursrecht“, in: Festschrift für Friedrich Weber zum 70. Geburtstag, Berlin, de Gryter, 1975, S. 253-273 (*zitiert: Huber, FS Weber*).
Hübner, Ulrich	„Internationalprivatrechtliche Anerkennungs- und Substitutionsprobleme bei besitzlosen Mobiliarsicherheiten“, in: Zeitschrift für die gesamte Insolvenzpraxis (ZIP) 1980, S. 825-832.
Jung, Harald H,	„Das englische hire-purchase law und das deutsche Abzahlungsrecht“, Frankfurt a.M., Metzner, 1977 (*zitiert: Jung*).

Keenan, Denis; Riches, Sarah — „Business Law“, 8. Auflage, Harlow, Pearson/Longman, 2007 (*zitiert: Keenan/Riches*).

Kegel, Gerhard; Schurig, Klaus — „Internationales Privatrecht“, 9. Auflage, München, C.H. Beck, 2004 (*zitiert: Kegel/Schurig*).

Kessel, Christian — „Eigentumsvorbehalt und Rezession in Großbritannien“, in: Recht der Internationalen Wirtschaft (RIW) 1991, S. 812-818.

Kieninger, Eva-Maria — „Mobiliarsicherheiten im Europäischen Binnenmarkt“, Baden-Baden, Nomos, 1996 (*zitiert: Kieninger*).

Klötzel, Thomas — „Der Eigentumsvorbehalt und seine Verlängerungs- und Erweiterungsformen in England“, in: Recht der Internationalen Wirtschaft (RIW) 1985, S. 460-465.

Körber, Thorsten — „Grundfreiheiten und Privatrecht“, Tübingen, Mohr Siebeck, 2004 (*zitiert: Körber*).

Kreuzer, Karl — „Zur Anwendung des Art. 43 Abs. 3 EGBGB“, in: Recht und Wettbewerb – Festschrift für Rainer Bechtold zum 65. Geburtstag, München, C.H. Beck, 2006, S. 253-267 (*zitiert: Kreuzer, FS Bechtold*).

„Die Vollendung der Kodifikation des deutschen Internationalen Privatrechts durch das Gesetz zum Internationalen Privatrecht der außervertraglichen Schuldverhältnisse und Sachen vom 21.5.1999“, in: Rabels Zeitschrift für ausländisches und internationales Privatrecht (RabelsZ) 65 (2001), S. 383-462.

„Gutachterliche Stellungnahme zum Referentenentwurf eines Gesetzes zur Ergänzung des Internationalen Privatrechts (Außervertragliche Schuldverhältnisse und Sachen) – Sachenrechtliche Bestimmungen“, in: Vorschläge und Gutachten zur Reform des deutschen internationalen Sachen- und Immaterialgüterrechts, Tübingen, Mohr Siebeck, 1991, S. 37-180 (*zitiert: Kreuzer, Vorschläge und Gutachten*).

Kropholler, Jan — „Internationales Privatrecht“, 6. Auflage, Tübingen, Mohr Siebeck, 2006 (*zitiert: Kropholler*).

Lalive, Pierre A. — „The Transfer of Chattels in the Conflict of Laws – A Comparative Study“, Oxford, Scientia, 1955 (*zitiert: Lalive*).

Lauterbach, Wolfgang (als Vorsitzender der 2. Kommission des Deutschen Rates für Internationales Privatrecht) — „Vorschläge für eine Reform des deutschen internationalen Pesonen- und Sachenrechts“, in: Vorschläge und Gutachten zur Reform des deutschen internationalen Personen- und Sachenrechts, Tübingen, Mohr Siebeck, 1972, S. 1-31 (*zitiert: Lauterbach, Vorschläge und Gutachten*).

Lindley, Nathaniel — „An Introduction to the Study of Jurisprudence“, London, Maxwell, 1855 (*zitiert: Lindley*).

Lipsky, Max Johann — „Statutenwechsel im italienischen Sachenrecht – Auswirkungen auf den Im- und Export von Mobiliarsicherheiten“, Frankfurt a.M., Peter Lang, 2011 (*zitiert: Lipsky*).

Looschelders, Dirk — „Internationales Privatrecht, Artt. 3-46 EGBGB“, Berlin, Springer, 2004 (*zitiert: Looschelders*).

„Die Anpassung im Internationalen Privatrecht“, Heidelberg, Müller, 1995 (*zitiert: Looschelders, Anpassung im IPR*).

Maitland, F.W.; Chaytor, A.H.; Whittaker, W. J. „Equity also: The Forms of Action at Common Law“, 2. Auflage, Cambridge, Cambridge University Press, 1929 (*zitiert: Maitland*).

Mansel, Heinz-Peter „Anerkennung als Grundprinzip des Europäischen Rechtsraums“, in: Rabels Zeitschrift für ausländisches und internationales Privatrecht (RabelsZ) 70 (2006), S. 651-731.

„Substitution im internationalen Zwangsvollstreckungsrecht“, in: Festschrift für Werner Lorenz, Tübingen, Mohr Siebeck, 1991, S. 689-715 (*zitiert: Mansel, FS Lorenz*).

„*DeWeerth v. Baldinger* – Kollisionsrechtliches zum Erwerb gestohlener Kunstwerke“, in: Praxis des Internationalen Privat- und Verfahrensrechts (IPRax) 1988, S. 268-271.

Medicus, Dieter „Schuldrecht II – Besonderer Teil“, 13. Auflage, München, C.H. Beck, 2006 (*zitiert: Medicus*).

Meulen, Edzard ter „Die Floating Charge – ein Sicherungsrecht am Vermögen einer englischen Company“, Frankfurt a.M., Metzner, 1969 (*zitiert: ter Meulen*).

Morris, J.H.C.; McClean, David; Beevers, Kisch „The Conflict of Laws“, 7. Auflage, London, Sweet & Maxwell, 2009 (*zitiert: Morris/ McClean/Beevers*).

Müller-Graff, Peter-Christian „Europäisches Gemeinschaftsrecht und Privatrecht. Das Privatrecht in der europäischen Integration“, in: Neue Juristische Wochenschrift (NJW) 1993, S. 13-23.

Niemann, Katia „Die rechtsgeschäftliche und organschaftliche Stellvertretung und deren kollisionsrechtliche Einordnung – Deutschland und England im Vergleich“, Frankfurt a.M., Peter Lang, 2004 (*zitiert: Niemann*).

North, Peter M.; Fawcett, J.J. „Cheshire and North's Private International Law“, 13. Auflage, London/Dublin/Edinburgh, Butterworths, 1999 (*zitiert: Cheshire/North*).

Nott, S.M. „Title to Movables acquired abroad“, in: The Conveyancer and Property Lawyer (Conv.) 1981, S. 279-285.

Palandt, Otto; Bassenge, Peter; Brudermüller, Gerd (Hrsg.) „Bürgerliches Gesetzbuch – Kommentar“, 67. Auflage, München, C.H. Beck, 2010 (*zitiert: Palandt/-Bearbeiter-*).

Pennington, Robert R. „The Genesis of the Floating Charge“, in: Modern Law Review (Mod. L. Rev.) 23 (1960), S. 630-646.

Perry, Frank E. „Law and Practice relating to banking“, 4. Auflage, London, Methuen, 1983 (*zitiert: Perry*).

Peter, Hans „Actio und Writ“, Tübingen, Mohr Siebeck, 1957 (*zitiert: Peter*).

Pfeiffer, Thomas „Der Stand des Internationalen Sachenrechts nach seiner Kodifikation“, in: Praxis des Internationalen Privat- und Verfahrensrechts (IPRax) 2000, S. 270-281.

„Die Entwicklung des Internationalen Vertrags-, Schuld, und Sachenrechts 1997-1999“, in: Neue Juristische Wochenschrift (NJW) 1999, S. 3674-3687.

Privat, Constantin „Der Einfluss der Rechtswahl auf die rechtsgeschäftliche Mobiliarübereignung im internationalen Privatrecht“, Bonn, Ludwig Röhrscheid, 1964 (*zitiert: Privat*).

Prütting, Hanns „Sachenrecht“, 33. Auflage, München, C.H. Beck, 2008 (*zitiert: Prütting*).

Raape, Leo — „Internationales Privatrecht“, 5. Auflage, München, Vahlen, 1961 (*zitiert: Raape*).

Rabel, Ernst — „The Conflict of Laws – A comparative Study, Band IV: Property/Bills and Notes/Inheritace/ Trusts – Application of Foreign Law/Intemporal Relations“, Ann Arbor, University of Michigan Law School, 1958 (*zitiert: Rabel*).

Rakob, Julia — „Ausländische Mobiliarsicherungsrechte im Inland“, Heidelberg, Winter, 2001 (*zitiert: Rakob*).

Rebmann, Kurt; Säcker, Franz-Jürgen; Rixecker, Roland (Hrsg.) — „Münchener Kommentar zum Bürgerlichen Gesetzbuch“
Band 2: §§ 241-432, 5. Auflage, München, C.H. Beck, 2007;
Band 6: §§ 854-1296, 5. Auflage, München, C.H. Beck, 2009;
Band 10: Internationales Privatrecht, 4. Auflage, München, C.H. Beck, 2006
(*zitiert: MüKo/-Bearbeiter-*).

Reithmann, Christoph; Martiny, Dieter — „Internationales Vertragsrecht: Das Internationale Privatrecht der Schuldverträge“, 7. Auflage, Köln, Otto Schmidt, 2009 (*zitiert: Reithman/Martiny*).

Ritterhoff, Ann-Christin — „Parteiautonomie im internationalen Sachenrecht“, Berlin, Duncker & Humblot, 1999 (*zitiert: Ritterhoff*).

Roth, Wulf-Henning — „Secured Credit and the Internal Market: The Fundamental Freedoms and the EU's Mandate for Legislation“, in: The Future of Secured Credit in Europe, Berlin, De Gryter, 2008, S. 36-67 (*zitiert: Roth, Secured Credit*).

„Methoden der Rechtsfindung und Rechtsanwendung im Europäischen Kollisionsrecht“, in: Praxis des Internationalen Privat- und Verfahrensrechts (IPRax) 2006, S. 338-347.

„Die Freiheiten des EG-Vertrages und das nationale Privatrecht – Zur Entwicklung internationaler Sachnormen für Europäische Sachverhalte“, in: Zeitschrift für Europäisches Privatrecht (ZEuP) 1994, S. 5-33.

Rutgers, Jacobien W. „Commentary on: ‘Secured Credit and the Internal Market: The Fundamental Freedoms and the EU’s Mandate for Legislation’“, in: The Future of Secured Credit in Europe, Berlin, De Gryter, 2008, S. 68-82 (*zitiert: Rutgers, Secured Credit*).

Sadtler, Michael „Grundzüge der Kreditsicherung durch vereinbarte Securities an beweglichen Sachen“, Mainz, Gelbe Reihe / Institut für Internationales Recht des Spar-, Giro- und Kreditwesens, 1977 (*zitiert: Sadtler*).

Schall, Alexander „Die neue englische floating charge im Internationalen Privat- und Verfahrensrecht“, in: Praxis des Internationalen Privat- und Verfahrensrechts (IPRax) 2009, S. 209-217.

„Die floating charge im Wettbewerb der Insolvenzrechte“, in: Zeitschrift für Insolvenzrecht (KTS) 2009, S. 69-87.

Schilling, Theodor J.R. „Some European Decisions on non-possessory Security Rights in Private International Law“, in: The International and Comparative Law Quarterly (I.C.L.Q.) 1985 (34), S. 87-114.

„Besitzlose Mobiliarsicherheiten im nationalen und internationalen Privatrecht“, München, V. Florentz, 1985 (*zitiert: Schilling, Besitzlose Mobiliarsicherheiten*).

Schulze, Reiner (Hrsg.) „Handkommentar – Bürgerliches Gesetzbuch“, 5. Auflage, Baden-Baden, Nomos, 2007 (*zitiert: HK-BGB/-Bearbeiter-*).

Schurig, Klaus „Statutenwechsel und die neuen Normen des deutschen internationalen Sachenrechts“, in: Festschrift für Hans Stoll zum 75. Geburtstag, Tübingen, Mohr Siebeck, 2001, S. 577-590 (*zitiert: Schurig, FS Stoll*).

Sealy, Leonard S.; Hooley, Richard J.A. „Commercial Law – Text, Cases and Materials“, 4. Auflage, Oxford, Oxford University Press, 2009 (*zitiert: Sealy/Hooley*).

Seif, Ulrike „Der Bestandsschutz besitzloser Mobiliarsicherheiten im deutschen und englischen Recht“, Tübingen, Mohr Siebeck, 1997 (*zitiert: Seif*).

Smith, Raymond; O’Brien, John „Smith’s Conflict of Laws“, London, Cavendish, 1999 (*zitiert: Smith/O’Brien*).

Sonnenberger, Hans Jürgen „Europarecht und Internationales Privatrecht“, in: Zeitschrift für Vergleichende Rechtswissenschaft (ZVglRWiss) 95 (1996), S. 3-47.

Spickhoff, Andreas „Die Restkodifikation des Internationalen Privatrechts: Außervertragliches Schuld- und Sachenrecht“, in: Neue Juristische Wochenschrift (NJW) 1999, S. 2209-2218.

Staudinger, Julius von; Gursky, Karl-Heinz (Hrsg.) „J. von Staudingers Kommentar zum Bürgerlichen Gesetzbuch mit Einführungsgesetz und Nebengesetzen – Band: EGBGB / IPR – Internationales Sachenrechtrecht“, Berlin, Sellier – de Gruyter, 1996 (*zitiert: Staudinger/-Bearbeiter-*).

Stoll, Hans „Zur gesetzlichen Regelung des internationalen Sachenrechts in Artt. 43-46 EGBGB“, in: Praxis des Internationalen Privat- und Verfahrensrechts (IPRax) 2000, S. 259-281.

„Rechtskollisionen beim Gebietswechsel beweglicher Sachen“, in: Rabels Zeitschrift für ausländisches und internationales Privatrecht (RabelsZ) 38 (1974), S. 450-467.

Wagner, Rolf — „Der Regierungsentwurf eines Gesetzes zum Internationalen Privatrecht für außervertragliche Schuldverhältnisse und für Sachen“, in: Praxis des Internationalen Privat- und Verfahrensrechts (IPRax) 1998, S. 429-438.

Wenckstern, Manfred — „Die englische Floating Charge im deutschen Internationalen Privatrecht“, in: Rabels Zeitschrift für ausländisches und internationales Privatrecht (RabelsZ) 56 (1992), S. 624-695.

Wernicke, Thomas — „Privates Bankvertragsrecht im EG-Binnenmarkt“, Baden-Baden, Nomos, 1996 (*zitiert: Wernicke*).

Wild, David H. — „The law of hire-purchase“, 2. Auflage, London, Butterworths, 1965 (*zitiert: Wild*).

Wilmowsky, Peter von — „Europäisches Kreditsicherungsrecht Sachenrecht und Insolvenzrecht unter dem EG-Vertrag“, Tübingen, Mohr Siebeck, 2000 (*zitiert: von Wilmowsky*).

„EG-Vertrag und kollisionsrechtliche Rechtswahlfreiheit“, in: Rabels Zeitschrift für ausländisches und internationales Privatrecht (RabelsZ) 62 (1998), S. 1-37.

Wolf, Manfred — „Privates Bankvertragsrecht im EG-Binnenmarkt – Auswirkungen der II. Bankrechtsrichtlinie auf privatrechtliche Bankgeschäfte“, in: Zeitschrift für Wirtschafts- und Bankrecht (WM) 1990, S. 1941-1952.

Zaphiriou, G.A. „The Transfer of Chattels in Private Internatioinal Law – A Comparative Study“, London, Athlone P., 1956 (*zitiert: Zaphiriou*).

Zweigert, Konrad; Kötz, Hein „Einführung in die Rechtsvergleichung auf dem Gebiete des Privatrechts“, 3. Auflage, Tübingen, Mohr Siebeck, 1996 (*zitiert: Zweigert/ Kötz*).

STUDIEN ZUM VERGLEICHENDEN UND INTERNATIONALEN RECHT

Herausgeber: Bernd von Hoffmann, Erik Jayme und Heinz-Peter Mansel

Band 1 Ferdinand Henke: Die Datenschutzkonvention des Europarates. 1986.

Band 2 Peter Czermak: Der express trust im internationalen Privatrecht. 1986.

Band 3 Peter Kindler: Der Ausgleichsanspruch des Handelsvertreters im deutsch-italienischen Warenverkehr. Eine rechtsvergleichende und kollisionsrechtliche Untersuchung. 1987.

Band 4 Wilhelm Denzer: Stellung und Bedeutung des Engineers in den FIDIC-Bauvertragsbedingungen. 1988.

Band 5 Marijan-Maximilian Lederer: Die internationale Enteignung von Mitgliedschaftsrechten unter besonderer Berücksichtigung der französischen Enteignungen 1982. 1989.

Band 6 Rainer Esser: Klagen gegen ausländische Staaten. 1990.

Band 7 Chang Jae-Ok: Auf dem Weg zu einer Materialisierung des Immateriellen? Personen-, Persönlichkeitsschutz und Geldersatz des immateriellen Schadens in rechtsvergleichender Hinsicht am Beispiel des koreanischen und japanischen Zivilrechts unter besonderer Berücksichtigung des deutschen Rechts. 1990.

Band 8 Paul-Frank Weise: Lex mercatoria. Materielles Recht vor der internationalen Handelsschiedsgerichtbarkeit.1990.

Band 9 Werner Born: Der Auftrittsvertrag für Musikgruppen im Bereich der Rock- und Popmusik. 1990.

Band 10 Ralf Erich Jürgens: IPR und Verfassung in Italien und in der Bundesrepublik Deutschland. 1990.

Band 11 Rainer Gildeggen: Internationale Schieds- und Schiedsverfahrensvereinbarungen in Allgemeinen Geschäftsbedingungen vor deutschen Gerichten. 1991.

Band 12 Klaus Grabinski: Die kollisionsrechtliche Behandlung des Durchgriffs bei rechtlich verselbständigten Unternehmen in privater oder öffentlicher Hand. 1991.

Band 13 Dieter Stummel: Konkurs und Integration. Konventionsrechtliche Wege zur Bewältigung grenzüberschreitender Insolvenzverfahren. 1991.

Band 14 Joachim Güntzer: Die Rechtsstellung des Geschäftsführers im spanischen Aktienrecht. Die Neuregelung des spanischen Aktienrechts nach dem Beitritt Spaniens zur EG. 1991.

Band 15 Sabine Isenburg-Epple: Die Berücksichtigung ausländischer Rechtshängigkeit nach dem Europäischen Gerichtsstands- und Vollstreckungsübereinkommen vom 27.9.1968. Untersuchungen zum Anwendungsbereich von Art. 21 EuGVÜ unter schwerpunktmäßiger Behandlung der Frage nach der Bestimmung eines europäischen Streitgegenstandsbegriffs. 1992.

Band 16 Ulrich Nickl: Die Qualifikation der culpa in contrahendo im Internationalen Privatrecht. 1992.

Band 17 Theo Rauh: Leistungserschwerungen im Schuldvertrag. Eine rechtsvergleichende Untersuchung des englischen, US-amerikanischen, französischen und deutschen Rechts unter besonderer Berücksichtigung der gerichtlichen Praxis. 1992.

Band 18 Bernadette Chaussade-Klein: Vorvertragliche "obligation de renseignements" im französischen Recht. 1992.

Band 19 Josef Sievers: Verbraucherschutz gegen unlautere Vertragsbedingungen im französischen Recht. Vom Code civil zum "Code de la consommation" – die Entstehung eines Sonderprivatrechts für Verbraucher. 1993.

Band 20 Achim Schäfer: Grenzüberschreitende Kreditsicherung an Grundstücken, unter besonderer Berücksichtigung des deutschen und italienischen Rechts. 1993.

Band 21 Eugenio Hernández-Breton: Internationale Gerichtsstandsklauseln in Allgemeinen Geschäftsbedingungen. Unter besonderer Berücksichtigung des deutsch-südamerikanischen Rechtsverkehrs (dargestellt am Beispiel Argentinien, Brasilien und Venezuela). 1993.

Band 22 Ingo Reng: Unterhaltsansprüche aufgrund nichtehelicher Lebensgemeinschaft – Internationales Privatrecht und ausländisches materielles Recht. 1994.

Band 23 Stefanie Roloff: Die Geltendmachung ausländischer öffentlicher Ansprüche im Inland. 1994.

Band 24 Katharina Ludwig: Der Vertragsschluß nach UN-Kaufrecht im Spannungsverhältnis von Common Law und Civil Law. Dargestellt auf der Grundlage der Rechtsordnungen Englands und Deutschlands. 1994.

Band 25 Malte Diesselhorst: Mehrparteienschiedsverfahren. Internationale Schiedsverfahren unter Beteiligung von mehr als zwei Parteien. 1994.

Band 26 Manfred Kost: Konsensprobleme im internationalen Schuldvertragsrecht. 1995.

Band 27 Wolff-Heinrich Fleischer: Das italienische Wettbewerbsrecht und die Probleme des selektiven Parfümvertriebs unter Berücksichtigung der Rechtslage in Frankreich und Deutschland. 1995.

Band 28 Angelika Fuchs: Lateinamerikanische Devisenkontrollen in der internationalen Schuldenkrise und Art. VIII Abschn. 2 b) IWF-Abkommen. 1995.

Band 29 Jacques Matthias Aull: Der Geltungsanspruch des EuGVÜ: "Binnensachverhalte" und Internationales Zivilverfahrensrecht in der Europäischen Union. Zur Auslegung von Art. 17 Abs. 1 S. 1 EuGVÜ. 1996.

Band 30 Hartmut Ost: EVÜ und fact doctrine. Konflikte zwischen europäischer IPR-Vereinheitlichung und der Stellung ausländischen Rechts im angelsächsischen Zivilprozeß. 1996.

Band 31 Stefan Wagner: Die Testierfähigkeit im Internationalen Privatrecht. 1996.

Band 32 Wolfgang Jakob Hau: Positive Kompetenzkonflikte im Internationalen Zivilprozeßrecht. Überlegungen zur Bewältigung von *multi-fora disputes*. 1996.

Band 33 Markus Schütz: UN-Kaufrecht und *Culpa in contrahendo*. 1996.

Band 34 Volker Geyrhalter: Das Lösungsrecht des gutgläubigen Erwerbers. Ein "vergessener" Kompromiß und die Auswirkungen auf das heutige deutsche Recht unter besonderer Berücksichtigung des internationalen Sachenrechts. 1996.

Band 35 Andreas Kramer: Abwicklungsstörungen bei Kaufverträgen. Die Lieferung vertragswidriger Sachen im deutschen und italienischen Recht. 1996.

Band 36 Petra Krings: Erfüllungsmodalitäten im internationalen Schuldvertragsrecht. 1997.

Band 37 Tonja Gaibler: Der rechtsgeschäftliche Irrtum im französischen Recht. 1997.

Band 38 Dirk Otto: Rechtsspaltung im indischen Erbrecht. Bedeutung und Auswirkungen auf deutsch-indische Nachlaßfälle. 1997.

Band 39 Gregor W. Decku: Zwischen Vertrag und Delikt. Grenzfälle vertraglicher und deliktischer Haftung dargestellt am Beispiel der Berufs- und Expertenhaftung zum Schutze des Vermögens Dritter im deutschen und englischen Recht. 1997.

Band 40 Gregor W. Decku: Zwischen Vertrag und Delikt. Grenzfälle vertraglicher und deliktischer Haftung dargestellt am Beispiel der Berufs- und Expertenhaftung zum Schutze des Vermögens Dritter im deutschen und englischen Recht. 1997.

Band 41 Ulrike Höpping: Auswirkungen der Warenverkehrsfreiheit auf das IPR unter besonderer Berücksichtigung des Internationalen Produkthaftungsrechts und des Internationalen Vertragsrechts. 1997.

Band 42 Helene Boriths Müller: Die Umsetzung der europäischen Übereinkommen von Rom und Brüssel in das Recht der Mitgliedstaaten. Dargestellt am Beispiel Deutschlands und Dänemarks. 1997.

Band 43 Bernd von Hoffmann / Myong-Chang Hwang (eds.): The Public Concept of Land Ownership. Reports and Discussions of a German-Korean Symposium held in Seoul on October 7-9, 1996. 1997.

Band 44 Oliver Heeder: Fraus legis. Eine rechtsvergleichende Untersuchung über den Vorbehalt der Gesetzesumgehung in Deutschland, Österreich, der Schweiz, Frankreich und Belgien unter besonderer Berücksichtigung des Internationalen Privatrechts. 1998.

Band 45 Heinrich Schütt: Deliktstyp und Internationales Privatrecht. Dargestellt an grenzüberschreitenden Problemen der Arzthaftung. 1998.

Band 46 Axel Steiner: Die stillschweigende Rechtswahl im Prozeß im System der subjektiven Anknüpfungen im deutschen Internationalen Privatrecht. 1998.

Band 47 Martina Schulz: Der Eigentumsvorbehalt in europäischen Rechtsordnungen. Rechtsvergleichende Untersuchung des deutschen, englischen und französischen Rechts unter besonderer Berücksichtigung von Erweiterungen und Verlängerungen. 1998.

Band 48 Karin Dreher: Die Rechtswahl im internationalen Erbrecht. Unter besonderer Berücksichtigung des italienischen IPR-Reformgesetzes N. 218 vom 31. Mai 1995. 1999.

Band 49 Giuliano Gabrielli: Das Verhältnis zwischen der Anfechtung wegen Eigenschaftsirrtums und den Gewährleistungsansprüchen im deutschen, österreichischen und italienischen Recht. 1999.

Band 50 Bernd von Hoffmann / Myong-Chan Hwang (eds.): Developments in Land Law. Reports and Discussions of a German-Korean Symposium held in Berlin and Trier on July 21-24, 1997. 1999.

Band 51 Volker Heidbüchel: Das UNCITRAL-Übereinkommen über unabhängige Garantien und Standby Letters of Credit. Vergleiche mit den Richtlinien der Internationalen Handelskammer, dem deutschen, englischen und US-amerikanischen Recht. 1999.

Band 52 Jan Christoph Nordmeyer: Pflichtteilsansprüche und Wiedervereinigung. Eine systematische Analyse der Ausgleichsansprüche nach BGB-Pflichtteilsrecht unter besonderer Berücksichtigung der durch den Wiedervereinigungsprozeß eingetretenen Wertveränderungen. 1999.

Band 53 Bettina Linder: Vertragsabschluß beim grenzüberschreitenden Verbraucherleasing. 1999.

Band 54 Almontasser Fetih: Die zivilrechtliche Haftung bei Vertragsverhandlungen. Eine rechtsvergleichende Studie zum deutschen, französischen, ägyptischen und islamischen Recht. 2000.

Band 55 Sona Rajani: Die Geltung und Anwendung des Gemeinschaftsrechts im Vereinigten Königreich von Großbritannien und Nordirland. Der Grundsatz der Parlamentssouveränität im Wandel. 2000.

Band 56 Joachim Kayser: Gegenmaßnahmen im Außenwirtschaftsrecht und das System des europäischen Kollisionsrechts. Eine Analyse der EU-Abwehrverordnung gegen die Auswirkungen extraterritorialer Rechtserstreckung eines Drittlandes. 2001.

Band 57 Albrecht Conrad: Qualifikationsfragen des Trust im Europäischen Zivilprozeßrecht. 2001.

Band 58 Bernd Borgmann: Die Entsendung von Arbeitnehmern in der Europäischen Gemeinschaft. Wechselwirkungen zwischen Kollisionsrecht, Grundfreiheiten und Spezialgesetzen. 2001.

Band 59 Aleksandar Jaksic: Arbitration and Human Rights. 2002.

Band 60 Islamisches und arabisches Recht als Problem der Rechtsanwendung. Symposium zu Ehren von Professor Emeritus Dr. iur. Omaia Elwan. Veranstaltet vom Institut für ausländisches und internationales Privat- und Wirtschaftsrecht der Universität Heidelberg und der Gesellschaft für Arabisches und Islamisches Recht e.V. Herausgegeben von Herbert Kronke, Gert Reinhart und Nika Witteborg. 2001.

Band 61 Patrick Fiedler: Stabilisierungsklauseln und materielle Verweisung im internationalen Vertragsrecht. 2001.

Band 62 Werner Mangold: Die Abtretung im Europäischen Kollisionsrecht. Unter besonderer Berücksichtigung des spanischen Rechts. 2001.

Band 63 Eike Dirk Eschenfelder: Beweiserhebung im Ausland und ihre Verwertung im inländischen Zivilprozess. Zur Bedeutung des US-amerikanischen discovery-Verfahrens für das deutsche Erkenntnisverfahren. 2002.

Band 64 Bernd Ehle: Wege zu einer Kohärenz der Rechtsquellen im Europäischen Kollisionsrecht der Verbraucherverträge. 2002.

Band 65 Heiko Lehmkuhl: Das Nacherfüllungsrecht des Verkäufers im UN-Kaufrecht. 2002.

Band 66 Jochen Nikolaus Schlotter: Erbrechtliche Probleme in der Société Privée Européenne. IPR-Harmonisierung im einheitlichen Europäischen Rechtsraum. 2002.

Band 67 Konrad Ost: Doppelrelevante Tatsachen im Internationalen Zivilverfahrensrecht. Zur Prüfung der internationalen Zuständigkeit bei den Gerichtsständen des Erfüllungsortes und der unerlaubten Handlung. 2002.

Band 68 Tobias Bosch: Die Durchbrechungen des Gesamtstatuts im internationalen Ehegüterrecht. Unter besonderer Berücksichtigung deutsch-französischer Rechtsfälle. 2002.

Band 69 Ursula Philipp: Form im amerikanischen Erbrecht. Zwischen Formalismus und harmless error. 2002.

Band 70 Christian Stefan Wolf: Der Begriff der wesentlich engeren Verbindung im Internationalen Sachenrecht. 2002.

Band 71 André Fomferek: Der Schutz des Vermögens Minderjähriger. Ein Vergleich des deutschen und des englischen Rechts unter Berücksichtigung des schottischen und irischen Rechts. 2002.

Band 72 nicht erschienen

Band 73 Markus Dreißigacker: Sprachenfreiheit im Verbrauchervertragsrecht. Der Verbraucher im Spannungsfeld zwischen kultureller Identität und Privatautonomie. 2002.

Band 74 Vassiliki Myller-Igknay: Auskunftsansprüche im griechischen Zivilrecht. Auswirkungen im deutsch-griechischen Rechtsverkehr sowie im deutschen internationalen Privat- und Verfahrensrecht. 2003.

Band 75 Stefan Bruinier: Der Einfluss der Grundfreiheiten auf das Internationale Privatrecht. 2003.

Band 76 Nika Witteborg: Das gemeinsame Sorgerecht nichtverheirateter Eltern. Eine Untersuchung im soziologischen, rechtsgeschichtlichen, verfassungsrechtlichen, rechtsvergleichenden und internationalen Kontext. 2003.

Band 77 Peter Stankewitsch: Entscheidungsnormen im IPR als Wirksamkeitsvoraussetzungen der Rechtswahl. 2003.

Band 78 Jan Wilhelm Ritter: Euro-Einführung und IPR unter besonderer Berücksichtigung nachehelicher Unterhaltsverträge. Eine Untersuchung mit Blick auf das deutsche, französische und schweizerische Recht. 2003.

Band 79 Wolf Richard Herkner: Die Grenzen der Rechtswahl im internationalen Deliktsrecht. 2003.

Band 80 Ira Ditandy: Internationale Zuständigkeit. Neuregelung durch die LOPJ 1985. Vergleich mit dem europäischen Vorbild und Auswirkungen auf das spanische internationale Zivilverfahrensrecht. 2003.

Band 81 Andrea Verena Schefold: Werbung im Internet und das deutsche Internationale Privatrecht. 2004.

Band 82 Klaus Herkenrath: Die Umsetzung der Richtlinie 93/13/EWG über missbräuliche Klauseln in Verbraucherverträgen in Deutschland, dem Vereinigten Königreich, Frankreich und Italien. Auswirkungen nationaler Umsetzungstechniken auf dem Harmonisierungserfolg. 2003.

Band 83 Alexander Thünken: Das kollisionsrechtliche Herkunftslandprinzip. 2003.

Band 84 Barbara v. Daumiller: Die Rechtswahl im italienischen internationalen Erbrecht: und ihre Auswirkungen im deutsch-italienischen Rechtsverkehr. 2003.

Band 85 Robert Mödl: Macht, Verantwortlichkeit und Zurechnung im Konzern. Eine rechtsvergleichende Untersuchung auf der Grundlage des deutschen, spanischen und US-amerikanischen Rechts. 2003.

Band 86 Ursula Kerpen: Das Internationale Privatrecht der Persönlichkeitsrechtsverletzungen. Eine Untersuchung auf rechtsvergleichender Grundlage. 2003.

Band 87 Barbara Ploeckl: Umgangsrechtsstreitigkeiten im deutsch-französischen Rechtsverkehr. Bestehende internationale und nationale Regelungen und der geplante *europäische Besuchstitel*. 2003.

Band 88 Katrin Wannemacher: Die Außenkompetenzen der EG im Bereich des Internationalen Zivilverfahrensrechts. Der räumliche Anwendungsbereich des Art. 65 EGV am Beispiel der EuGVO und der EheVO. 2003.

Band 89 Maren B. Eilinghoff: Das Kollisionsrecht der ungerechtfertigten Bereicherung nach dem IPR-Reformgesetz von 1999. 2004.

Band 90 Patrick Niehr: Die zivilprozessuale Dokumentenvorlegung im deutsch-englischen Rechtshilfeverkehr nach der deutschen und der englischen Prozessrechtsreform. 2004.

Band 91 Anna Christina Gördes: Internationale Zuständigkeit, Anerkennung und Vollstreckung von Entscheidungen über die elterliche Verantwortung. Die VO(EG) Nr. 1347/2000, ihre geplanten Änderungen und das Verhältnis beider zum Minderjährigen- und Kinderschutzabkommen. 2004.

Band 92 Martin Rädler: Rechtsbehelfe des Käufers eines Unternehmens oder einer unternehmerischen Beteiligung gegen den Verkäufer im deutschen und französischen Recht. 2004.

Band 93 Marc-Yngve Dietrich: Rechtsstellung und Beteiligung der Gläubiger im französischen Insolvenzverfahren. 2004.

Band 94 Katia Niemann: Die rechtsgeschäftliche und organschaftliche Stellvertretung und deren kollisionsrechtliche Einordnung. Deutschland und England im Vergleich. 2004.

Band 95 Daniel Ludwig: Neuregelungen des deutschen Internationalen Insolvenzverfahrensrechts. Eine Untersuchung unter vergleichender Heranziehung der Europäischen Insolvenzverordnung. 2004.

Band 96 Cordelia Faulenbach: Der gemeinschaftsrechtliche Vorbehalt im europäischen Wettbewerbsrecht. Die Herkunftslandanknüpfung der E-Commerce-Richtlinie unter dem Einfluss der Grundfreiheiten. 2004.

Band 97 Ulf Dörner: Der Vertragsgerichtsstand nach dem Protokoll von Buenos Aires. 2004.

Band 98 Martin Schmidhuber: Verhaltenskodizes im nationalen und grenzüberschreitenden elektronischen Geschäftsverkehr. Zur Frage der Integration der Selbstregulierung durch Private in die staatliche Rechtsordnung. 2004.

Band 99 Florian Kienle: Die fehlerhafte Banküberweisung im internationalen Rechtsverkehr. Unter besonderer Berücksichtigung des Artikels 4A US Uniform Commercial Code. 2004.

Band 100 Thomas Alexander Brandt: Die Adoption durch eingetragene Lebenspartner im internationalen Privat- und Verfahrensrecht. 2004.

Band 101 Florian Pulkowski: Subunternehmer und Internationales Privatrecht. Der Subunternehmer als Quasi-Verbraucher im Europäischen Kollisionsrecht. 2004.

Band 102 Ulrich Becker: Grundrechtsschutz bei der Anerkennung und Vollstreckbarerklärung im europäischen Zivilverfahrensrecht. Bestimmung der Grenzen für die Einführung eines europäischen Vollstreckungstitels. 2004.

Band 103 Thomas Badelt: Aufrechnung und internationale Zuständigkeit unter besonderer Berücksichtigung des deutsch-spanischen Rechtsverkehrs. 2005.

Band 104 Florian D. Wagner: Vorvertragliche Aufklärungspflichten im internationalen Franchising. Zur Harmonisierung von Delikts- und Vertragsstatut im internationalen Privatrecht unter besonderer Berücksichtigung der Franchise-Gesetzgebung des US-Bundesstaates Kalifornien. 2005.

Band 105 Vera Heine: Die Umsetzung der *EG-Richtlinie über missbräuchliche Klauseln in Verbraucherverträgen* im englischen und deutschen Recht. 2005.

Band 106 Alexander Franz: Überregionale Effektentransaktionen und anwendbares Recht. Eine kollisionsrechtliche Untersuchung unter besonderer Berücksichtigung der Vorschrift des § 17 a DepotG. 2005.

Band 107 Hanna-Maria Uhlenbrock: Gesetzliche Regelungen für nichteheliche Lebensgemeinschaften in Deutschland und Frankreich. Ein Vergleich des Unterhaltsrechts bei der eingetragenen Lebenspartnerschaft und beim Pacte civil de Solidarité. 2005.

Band 108 Katrin Stieß: Anknüpfungen im internationalen Urheberrecht unter Berücksichtigung der neuen Informationstechnologien. 2005.

Band 109 Hendrik Otto: Der gesetzliche Abschlussprüfer im italienischen Recht. Eine rechtsvergleichende Untersuchung unter besonderer Berücksichtigung der zivilrechtlichen Haftung. 2005.

Band 110 Frauke Stuphorn: Bankhaftung für Kreditauskünfte im deutschen und französischen Recht. 2005.

Band 111 Nina Fürer: Die zivilrechtliche Haftung für Raucherschäden. 2005.

Band 112 Giovanni B. Barillà: *Contratto autonomo di garanzia* e *Garantievertrag*. Categorie civilistiche e prassi del commercio. 2005.

Band 113 Timo Torz: Gerichtsstände im Internationalen Insolvenzrecht zur Eröffnung von Partikularinsolvenzverfahren. 2005.

Band 114 Martina Schmid: Die Grenzen der Auslegungskompetenz des EuGH im Vorabentscheidungsverfahren nach Art. 234 EG. Dargestellt am Beispiel der überschießenden Richtlinienumsetzung. 2005.

Band 115 Stephan Lesage-Mathieu: Dispositives Kollisionsrecht im prozessualen Kontext. 2005.

Band 116 Jürgen Görtz: Die subjektiven Grenzen der Rechtskraft US-amerikanischer Urteile. 2005.

Band 117 Vera Hoppe: Die Einbeziehung ausländischer Beteiligter in US-amerikanische class actions. Unter Berücksichtigung des Class Action Fairness Act 2005. 2005.

Band 118 Silke Pütz: Parteiautonomie im internationalen Urhebervertragsrecht – Eine rechtsdogmatische und rechtspolitische Betrachtung der Grenzen freier Rechtswahl im internationalen Urhebervertragsrecht unter besonderer Berücksichtigung des neuen deutschen Urhebervertragsrechts. 2005.

Band 119 Alice Nieroba: Die europäische Rechtshängigkeit nach der EuGVVO (Verordnung (EG) Nr. 44/2001) an der Schnittstelle zum nationalen Zivilprozessrecht. 2006.

Band 120 Jan Kayser: Alternative Formen gerichtlicher und außergerichtlicher Streitbeilegung im deutschen und französischen Zivilprozess. Les modes alternatifs judiciaires et extrajudiciaires de résolution des conflits en procédure civile allemande et française. 2006.

Band 121 Mirko Ehrich: Der internationale Anwendungsbereich des deutschen und französischen Rechts gegen irreführende Werbung. Freie Wahl von Form und Mittel, Rom II und Herkunftslandprinzip. 2006.

Band 122 Daniel Thelen: Die Haftung des Sekundärschädigers für Gewalttaten anderer im US-amerikanischen Deliktsrecht ausgehend von dem Problem rechtsextremistisch motivierter Gewalttaten. 2006.

Band 123 Anne Winterling: Die Entscheidungszuständigkeit in Arbeitssachen im europäischen Zivilverfahrensrecht. 2006.

Band 124 Sarah Gerling: Die Gleichstellung ausländischer mit inländischen Vollstreckungstiteln durch die Verordnung zur Einführung eines Europäischen Vollstreckungstitels für unbestrittene Forderungen. Im Vergleich zum bisherigen Recht und zur Rechtslage in den USA. 2006.

Band 125 Christian Bank: Präventivmaßnahmen börsennotierter Gesellschaften zur Abwehr feindlicher Übernahmeversuche in Deutschland und Großbritannien. Eine rechtsvergleichende Untersuchung des deutschen und britischen Rechts unter Berücksichtigung der Europäischen Übernahmerichtlinie. 2006.

Band 126 Christian Weis: Kaufrechtliche Gewährleistung und Garantievergabe in Deutschland und Spanien. Unter besonderer Berücksichtigung des Unternehmenskaufs. 2006.

Band 127 Emilio Maus Ratz: Der Nacherfüllungsanspruch nach UN-Kaufrecht. Im Lichte der deutschen, spanisch-mexikanischen und US-amerikanischen Rechtswissenschaft. 2006.

Band 128 Constanze Jacobs: Die Sachmängelgewähr im deutschen und belgischen Kaufrecht nach Umsetzung der Verbrauchsgüterkauf-Richtlinie. 2006.

Band 129 Ulrike Teichert: Lückenfüllung im CISG mittels UNIDROIT-Prinzipien – Zugleich ein Beitrag zur Wählbarkeit nichtstaatlichen Rechts. 2007.

Band 130 Sascha Reichardt: Internationale Zuständigkeit im Gerichtsstand der unerlaubten Handlung bei Verletzung europäischer Patente. 2006.

Band 131 Bilgehan Cetiner: Die Sachmängelhaftung des Verkäufers im UN-Kaufrecht und im neuen deutschen Schuldrecht. Eine rechtsvergleichende Studie. 2006.

Band 132 Jan Streer: Die Umsetzung der Verbrauchsgüterkaufrichtlinie im englischen Recht durch die Sale and Supply of Goods to Consumer Regulations 2002. 2007.

Band 133 Kathrin Wannenmacher: Einstweilige Maßnahmen im Anwendungsbereich von Art. 31 EuGVVO in Frankreich und Deutschland: Eine Betrachtung ausgesuchter Verfahren des einstweiligen Rechtsschutzes im internationalen Zivilverfahrensrecht – gerichtliche Zuständigkeit, Anerkennung und Vollstreckung. 2007.

Band 134 Wim Kreytenberg: Die individuelle Schwerpunktbestimmung internationaler Schuldverträge nach der Ausweichklausel des Artikel 4 Absatz 5 Satz 2 EVÜ. Ein Beitrag zur Förderung von Rechtssicherheit und Einzelfallgerechtigkeit im europäischen Kollisionsrecht der Schuldverträge. 2007.

Band 135 Nikolaus Geiben: Der Vorvertrag im Internationalen Privatrecht. Unter besonderer Berücksichtigung des Immobilienerwerbs im portugiesischen und brasilianischen Recht. 2007.

Band 136 Predrag Maksimovic: Der Kapitalschutz im europäischen, serbischen und deutschen Recht der Gesellschaft mit beschränkter Haftung. 2007.

Band 137 Alexander Rathenau: Die Anwendung des EuGVÜ durch portugiesische Gerichte unter Berücksichtigung des autonomen internationalen Zivilverfahrensrechts. 2007.

Band 138 Matthias Creydt: Die Besicherung von Weltraumvermögenswerten. Ein neues einheitliches internationales Sicherungsrecht und dessen Vergleich zum US-amerikanischen Mobiliarsicherungsrecht. 2007.

Band 139 Oliver Borkhardt: Registerpublizität und Kollisionsrecht besitzloser Mobiliarsicherheiten nach dem neuen Art. 9 UCC. 2007.

Band 140 Jens Engelmann-Pilger: Deliktische Haftung für das Fehlverhalten Dritter im Common Law. 2007.

Band 141 Bastian Rotmann: Der Schutz des Dritten in der europäischen Mobiliarzwangsvollstreckung. Eine rechtsvergleichende Untersuchung vor dem Hintergrund der Verordnung (EG) Nr. 805/2004 zur Einführung eines Europäischen Vollstreckungstitels für unbestrittene Forderungen. 2007.

Band 142 Oliver Ratzel: Die Präklusion isolierter Unterhaltsverfahren durch den ausländischen Scheidungsverbund. Zugleich ein Beitrag zur internationalen Verbundszuständigkeit im Lichte der Quellenveränderung. 2007.

Band 143 Bettina Maria Stade: Die Konstitutionalisierung des Zivilprozessrechts in Spanien und Deutschland vor dem Hintergrund der Europäisierung des Zivilprozessrechts. 2007.

Band 144 Julia El-Bitar: Der deutsche und der französische Kulturgüterschutz nach der Umsetzung der Kulturgüterrückgaberichtlinie. Eine materiellrechtliche und kollisionsrechtliche Untersuchung. 2007.

Band 145 Aris Kaschefi: Sachmängelhaftung im französischen Kaufrecht vor und nach Umsetzung der Verbrauchsgüterkaufrichtlinie. Mit rechtsvergleichenden Hinweisen zum deutschen Recht unter besonderer Berücksichtigung von Weiterfressersachverhalten. 2007.

Band 146 Isabel Roth: Die internationale Zuständigkeit deutscher Gerichte bei Persönlichkeitsrechtsverletzungen im Internet. 2007.

Band 147 Theresa Wilhelmi: Das Weltrechtsprinzip im internationalen Privat- und Strafrecht. Zugleich eine Untersuchung zu Parallelitäten, Divergenzen und Interdependenzen von internationalem Privatrecht und internationalem Strafrecht. 2007.

Band 148 Alice Halsdorfer: Privat- und kollisionsrechtliche Folgen der Verletzung von Kulturgüterschutznormen auf der Grundlage des UNESCO-Kulturgutübereinkommens 1970. 2008.

Band 149 Thomas Müller-Froelich: Der Gerichtsstand der Niederlassung im deutsch-amerikanischen Rechtsverkehr. Eine Untersuchung zu Fragen der Entscheidungs- und Anerkennungszuständigkeit. 2008.

Band 150 Christopher Luhn: Privatautonomie und Inhaltskontrolle von Eheverträgen. Ein kritischer Vergleich des deutschen und des australischen Rechts mit Bezügen zum Internationalen Privatrecht. 2008.

Band 151 Kristin Kohler: Die grenzüberschreitende Verbraucherverbandsklage nach dem Unterlassungsklagengesetz im Binnenmarkt. 2008.

Band 152 Dorothee Maria Kaulen: Die Anerkennung von Gesellschaften unter Artikel XXV Abs. 5 S. 2 des deutsch-US-amerikanischen Freundschafts-, Handels- und Schifffahrtsvertrags von 1954. 2008.

Band 153 Birka Vanessa Stroschein: Parteizustellung im Ausland. Eine systemvergleichende Untersuchung des Gemeinschafts- und Staatsvertragsrechts unter Einbeziehung des deutschen, französischen, englischen und US-amerikanischen Zustellungsrechts. 2008.

Band 154 Nancy Gruschinkse: Das europäische Kollisionsrecht der Aufrechnung unter besonderer Beachtung des Insolvenzfalles. 2008.

Band 155 Hans-Christian Frick: Sprachrisiko im Zeitalter des Ethnomarketings. US-amerikanische Erfahrungen und europäische Rechtsentwicklung. 2009.

Band 156 Stephan Mangold: Verbraucherschutz und Kunstkauf im deutschen und europäischen Recht. 2009.

Band 157 Robert Beier: Die gesetzlichen Rechte des überlebenden Ehegatten nach dem deutschen und spanischen Kollisionsrecht. Unter besonderer Berücksichtigung der *viudedad aragonesa*. 2009.

Band 158 Julia-Marie Oppermann: Internationale Handelsschiedsgerichtsbarkeit und Verjährung. 2009.

Band 159 Stephan Boese: Strukturprinzipien im Gläubigerschutz. Eine rechtsvergleichende Untersuchung zur GmbH und zur englischen Limited Company. 2009.

Band 160 Thomas Rosa: Das Kaufrecht nach dem Zivilgesetzbuch der Tschechischen und Slowakischen Republik. Eine rechtsvergleichende Darstellung im Lichte des deutschen Bürgerlichen Gesetzbuches. 2009.

Band 161 Roland Weis: Rechnungslegungspflichten von EU-Scheinauslandsgesellschaften im Land ihrer tatsächlichen wirtschaftlichen Betätigung. Insbesondere im Hinblick auf in Deutschland tätige englische Limiteds. 2009.

Band 162 Henning Frase: "Leoninische Vereinbarungen" und Ergebnisbeteiligungspflicht im deutschen und italienischen Gesellschaftsrecht. Zum *patto leonino* des italienischen Rechts und möglichen Entsprechungen im deutschen Recht. 2010.

Band 163 Christiane Tödter: Europäisches Kindschaftsrecht. Nach der Verordnung (EG) Nr. 2201/ 2003. 2010.

Band 164 Edda Gampp: *Perpetuatio fori internationalis* im Zivilprozeß und im Verfahren der freiwilligen Gerichtsbarkeit. 2010.

Band 165 Mei Wu: Die Reform des chinesischen Beweisrechts vor dem Hintergrund deutscher und US-amerikanischer Regelungsmodelle. 2010.

Band 166 Corina Leimert: Stand und Entwicklung des italienischen Rechts der Unternehmenszusammenschlüsse (gruppi di società / gruppi di imprese). 2010.

Band 167 Kasim Özen: Die Scheidungsgründe im türkischen Zivilgesetzbuch. 2010.

Band 168 Helena Isabel Maier: Marktortanknüpfung im internationalen Kartelldeliktsrecht. Eine internationalzuständigkeits- und kollisionsrechtliche Untersuchung unter Einbeziehung rechtsvergleichender Überlegungen zum englischen Recht. 2011.

Band 169 Thomas Spernat: Die gleichgeschlechtliche Ehe im Internationalen Privatrecht. Unter besonderer Berücksichtigung des Einflusses des EG-Vertrags. 2011.

Band 170 Max Johann Lipsky: Statutenwechsel im italienischen Sachenrecht – Auswirkungen auf den Im- und Export von Mobiliarsicherheiten. Eine Untersuchung der rechtlichen Beständigkeit dinglicher Kreditsicherheiten im deutsch-italienischen Rechtsverkehr. 2011.

Band 171 Silvia Karolina Seilstorfer: Die Umsetzung der Verbrauchsgüterkaufrichtlinie in Portugal mit rechtsvergleichenden Hinweisen zum deutschen Recht. 2011.

Band 172 Stephan Georg Knöchel: Anerkennung französischer Urteile mit Drittbeteiligung. Eine Untersuchung der Anerkennung von Drittbindungswirkungen nach der EuGVVO und autonomem deutschem Recht. 2011.

Band 173 Kristina Menzel: Vollstreckungsschutz zugunsten privater Altersvorsorge. Eine rechtsvergleichende Untersuchung zum deutschen und schweizerischen Recht. 2011.

Band 174 Manuela Krach: Scheidung auf Mexikanisch. Das materielle Recht der Scheidung im Mehrrechtsstaat Mexiko unter Berücksichtigung von Eheschließung und Ehewirkungen. 2011.

Band 175 Vanessa Sofia Wagner: Verkehrsschutz beim redlichen Erwerb von GmbH-Geschäftsanteilen. Ein Vergleich des Rechts für Gesellschaften mit beschränkter Haftung in Deutschland, England und Italien. 2011.

Band 176 Alexander Swienty: Der Statutenwechsel im deutschen und englischen internationalen Sachenrecht unter besonderer Betrachtung der Kreditsicherungsrechte. 2011.

www.peterlang.de